國立貴州師範在榕江

中国人民政治协商会议榕江县委员会 编

团结出版社

图书在版编目（CIP）数据

国立贵州师范在榕江/ 中国人民政治协商会议榕江县委员会编. -- 北京: 团结出版社, 2025. 3. -- ISBN 978-7-5234-1652-5

Ⅰ. G659.29

中国国家版本馆CIP数据核字第2025JS2803号

出　　版：团结出版社

　　　　　（北京市东城区东皇城根南街84号　　邮编：100006）

电　　话：（010）65228880 65244790

网　　址：www.tjpress.com

E-mail：65244790@163.com

经　　销：全国新华书店

印　　刷：成都兴怡包装装潢有限公司

开　　本：889毫米×1194毫米　　16开

印　　张：22.5

字　　数：306千字

版　　次：2025年4月第1版

印　　次：2025年4月第1次印刷

书　　号：978-7-5234-1652-5

定　　价：128.00元

国立贵州师范学校（以下简称国师）校门
从左至右：万振南、庄传训、张一德、夏乃炎

国师初中部第一届毕业生合影

国师四维院的中左座

国师校宿全景

国师附设村寨教育实验区教师合影

1946年国师附属小学校门
右为梁瓯第校长、左为张一德教务主任

1946年国师附属小学第一学期合影

1946年国师附属小学全体师生合影

1944年国师六六级全体同学欢送黄质夫校长赴渝述职纪念

1949年国师六八级全体师生合影

1949年国师附属小学第十一届毕业同学合影

国师附属小学第十三届毕业同学合影

国师附属小学足球场一角

国师运动会合影

1943年，黔榕第二届体育运动大会，国师附属小学荣获总分第一，图为代表队合影

1946年国师村寨教育实验区师生合影

1944年，国师美术、音乐教师敖克成在榕江刊印两集《国本诗画》，并举办个人画展，这是画展的部分作品

1976年，原国师美术、音乐教师敖克成在都匀为当年国师村寨教育实验区学生杨朝富作的青松图，题写了"青松红梅山高水长，鹤舞东风诗画篇章"表达了师生深厚情谊

1992年，原国师美术教师、代校长赵峻山在南京为黄质夫纪念册作的《愧不如牛图》，题写了"功高不居，劳而无怨，生前享受不多，死后捐躯为人"表达对故友真诚的赞颂与敬仰

1993年7月16日在榕江召开国师教育思想研讨会全体代表合影

2002年7月16日在榕江召开黄质夫乡村教育思想研讨会代表合影

2002年7月16日在榕江召开黄质夫乡村教育
思想研讨会,贵州省政协副主席杨光林讲话
(图中间)

参加《国立贵州师范文集》座谈会的同志合影
(1994年4月11日)

2024年10月榕江一中校门

榕江一中内黄质夫校长雕像

榕江一中校训"诚勤公毅"

2024年10月古州二小校园剪影（原国立贵州师范学校校本部旧址）

2024年10月榕江民族中学校园剪影

2024年9月榕江县古州一小教学楼

2024年10月榕江县车民小学校门（原国师村寨教育实验区旧址）

2024年9月，榕江县高文小学校门（国师高文山寨小学旧址）

2023年11月，原国师月寨山寨小学校友合影。从左至右：李锦荣、李昌能、袁仁广、李大荣

1984年，国师高文山寨小学创办人张新豪（前排左二），国师教务主任张一德（右一）重回高文山寨小学旧址与乡亲们合影

2005年，榕江县人民政府在原国师附设村寨教育实验区遗址立纪念碑

2023年5月16日，榕江县政协主席潘建波同志（后排左三）慰问主编杨朝富同志（前排二）合影

2023年6月，编委部分成员到凯里拜访国师校友姚源金（左二）合影

　　2023年9月，编委部分成员到都匀走访原国师教师子女张人权、张晓阳、胡智如、刘芷卿，国师校友吴琼芳，附小校友陈翠珍、蒋佩珍，山寨小学校友李昌能和榕江一中校友陈德坤

　　2023年9月，编委部分成员到凯里走访国师附小校友合影
从左至右：前排：姚民英（一）胡政恺（三）、李蓬甫（四）、后排：杨朝忠（左四）

2023年11月，编委部分成员到黎平拜访国师校友程立塈(左三)，并与其家人一起合影

2023年11月，编委部分成员到榕江古州一小召开座谈会，与学校班子成员合影

2024年4月，编委部分成员到三都县原国师校友石文宣老家调研，与其胞弟（右一）合影

2024年4月，编委部分成员到从江县收集国师文史资料合影

2024年6月，在榕江一中召开本书编写座谈会

2024年10月14日，在榕江县政协召开《国立贵州师范在榕江》编写审稿会

《国立贵州师范在榕江》编写工作领导小组（图为政协榕江县委员会第十四届领导班子合影）

2024年10月14日参加《国立贵州师范在榕江》审稿会议的县政协领导、编写委员会成员、相关部门领导合影

国师首任校长　黄质夫

代理校长　赵峻山

第二任校长　梁瓯第

第三任校长　许绍桂

第四任校长　王守论

第五任校长　史介民

代理校长　段东久

代理校长　陈渭渠

國立貴州師範學校校舍平面圖（今昔对照图）

貴州省榕江縣

2024 年 10 月 20 日在原平面图上标注

今榕江二中校园

今西山寺

西门

今榕江县粮食储备库

今山寺

今榕江县民族中学校园

今新村

今榕江二中教师宿舍

今电视塔

今气象局

罗家山

今榕江红七军史历陈列馆

今古州一小校园

今榕江县委大院

今盐业公司

东门

今古州一小足球场

今体训中心

今古州二小校园

今礼门楼

南门

北门

今红庙水井

界址

1/5000

《国立贵州师范在榕江》

编写工作领导小组和编写委员会

（一）编写工作领导小组

顾　　问：侯美彪　徐　勃　王　飞　龙见强

组　　长：潘建波

副组长：龙　杰　唐　萍　龙　飞　金文凤　石　晶　梁金标　欧君武
　　　　　吴述峰　吴必雄　梁　标

成　　员：吴啟文　罗　榕　石忠诚　石庆伟　梁伦刚　刘　敏　吴胜美
　　　　　杨胜巍　杨秋华　杨兴沼　刘承龙

（二）编写委员会

主　　编：杨朝富

副主编：杨胜巍　石庆伟　傅安辉　吴昌智　赖　婷　廖少禹

成　　员：伍远吉　王世龙　赵学海　刘泰周　杨文全　张登奎　潘　晗

主编简介

杨朝富，男，侗族，1932 年生，贵州省榕江县人，中共党员。1956 年在沈阳师范学院毕业后参加工作，从事过工农干部学校教育和中学教育。历任黔东南州教育局副局长、黔东南州科技干部局局长、黔东南州教育学院副院长、黔东南州教委党组副书记、副主任，贵州省教育学会常务理事，兼任黔东南州政府教育督导室主任、黔东南州电视大学校长。1993 年退休后，曾任贵州和黔东南州政府兼职教育督学、贵州省陶行知教育研究会首届理事。主编出版《黔东南州教育志》《中国侗族教育史》《三宝侗族琵琶歌精选》《国立贵州师范学校小学教育足迹》等著作。现任贵州省原生态民族文化研究中心第四届校外兼职研究员。

序一

杨光林[①]

　　榕江县政协又为榕江教育做了一件好事，在中华人民共和国迎来七十五周年华诞之际，编纂出版了《国立贵州师范在榕江》一书，全书共10章，内容涉及国立贵州师范学校（以下简称"国师"）在榕江办学的方方面面，具有很高的史料性、学术性、专业性和参考性。在这之前，榕江曾两次开展过国师教育思想和黄质夫乡村教育思想的研讨活动，一次是1993年7月由榕江县政协文史委、县教育局、县民委发起，一次是2002年7月由中共榕江县委、县人民政府主持，两次研讨的成果产生了两本文集，一本是1995年9月编印的《国立贵州师范文集（1940—1949）》，一本是2003年8月由贵州民族出版社出版的《黄质夫乡村教育思想研究》。第一本书成书时我还在中共黔东南州委工作，当时我还为该书作了序。时隔21年，关于国师研讨的又一部文集诞生，这部《国立贵州师范在榕江》着重于国师在榕江办学十年的历史研究，是榕江献给新中国成立七十五周年的一份珍贵礼物。文集由榕江县政协文史委组织编纂，由原黔东南州教委主持工作的副主任杨朝富同志牵头组稿。朝富同志是榕江车江人，侗族，曾就读于国师车寨教育实验区，如今已年逾九十，老先生老骥伏枥，精神可嘉，在耄耋之年还为家乡的教育事业殚精竭虑、奉献余热，他不但自己亲自撰稿、审稿，还不顾年事已高，亲往黎平、从江、三都等地走访收集有关材料，很令我感动。为此，当榕江县政协请我给此书写序时，我作为榕江老乡自然义不容辞，欣然应允。

　　1940年初，国立贵州师范学校在黄质夫校长的带领下，由贵阳郊外的青岩迁到榕江古州，自此开启国师乡村教育的新篇章。国师在榕江办学十年，为黔、湘、

---

　　① 杨光林，男，苗族，1940年12月出生，贵州省榕江县人，曾任中共榕江县委书记、贵州省民委主任、中共黔东南州委书记、贵州省政协副主席、贵州省人大常委会副主任、省苗学会会长等职。

桂甚至川、滇少数民族边疆地区培养了一大批德才兼备的乡村教师和优秀基层人才，在全国树起了一面乡村教育的旗帜，黄质夫也成为一代杰出的乡村教育家，同时也为榕江的教育注入了新鲜血液，办学成果突出，名声享誉四方，至今令人称道。国师在榕江的办学成绩，本书已讲得很全面、很清楚，这里不再赘述，借此机会谈几点个人的感受与同志们共勉。

一是国师全面发展教育的办学理念与我党的教育方针一脉相承。当时国师提出的培养目标是使学生成为能担当"救百万村寨的穷，化万万农工的愚，争整个民族的脸"责任的能工能农、能文能武的乡村教师；培养模式是"教育与劳动生产相结合"；培养手段是"教学做合一，德智体并重"。在这种教育理念的引领下，国师通过多种措施把学生培养成为能适应社会、全面发展的高素质人才，国师学生大多是理论知识和技能水平兼具的"通才""全才"，毕业生受到社会普遍欢迎。中华人民共和国成立以来，我党先后提出了"教育必须为国家建设服务，学校必须为工农开门"，"教育为无产阶级政治服务，教育与生产劳动相结合"，"应当使受教育者在德育、智育、体育几方面都得到发展，成为有社会主义觉悟的有文化的劳动者"，"教育为社会主义现代化建设服务，为人民服务，与生产劳动和社会实践相结合，培养德智体美劳全面发展的社会主义建设者和接班人"，体现了党的教育理论的与时俱进和创新，其目的是把教育作为促进人的全面发展、为社会主义现代化建设服务、为人民大众服务、为民族复兴服务。

二是榕江素有尊师重教的好传统。国师迁入榕江时，榕江地方政府无偿将一批公房、庙产和荒山、土地拨给学校使用，由此学校有了落脚之地和劳动生产基地。1944年下半年，因日军入侵广西，原国立汉民中学和国立广西大学被迫迁往榕江，榕江当地群众主动协调让出天后宫（位于今榕江民中校园内）作为汉民中学学生宿舍，自愿腾出民房给汉民中学教职工居住，地方政府还把五榕山等地无偿拨给广西大学农学院建农场，特别是迁来初期，两所学校经费迟迟未到，学校运转极其困难，榕江地方父老及各界人士主动发起募捐，为两所学校解了燃眉之急。改革开放初期，我在榕江任县委书记时，由于当时国家财力还薄弱，但为了发展教育、培养人才，很多地方群众自发调田调地、捐款捐料、投工投劳，新建和扩建了多所中小学。可见榕江人历来尊师重教，深知"百年大计，教育为本"

的大义。在新征程上，榕江这种好的传统更应发扬光大。

三是国师留给了榕江不可多得的文化遗产。抗战后期，由于国师等多所学校相继迁入榕江，使榕江一度成为教育城、文化城，其中在榕江办学时间最长的是国师，它对榕江的影响也是最深的，而尤以体育方面的影响最突出。活力四射、火爆全球的"贵州村超"，与国师有着不可分割的渊源，当时不仅国师开展足球运动，国师附小操场也开展足球活动，为榕江培养了第一代足球兴趣爱好者；广西大学到来后经常与国师开展足球比赛，吸引了周边的老百姓，后来群众在沙坝上修整出简易足球场，村与村之间、街道与街道之间自发踢起球来，这就是"村超"的雏形。榕江有"贵州体操之乡"的美称，也与当年国师和广西大学奠定的体育文化基础分不开，国师附小曾在现在的古州二小的周边办学，现在的榕江县体训中心最早产生于二小。如今村超和体操成为榕江最响亮的文化品牌，为推动榕江的农、文、体、旅、商融合发展插上了强健的翅膀。

四是传承国师精神，助力乡村振兴。国师以发展乡村教育为己任，积极为边远少数民族地区培养人才，致力于开发建设边疆的探索，为今天的乡村振兴提供了有益的借鉴。黄质夫提出国师的办学宗旨，是"不仅以学校为范围，须以乡村为范围；受教育者不仅以学生为对象，乡村之农民皆应为教育者之对象；必须野无旷土、村无游民、人无不学、事无不举，而后便可达到乡村教育之真正目的"，这对当代乡村教育主动适应社会变革和服务乡村振兴，具有重要的借鉴意义。全面推进乡村振兴，就要优先发展乡村教育事业，着力解决乡村教育发展不均衡不充分的问题，大力培养"三农"人才，用优质教育为乡村振兴赋能增效。

五是深化国师办学思想研究，推动榕江教育高质量发展。思想是行动的先导。国师的办学成就其实就是践行黄质夫乡村教育思想和梁欧第提出发展边疆民族教育思想的成果，对于今天我们办新时代的人民教育仍有借鉴意义。国师诞生于榕江，发展于榕江，为我们研究和传承国师的办学思想和办学精神创造了得天独厚的条件，榕江应继续深化国师办学思想的研究，继承弘扬黄质夫等老一辈教育家的办学精神，进一步找准与中国式现代化榕江教育实践的契合点。我们要以习近平新时代中国特色社会主义思想为指导，深入学习贯彻习近平总书记关于教育的重要论述，全面加强党对教育工作的领导，全面贯彻党的教育方针，推动榕江教育高质量发展，办好榕江人民更加满意的教育。

最后，谨向本书编委会全体成员表示衷心的感谢和诚挚的问候！希望以这部文集的出版为契机，进一步把榕江教育事业推向新的高度！

2024 年 11 月 13 日

《国立贵州师范在榕江》序二

顾 久[①]

　　我一直觉得，身处民国抗战前后时段的知识分子是不幸的，但也是幸运的：不幸的是，身处乱世、敌寇入侵、国势衰微，身心饱受焦虑痛苦的折磨；幸运的是，那一代人去古未远，既具有传统优秀文化肃然君子的胸怀，又因国门已开，接受着外来文明的新思潮，再加上对国家前途的关怀与忧患，容易超越自身那个琐细、眼前、物质的"小我"，昂然走进国家民族的宏大、永恒、精神的"大我"境界。而抗战期间榕江国立贵州师范的领导者黄质夫、梁瓯第、许绍桂们，就是这样一群胸怀"大我"的教育家，他们大都从大城市和发达地区的名校走下来，本来有充分的条件和理由享受个人更好的物质与生活条件，但却忧国忧民，见义勇为，甘于奉献，走进边疆，艰苦卓绝，建功立业。我曾到过该校旧址，凝视写着"德智体并重，教学做合一"的陈迹，敬佩之情油然而生，希望能有一本书记述它的前世今生。

　　而这本书现在就在我的眼前。它详尽记录了斯人斯校的始末、建制、体制、管理、方向、目标、措施、特色，以及育人的方略、学生的去向等，另有演变为现在榕江一中后的继承与发展，还附上了两次研讨会议情况和黄质夫、梁瓯第两位前辈的文选，最后，有教育部原部长韦钰女士为《黄质夫教育文集》所写的序言。可见作者的用心良苦，材料丰富，叙事时层次分明，笔底含情。当我翻开它，那个时代的峥嵘岁月、一代代办学者的爱国奉献、一批批学子的勤奋勉力，乃至，当时那一带清江、四围碧岭，映带着师生的劳作和慷慨激昂的校歌，都一一呈现出来……

---

　　① 顾久，教授。原贵州省人大常委会副主任、贵州省文联主席、省文史研究馆馆长。现任《贵州文库》总纂。

我以为，评价一所学校，除了要求办学者富于理想、倾情付出以外，更能检验其成效的，是所培养的绝大多数学子走出校门后的作为。我发现其中大多数人成为榕江、黔东南，乃至贵州各行各业——特别是教师队伍的栋梁。其中有我曾经的邻居陈谨之大姐，冷峻精干，有独当一面的大将风度；还有我的大学院系主任王强模老师，亲切和蔼，娓娓叙道，给予我那么多的教谕和示范；还有本书的作者杨朝富先生，侗族，他从当年的国立贵州师范榕江村寨教育实验区，走进了东北的沈阳师范学院，供职于黔东南的教育大业，还担任州教育委员会副主任并主持工作……因想到他们都是从榕江的国立贵州师范走出的学子而感动。

我由此追溯，黄质夫先生的精神导师之一，是伟大的人民教育家陶行知先生。据说黄先生曾受到过陶先生《第一流教育家》的激励。陶先生该文说："试将各学校的《同学录》拿来一看，毕业生多半是在本地服务，那在外省服务的，已经不可多得，边疆更不必说了。一般有志办学的人，也专门在有学校的地方凑热闹，把那边疆和内地的教育，都置之度外。推原其故，只有一个病根，这病根就是怕。怕难、怕苦、怕孤、怕死，就好好的埋没了一生……我们要晓得国家有一块未开化的土地，有一个未受教育的人民，都是由于我们没尽到责任。责任明白了，就放大胆量，单枪匹马，大刀阔斧，做个边疆教育的先锋，把那边疆的门户，一扇一扇地都给它打开。这又是何等的魄力！有这种魄力的人，也不愧受我们崇拜……大丈夫不能舍身试验室，亦当埋骨边疆尘，岂宜随便过去！"因此，黄先生不怕难、不怕苦、不怕孤、不怕死，放大胆量、大刀阔斧，做了个边疆教育的先锋。而陶行知先生又分明受到明代大哲学家王阳明"知行合一"学说的影响，把原名陶文濬改为"陶知行"，后来认识到"行"应当在"知"之前，于是又更为"陶行知"。于是，代表着中华优秀传统文化的王阳明及其"心学"，与奉行知行合一的人民教育家陶行知，与甘于奉献以身垂范的黄质夫，与渴望进步拥抱教育的榕江士绅和百姓，与努力进取事上磨炼的莘莘学子，共同铸成了保卫祖国、在疾风暴雨中巍然屹立的万里长城……

我还想，这本书对今天有什么意义呢？当代的我们，已经从积贫积弱的旧中国走进站起来、富起来、强起来的新中国，从传统的农耕社会进入融进世界的工商社会里。工商社会的正面效应是生产力、科学技术的进步与民富国强，然而，是否还有物质化、原子化与世俗化的负面？它是否会把胸怀国家民族的"大我"在物欲、个体和世俗的消融下衰变为"小我"？把理想主义、英雄主义、艰苦奋斗的精神，融化在耽于享乐、丧失理想、缺少激情、迷失自我的平庸之中呢？如果仅仅年青学子们如此，似还情有可原，但如果我们的师长们也如此呢？在需要志气、底气和骨气的中华民族伟大复兴的今天，或许就值得认真反思和纠正了，而眼前这本《国立贵州师范在榕江》，就值得我们大家认真一读，重拾旧事，再获启示，重振精神，再次出发。

是为序。

2024 年 11 月 18 日

C目录
CONTENTS

序一　　　　　　　　　　　　　　　　　　　　　　　　／1

序二　　　　　　　　　　　　　　　　　　　　　　　　／5

前言　　　　　　　　　　　　　　　　　　　　　　　　／1

第一章　学校成立与迁校榕江　　　　　　　　　　　　　　／9

第一节　学校的成立是贵州师范教育史上新的里程碑　　／9

第二节　学校南迁榕江是有胆识的创举　　　　　　　　／14

第三节　师生披荆斩棘开辟新校园　　　　　　　　　　／19

第二章　学校办学体制与发展状况　　　　　　　　　　　　／23

第一节　独具特色的教育体制　　　　　　　　　　　　／23

第二节　学校的管理体制　　　　　　　　　　　　　　／26

第三节　学校教育发展状况　　　　　　　　　　　　　／30

第四节　创办黎平分校　　　　　　　　　　　　　　　／34

第五节　广开生源"得天下英才而教"　　　　　　　　／42

第六节　学校的推广事业　　　　　　　　　　　　　　／46

第三章　学校的办学方向、培养目标与教育途径　　　　　／51

　　第一节　学校教育服务方向　　　　　　　　　　　　／51

　　第二节　学校教育的培养目标　　　　　　　　　　　／53

　　第三节　学校教育的途径　　　　　　　　　　　　　／55

　　第四节　学校的标识文化　　　　　　　　　　　　　／56

　　第五节　一座不朽的边疆教育丰碑——《国立贵州师范学校校歌》　　／61

第四章　学校实行全面发展教育　　　　　　　　　　　　／69

　　第一节　学校的品德教育　　　　　　　　　　　　　／69

　　第二节　学校课程设置与教学实施　　　　　　　　　／82

　　第三节　学校的体育教育　　　　　　　　　　　　　／92

　　第四节　学校的美育教育　　　　　　　　　　　　　／97

　　第五节　学校的生产劳动教育　　　　　　　　　　　／107

　　第六节　学校的女生教育　　　　　　　　　　　　　／118

第五章　学校的教育参观与教育实习　　　　　　　　　　／125

　　第一节　创建学校教育实习基地　　　　　　　　　　／125

　　第二节　做好实习前准备工作　　　　　　　　　　　／126

　　第三节　教育实习内容与步骤　　　　　　　　　　　／128

　　第四节　对实习生实习成绩评定　　　　　　　　　　／130

　　第五节　组织师范毕业生到外地参观教育　　　　　　／131

第六章　学校教师队伍建设与从严治校　　　　　　　　　／141

　　第一节　教师队伍建设与奉献精神　　　　　　　　　／141

　　第二节　教师中的社会进步活动　　　　　　　　　　／164

　　第三节　学校的从严治校　　　　　　　　　　　　　／170

第七章　学校创办边疆小学概况　　　　　　　　　/ 177

第一节　学校的附属小学　　　　　　　　　　　/ 177

第二节　学校附设村寨教育实验区　　　　　　　/ 183

第三节　创办附属小学分校——山寨小学　　　　/ 190

第八章　学校对边疆教育的贡献　　　　　　　　　/ 197

第一节　国立贵州师范毕业生去向分布　　　　　/ 197

第二节　学校对贵州少数民族人才培养的历史性突破　/ 203

第三节　学校对榕江县教育的历史贡献　　　　　/ 210

第四节　学校对从江县教育的历史贡献　　　　　/ 227

第五节　学校对荔波县教育影响的片段回忆　　　/ 238

第六节　学校对三都县教育发展的影响　　　　　/ 242

第七节　学校与抗战时期西迁榕江的广西大学和汉民中学的友谊　/ 249

第九章　榕江一中传承国立贵州师范学校优良办学传统纪事　/ 259

第一节　榕江一中的历史沿革　　　　　　　　　/ 259

第二节　创办传承国立贵州师范文化基地与开展研究活动　/ 260

第三节　继承优良的办学传统实施全面发展教育　/ 264

第十章　在榕江召开国立贵州师范两次教育研讨会　/ 273

第一节　国立贵州师范学校教育思想研讨会　　　/ 273

第二节　黄质夫乡村教育思想研讨会　　　　　　/ 275

第三节　国立贵州师范学校校园歌曲（选载）　　/ 277

附录一　黄质夫文选（选载）　　　　　　　　　　/ 289

《致贵阳师范学校师生书》　　　　　　　　　　/ 289

《实践的师范教育》　　　　　　　　　　　　　/ 291

国立贵州师范学校实施劳动生产训练概况———《中等学校劳动生产训练》
附录   / 295

附录二　梁瓯第论文（选载）

车寨社区调查   / 301

苗山见闻   / 301

贵州苗区的征生制   / 313

梁前校长致本校同学书   / 318

附录三　《黄质夫教育文选》序   / 320

后记   / 322

前　言

一

国立贵州师范学校是在抗日战争的烽火年代，国民政府教育部在贵州创办的一所国立边疆师范学校，其任务是培养健全的小学教师和基层人才，为开发边疆教育事业服务。

在半殖民地半封建社会的旧中国，乡村教育十分落后，尤其是边疆各省的乡村教育更是如此，究其重要原因之一，就是缺乏师资。抗日战争爆发后，社会环境突变，尤其是我国西北和西南的大后方，乡村教师更是缺乏。以当时贵州为例，根据 1942 年黄质夫撰写的《实践的师范教育》一文中记载，民国 28 年统计，贵州全省小学教员数为 8928 人，其中合格者仅为 3000 余人，而依照贵州教育计划，需要中心学校和国民学校之师资则为 36996 人，即使将原有的不合格之教师，皆以代用教员计算，尚缺少教师 28000 之多，师资需要之迫切，概可想见。而贵州培养小学师资的师范学校的发展现状，不适应小学教育发展所需的师资。民国 27 年（1938），全省师范学校为 47 个班，学生 1685 人；民国 28 年（1939）为 46 个班，学生 1557 人；民国 29 年（1940）为 42 个班，学生 1244 人，每班平均 15 人，师范班级和学生数已逐渐减少了。此种现象全国各省皆然。为了解决西北、西南大后方的小学教师奇缺问题，国民政府教育部为推进边疆教育，在我国西北和西南的边疆省份划分十几个边疆师范教育区，先后在西北、西南各省创建一批国立边疆师范学校，逐渐解决这里小学教育所需要的师资问题。1939 年 10

月，奉国民政府教育部令，将原设在青岩的贵州省立贵阳乡村师范学校改建为国立贵州师范学校，直隶国民政府教育部边疆教育司，成为发展贵州边疆民族培养师资的边疆师范学校，这是在贵州师范教育史上新的里程碑。

二

国立贵州师范学校 1940 年至 1949 年在榕江办学的 10 年间，走过了一条艰苦办学的发展道路。

学校起初设在贵阳近郊的青岩，由于青岩靠近贵阳，人口密集而土地狭窄，不利于发展乡村师范教育。首任校长、我国著名乡村教育家黄质夫提出要把学校办到土著同胞聚居之边远县去。同年冬，黄质夫奉国民政府教育部令，从贵阳出发，徒步艰难前行，到龙里、贵定、麻江、都匀、丹寨、三都、榕江、黎平等县考察校址，最后决定迁校榕江。榕江当地政府热情欢迎黄质夫迁校榕江，并划拨约占城区 2/3 的土地面积和一些会馆、庙宇、祠堂作为学校办学之地。到了 1940 年元月，黄质夫带领全校师生步行 18 天，将学校迁移到了榕江县。"初到时，设备毫无，接收房屋咸皆蛛网尘封，秽浊不堪，且大半行将倾圮，阶前衰草过膝，一切待开辟。"为了开创学校教育的新天地，黄质夫决心走艰苦办学劳动建校的道路，不顾路途的劳累，立即组织师生投入到轰轰烈烈的劳动建校的活动之中。当时师生们群策群力，实干苦干，夙夜无懈，经过三个多月的劳动建校，一座食宿有所、教学有堂、弦歌有处、图书有馆、农工有场、办公有室，背靠西山，面临三江，掩藏在古木花荫之中的崭新学府——国立贵州师范学校建造起来了。这就是校歌所唱的"披荆斩棘，吾校基础奠"。在国民政府教育部的支持下，学校教学仪器、生物标本已配套，图书达 10000 余册，还有许多教学资料、画报和学生的课外读物。学校建校之快实令人敬佩。黄质夫为了发展学校教育，一面制定办学的各种规章制度，一面向外面聘请教师，同时发出学校招生简章，还在黎平办了分校（初中），在榕江城内创办了附属小学，使学校不断发展。迁校之初，从青岩迁校来的有师范、简师和初中学生 154 人。到 1943 年，校本部的师范部、简师部、初中部共有 521 人，黎平分校初中学生 163 人，加上附属小学学生 426 人，共合计为 1110 人，是学校建校以来最繁盛的历史时期，学校也成了当时贵州省内规模最大的一所师范学校，也为学校后来的发展奠定了基础。所以说，从青岩迁校榕江，开辟了教育的新天地，发展了师范教育，是有胆识的创举。

1944 年秋，黄质夫离任，由工场主任赵峻山代理校长。1945 年 8 月 13 日，榕江遭受特大水灾，县城内外一片汪洋，学校被洪水冲击破坏严重，校舍倾斜，冲走了木楼一栋，教学仪器已是荡然无存，图书资料损失也多，校园内到处是污泥浊水。1945 年 8 月 28 日，梁瓯第到榕江接任校长。梁校长是一位民族学专家和边疆教育著名人士，他看到洪水过后，当时学校"校舍崩圮，校具飘零，米款两缺，疾病流行"的状况，不畏艰难，而是"默察情势，溯昔鉴今，决心继承过去的优良传统"，并制定"救难整旧，安全至上，开学第一"的治校方略。他一面呈报国民政府教育部拨款，重整校园，修建校舍，购置图书、教学仪器、医疗药品与设备；一面向黔湘桂等地发出招生简章，增设边疆简师部。与此同时，他带领全校师生齐心协力，清除洪水过后留下的污泥浊水，打扫校内外环境卫生，使学校在秋季按时开学全面复课，全面加强学校管理，使大水后的学校秩序井然，校园又重现了一派"朝晖夕映，气象万千"的生机勃勃的景象。他在稳定学校秩序的同时，为了发展边疆教育，徒步到苗乡侗寨进行社会和教育的调查，写了《车寨社区调查》和《苗山见闻》等考察报告，他了解到边疆少数民族经济文化落后，为了发展民族村寨教育，又在车寨侗村创办了附设村寨教育实验区，创办了月寨和高文两所民族山寨小学。创办附设村寨教育实验区和山寨小学都是压缩校本部和附小编制的经费开支去创办的。1945 年奉国民政府教育部令，停办黎平分校，校本部停止招收初中新生，但学校的师范部、简师部和几所小学仍有发展。1946 年秋，梁校长奉国民政府教育部令离校奔赴新疆去创办国立天山师范学校。1946 年以后，国民党反动派发动内战，国家也紧缩学校的办学经费，加上货币贬值，物价上涨，给学校办学和师生的生活带来不少困难。但是以后继任的许绍桂等三位校长仍然坚持学校艰苦办学的优良传统，坚持到 1949 年学校停办。

三

国立贵州师范学校的教育服务方向、培养目标和教育发展途径等方面，有着自己独具的特点，这与旧的传统教育是不同的。

（1）教育面向农村，面向边疆民族乡村。学校在青岩办学之初，黄质夫提出，"国难当头，教育兴邦，责任殊重"，"乡村师范宜在乡村，边疆师范宜在边疆，且尤宜在土著同胞聚居之边远县"，而且他亲自到贵州黔南少数民族聚居的诸县去选择校址，并把国立贵州师范学校迁校榕江办学达 10 年之久。在办学中，面向黔湘桂边境诸县民族山区招生，在校学生绝大部分都是来自广大的民族乡村。师范学生毕业以后，大多数都回到本县籍的农村办学，为发展边疆乡村的小学教育作出了贡献。梁瓯第校长深入到榕江苗侗水民族山村做调查，看到民族村寨文化落后，他把学校创办小学的重点放到农村去，创办了附设村寨教育实验区，探索民族村寨小学如何迎合边胞需要的发展新路。他还创办了月寨山寨小学，许绍桂校长创办了高文山寨小学，把山寨小学作为附属小学的分校，在榕江开创了以城市小学带动乡村小学发展的办学模式。学校把教育的重点放在农村和边疆的乡村，是适合当时中国大多数人口在农村且文化落后的国情。这也是对过去旧的传统教育只重城市而轻农村的办学思想的改革与创新。

（2）教育为谁服务，达到什么社会目的，这是教育的方向问题。国立贵州师范学校提出了学校教育目的是为实现"救百万村寨的穷，化万万农工的愚，争整个民族的脸"的奋斗目标服务，这是黄质夫校长在边疆师范学校里发出"教育救国"欲振兴中华的呼声。黄质夫以发展教育来摆脱百万乡村的贫困，以教育使万万农工获得智慧而摆脱"愚昧"，通过发展乡村的经济文化，进而使整个中华民族富强起来，作为学校教育的奋斗目标，作为学校师生的责任担当，去开拓自己的理想前程。黄质夫校长他们这种教育思想和实干苦干的办学精神，在当时明确了教育为谁服务的问题，找到了教育发展的方向，这是难能可贵的。

（3）培养什么样的人，是教育的首要问题。为了实现教育的奋斗目标，学校遵循陶行知创办晓庄师范时提出的"教学做合一，德智体并重"的办学思想，在学校实施了德智体美劳的全面发展教育，着力提高学生综合发展素质，把师范学生培养成为"能工、能农、能商、能教学、能生产，在后方能保安，上前线能作战"的人才，使他们"能以万能的双手，负重的双肩，热血满腔"，下"最大的决心来开发边疆"。这是国立贵州师范学校为实现教育的奋斗目标所要培养的合格师范生。黄质夫对师生说，为了培养全面发展的人才，学校要坚持德智体美劳诸育并重，使学生受到全面发展教育。学校不存在偏育的片面发展的现象。他还说，学校设置的各科课程，都是实施全面发展教育的需要，在学校里没有主科副科之分。要求教师要提高所有学科的教学质量，在学校课程教学中也不能存在偏科的现象。所以，国立贵州师范学校学生毕业离校走上小学教师岗位都是能教能导能管理能劳动的教师，他们到哪所学校，学校则焕然一新。

（四）学校实行教育与生产劳动相结合的办学方针，把劳动列为一门课程，学生一面读书，一面劳动。黄质夫说，实施生产劳动教育是国立贵州师范学校"今日教育之要举"，是要与中国几千年传统教育实行决裂，是培养社会一代新人的需要。黄质夫说，"劳动生产训练是动的教育、行的教育、生活的教育"。学生通过生产劳动的训练，增强体质，手脑合作，改变知识分子贱视体力劳动的错误，培养学生刻苦耐劳、节俭、朴实等优良品德，学会生产知识与技能。通过教育与生产劳动相结合的教育途径，实现国立贵州师范学校培养合格小学教师的教育目标。因此，国立贵州师范学校第三任校长许绍桂说："黄质夫的作风，是'三头'主义，即笔头、口头和锄头，但前'两头'是一般学校都应该注意的，只有'锄头'才真是国师（国立贵州师范学校）特有"的风格。

由于国立贵州师范学校有明确的教育服务方向、奋斗目标、培养目标和培养人才的教育途径，因此，国立贵州师范学校为黔湘桂边境诸县培养了700多名合格的小学教师，为开发边疆教育作出了贡献。

四

国立贵州师范学校办学成绩名声远播，其中最关键的是这所学校有好的校长和业务精湛的教师队伍。

学校在办学的 10 年间，历经了五任校长、十任教务主任，他们都是受到高等教育与训练从事教育教学多年的人，有丰富的教学经验。如黄质夫就是我国著名的乡村教育理论家和实干家，梁瓯第则是一位民族学家和边疆教育专家。他们都是"敢入未开化的边疆"和"敢探未发明新理"的教育第一流人物。国立贵州师范学校的创办与发展是黄质夫从教育理论、治校方略和他带领全校师生实干苦干的实践活动，为国立贵州师范学校教育的发展奠定了良好的基础。后继任的诸位校长们，都是继承了黄质夫的优良办学传统和艰苦办学精神，使学校教育得以巩固与发展。为了办好这所边疆师范学校，校长们先后从贵州省内外聘来教师。当时国立贵州师范学校真是学者云集、名师荟萃，这些教师都是从高等学校毕业出来的，有的曾在国外留过学，有的曾在高校任过教，他们有多年的教育教学经验，都有办好边疆教育的心愿。教师们都能认真教学，以身作则，言传身教，关爱学生的健康成长。学校提高各门课程教育质量，主要有赖于这支精湛的教师队伍。学校形成了"教不倦、学不厌"的教与学的风气，都是有赖于这支精湛的教师队伍。许多教师在当时榕江艰苦的环境下，不怕艰苦，任劳任怨，安贫乐道，为培养合格的乡村师资作出贡献。学校教育所创建的业绩，与教师们的辛勤劳动是分不开的。有的校友在回忆文章中曾形象比喻说，"如果说，国立贵州师范学校在发展边地文化教育上，黄质夫是红花，那么这些教师就是衬托红花的绿叶。"这表达了学生们对校长和教师的如实评价和崇敬。因为国立贵州师范学校有黄质夫、梁瓯第这样一流的校长，有了这一支精湛的教师队伍，在那艰苦年代里为学校教育付出了大量心血和精力，才能为黔湘桂边境诸县输送大批的合格乡村教师，为开发边疆教育事业作出了贡献，使国立贵州师范学校教育成为当时边疆师范教育的一朵奇葩，学校名声远播。

五

　　教育是一定社会政治经济制度的反映，并受到一定的社会政治经济制度的制约和影响。国立贵州师范学校是国民政府教育部办的学校，其目的是为边疆培养合格的小学教师。黄质夫等诸位校长和教育者们，怀着欲振兴中华的爱国情怀，献身教育，造福边疆，费尽了心血和精力，为黔湘桂边境民族地区培养了一大批合格师范生，他们献身边疆教育的办学精神是难能可贵的。但是国立贵州师范学校教育是受到国民党统治的社会政治经济制度的制约和影响，不仅是办学方面的艰难，随着人民解放战争的胜利，南京国民党反动派的崩溃，国立贵州师范学校随之停办了。这就表明，在半殖民地半封建社会制度下，造成了中国社会经济贫困、文化落后，欲振兴中华，如果不从根本上推翻旧中国的社会制度，单从发展教育去努力，那是不可能的。只有在中国共产党领导下的人民大众进行社会革命，推翻旧中国半殖民地半封建社会制度，推翻国民党的反动统治制度，建立社会主义制度，才能彻底改变旧中国的经济落后和文化落后状况。

　　1949 年以后，特别是改革开放以来，尤其是党的十八大以来，在中国共产党的领导下，随着我国社会主义现代化建设事业的发展，人民摆脱了贫困，我国社会主义教育有了快速的高质量的发展，这是今非昔比的。就以过去国立贵州师范学校办学所在地榕江教育为例，今天的榕江一中，它的前身就是国立贵州师范学校，现在学生已发展到近 3500 人的规模；古州一小的前身就是国立贵州师范学校附属小学，现在已发展到 3500 余人的规模；车民小学的前身是国立贵州师范学校创办的附设村寨教育实验区，现在已发展到 3700 余人的规模。这三所学校的教师队伍有了发展，学校场地建设、校舍建设、教学设备配套、校园的绿化美化等方面，都是过去国立贵州师范学校、附属小学和附设村寨教育实验区无法与之相比的。

　　但是今天的教育，是在过去教育基础上发展起来的。在 20 世纪 40 年代的那些艰苦岁月里，黄质夫、梁瓯第等诸位校长和教师们，怀着满腔热情，奔赴榕江，那种"献身教育，造福边疆"的实干苦干精神和他们办学的历史业绩，他们对边疆教育所作的贡献是不可磨灭的。他们在开发边疆教育上的理论创新、艰苦奋斗的奉献精神和办学的成功经验，更是值得发扬的。我们应当以历史唯物主义的观点，正确对待他们给我们留下的这份教育遗产，认真总结他们过去办学的历史经验教训，吸取其对我们有用的经验，对于发展我们现在的民族地区教育仍是有所裨益的。

现在，我们国家已跨入了全面建设社会主义现代化强国的新时代，我们要在党的领导下，坚持以习近平新时代中国特色社会主义思想为指导，全面贯彻党的教育方针，坚持社会主义办学方向，实施德智体美劳全面发展教育，把培养社会主义建设者和接班人作为根本任务，使我们的教育高质量发展，更好地为建设我国社会主义教育强国作出贡献。

第一章　学校成立与迁校榕江

第一节　学校的成立是贵州师范教育史上新的里程碑

国立贵州师范学校是抗战时期国家教育部在贵州创立的一所国立边疆师范学校，它的成立是当时贵州师范教育史上的一个新的里程碑。这所学校的成立，有一个发展过程。

一、学校成立的社会环境

在半殖民地半封建社会的旧中国，乡村教育十分落后，尤其是边疆各省的乡村教育更是如此，重要原因之一，就是缺乏师资，影响到乡村教育的发展。

抗日战争爆发，社会环境突变，尤其是在我国的西北和西南大后方，乡村教育更是缺乏师资。以当时贵州缺乏师资为例，民国 27 年（1938 年），全省有师范班 47 个，师范生 1685 人；民国 28 年（1939 年），全省有师范班 46 个，师范生 1557 人；民国 29 年（1940 年），全省有师范班 42 个，师范生 1244 人。当时贵州的师范生已是逐年减少。民国 28 年（1939 年），贵州全省小学教员数为 8923 人，其中合格仅有 3000 余人。而依照计划，贵州需要的中心学校和国民学校之师资为 36996 人，即使将原有不合格的教师皆以代用教员计算，尚缺少小学教师 28000 多人，需要师资之迫切，概可想见。"这种现象不仅贵州省如此，全国各地大都皆然。"① 可谓当时师范教育落后，导致师资来源缺乏，这种情况，在边疆民族地区则更为突出。师范教育是培养师资的专业教育，它是教育事业的一项基本建设工程。要发展乡村教育，必须发展师范教育，培养一批批的合格乡村教师，改变当时师范教育的困境状况。

为了发展当时的边疆乡村教育，国民政府教育部已计划加速发展边疆师范教育，以适应抗战大后方培养乡村教育师资的需要。1939 年 4 月，国民政府公布了《推进边疆教育方案》，其中关于培养边疆教育师资问题的规定是："初等教育师资的培养，由教育部筹办国立边疆师范学校若干所，设在边疆省份适中的地点，各省立边疆师范及师范班应分别扩充和归并，由教育部视其需要定；中等教育的师资，由教育部特设师范学院，或指定各师范院校，中央政治学校附设边疆学校及师范专科培养。"

根据《推进边疆教育方案》的办学精神，当时国家教育部为发展边疆师范教育，在我国的西北和西南的边疆省份划分了 16 个边疆师范教育区，以培养各师范区域的边疆乡村教育师资。这些师范教育区分别是绥远、阿旗、临夏、肃州、西宁、都兰、玉树、康定、甘孜、昌都、榕江、昭通、丽江、大理、腾冲和车里等。从 1939 年到 1942 年，已筹建或已改办成立的国立边疆师范学校有 10 所，其中正在筹建的有昭通区的国立西南师范学校、临夏区的国立西北师范学校、丽江区的国立丽江师范学校、筹蒙区和阿旗区的国立绥宁师范学校、巴安区的国立康定师范学校巴安分校；已改办成立的有榕江区的国立贵州师范学校、西宁区的国立西宁师范学校、康定区的国立康定师范学校、肃州区的国立肃州师范学校和大理区的国立大理师范学校。由此可见，国立贵州师范学校与其他国立边疆师范学校一样，都是在我国抗日战争时期，当时国民政府教育部为培养边疆乡村教育师资，发展边疆乡村教育的社会历史环境下而建立起来的。

二、国立贵州师范学校由贵州省立贵阳乡村师范学校改办成立

根据有关资料记载，国立贵州师范学校不是新筹建的，而是由当时贵州省立

---

① 杨秀明，安永新等. 黄质夫教育文选［M］. 贵阳：贵州教育出版社，2001：105—106.

贵阳乡村师范学校改办成立的。当中有一个发展过程。

根据孔令中主编的《贵州教育史》记载："民国24年（1935年），教育部拨给贵州边疆教育补助费8万元，指定用3万元开办一所边疆师范学校。学校建在贵阳附近的青岩镇，初名贵州省青岩乡村师范学校。该校主要招收少数民族学生，培养少数民族教师。"贵州省立青岩乡村师范学校成立不久，又改名为贵州省立贵阳乡村师范学校。学校创办之初，设有师范班和预备班（简师班），后来又增设初中部。师范班、简师班和初中部学制都是三年，师范班招收初中毕业生，简师班和初中部招收高小毕业生。师范班、简师班学生免费入学，由学校供给伙食、书籍、服装等。1936年不是公开报考招生，是由各县推荐保送入学，只招收少数民族学生，由于没有报考录取，新生入学文化偏低。1937年以后，招收师范生实行报考择优录取，也兼收汉族学生，改变了新生文化偏低的现象。当时学校用青岩镇内两间庙宇为临时校舍，靠城北的一间庙宇作为校本部，镇中间的一间庙宇作为学生宿舍，教室由城楼、戏楼、神殿改装而成，在校门外开辟了一个篮球场。当时学校的图书、仪器和教学设备也不完善，由于学校环境狭小，学校很少开展活动，主要是上课读书。但是学校的师资乃黔中名师，开齐课程，抗战歌声也不绝于耳。

由于学校创办在抗战时期，物价不断上涨，货币贬值，学生的生活伙食差。1939年春，日本侵略者的飞机轰炸贵阳，贵阳一些市民、机关、团体、学校开始疏散，贵阳女子师范也迁到了青岩，让青岩小镇人口增多，加上学校管理不善，学校秩序有些混乱。由于学生伙食下降，"天天牛皮菜，餐餐吃不饱"，有些学生签名控告校长胡××压制民主、不关心学生的生活，学校秩序不好，影响教学的正常进行。

为了改变贵州省立贵阳乡村师范学校的落后、混乱状况，加强学校的领导和管理，1939年9月，贵州省教育厅委任黄质夫为贵州省立贵阳乡村师范学校校长。黄质夫（1896—1963），江苏省仪征县人，是我国乡村教育先驱之一，也是一位为振兴中华的爱国者。1924年东南大学农艺系毕业后，在当时的"教育救国"的社会思潮影响下，服膺陶行知先生矢志教育救国，投身于我国乡村教育事业，立下通过发展乡村教育，改变中国乡村落后的教育宏愿。他深信"改造乡村唯一的工具，就是教育"，先后创办了江苏省立界首乡村师范、浙江省立湘湖乡村师范和闻名全国的江苏省立南京栖霞乡村师范。在抗日战争的烽火年代，黄质夫怀着对日本侵略者的深仇大恨，从沦陷区辗转来到贵州。1938 年夏，国民政府教育部委派他到铜仁任国立贵州中学（1939 年改为国立第三中学）校务委员，后又兼任高中部主任。1939 年夏，贵州省教育厅电邀他来贵阳，同年 9 月，贵州省教育厅委任黄质夫为贵州省立贵阳乡村师范学校校长。

根据当时在青岩就读的一些校友写的回忆文章中记载，黄质夫到青岩任贵州省立贵阳乡村师范学校校长时，他面临几个艰难问题：一是学校管理不善，学校秩序混乱，已先后换了三位校长；二是学校名曰乡村师范，却开办到城郊附近，且人口稠密，土地狭窄，难以拓展乡村教育；三是物价上涨，难以保障学生的生活，学生有不满情绪，以致爆发过学潮。黄质夫受命于办学艰困之时，他首先调整了领导班子，将原省立贵阳乡村师范学校班子人马全部更换，整顿学校秩序；二是乡村师范学生重新登记注册，编班上课，加强学校班级管理，建立学校教育秩序；三是向师生宣传乡村师范办学的目的，是通过实施教育与生产劳动相结合，培养合格的乡村教师，以适应乡村教育的发展；四是提出到边远乡村另择校址，开辟乡村师范教育的新天地。

就在黄质夫到任一个月，国民政府教育部为加速推进边疆师范教育，遵照国家《推进边疆教育方案》的有关规定，于 1939 年 10 月，旋即将贵州省立贵阳乡村师范学校改办成"国立贵州师范学校"，任命黄质夫为校长，学校直接由国民政府教育部边疆教育司领导与管理。国立贵州师范学校就是抗战时期，为发展贵州边疆乡村教育，培养健全国民教育师资的社会环境下，在贵州创立的一所国立边疆师范学校，它的成立，是当时贵州师范教育史上一个新的里程碑。

三、关于国立贵州师范学校成立时间的争论

国立贵州师范学校命名的时间问题，到底是在 1939 年还是在 1940 年初学校迁到榕江之后？在过去曾先后在榕江召开过的"国立贵州师范教育思想研讨会"和"黄质夫乡村教育思想研讨会"上，有不少学者的撰文发言中，把国立贵州师

范学校的成立命名说成是在 1940 年初，学校迁到榕江之后。笔者根据有关资料记载，认为国立贵州师范学校的成立命名应在 1939 年 10 月，不是在学校迁到榕江后的 1940 年。其根据是：

（一）从 1939 年至 1942 年全国已筹建或改办设置的十所国立边疆师范学校中，标明了国立贵州师范学校是在 1939 年改办设立的。[①] 列表如下：

师范区	校名	筹办或改办年月
昭通区	国立西南师范学校	1939 年 5 月筹建
榕江区	**国立贵州师范学校**	**1939 年 10 月改办**
临夏区	国立西北师范学校	1940 年 4 月筹建
西宁区	国立西宁师范学校	1940 年 2 月改办
康定区	国立康定师范学校	1940 年 2 月改办
肃州区	国立肃州师范学校	1941 年 7 月改办
大理区	国立大理师范学校	1941 年 7 月改办
丽江区	国立丽江师范学校	1942 年 4 月筹建
筹蒙区 阿旗区	国立绥宁师范学校	1942 年 2 月筹建
巴安区	国立康定师范巴安分校	1942 年 8 月筹建

（二）《国立贵州师范学校概况》记载："本校于民国 28 年（1939 年）10 月，奉教育部令就贵州省立贵阳乡村师范学校改组成立，校址设在贵阳青岩，初定名为国立贵州师范学校，是年 12 月，奉令迁移黔南"。[②]

（三）黄质夫在《自传》中说道："贵州教育厅一再电邀我去贵州省立贵阳乡

---

① 谢启晃. 中国民族教育史纲［M］. 南宁：广西教育出版社，1989：47. 这本书是国家哲学社会科学"七五"规划重点项目的民族教育研究丛书。

② 杨秀明，安永新等. 黄质夫教育文选［M］. 贵阳：贵州教育出版社，2001：291.

村师范学校（注：1939 年 9 月任校长），旋改为国立贵州师范学校，迁校贵州东南角榕江。"① "旋改"，即是黄质夫刚任贵州省立贵阳乡村师范校长，很快就改办成国立贵州师范学校，然后才迁校榕江。

（四）《贵州省教育史》记载："民国 28 年（1939 年），教育部决定将学校（指贵州省立贵阳乡村师范学校）改为国立贵州师范学校。教育部长陈立夫邀请乡村教育专家黄质夫任该校校长"，"经教育部批准，学校于 1940 年初迁到榕江。"②

（五）《贵州省志·教育志》记载："民国 28 年（1939 年），青岩乡村师范学校由教育部接办，改名为国立贵州师范学校。"③

从上述相关资料记载，可以知道国立贵州师范学校是 1939 年 10 月，由贵州省立贵阳乡村师范学校改办设立的，由当时国民政府教育部边疆教育司直接领导的一所国立边疆师范学校，它的命名是在 1939 年而不是在迁校到榕江后的 1940 年，是先成立命名，后迁校。过去有的人认为学校的命名是在迁校榕江之后的 1940 年，这种认识是没有史实根据的。

国立贵州师范学校是当时国民政府教育部为发展贵州乡村教育培养师资而创建的。这所学校直接由教育部边疆教育司领导，学校的经费和人员编制由教育部统筹安排，学校校长由教育部任免，这是贵州师范教育发展史上一个新的里程碑。它的成立，为贵州乡村教育培养师资，将推进贵州乡村教育的发展。

第二节　学校南迁榕江是有胆识的创举

国立贵州师范学校是当时国家教育部在抗战时期的 1939 年 10 月，将贵州省设在青岩的省立贵阳乡村师范学校改办成立的。为了适应开发贵州边疆教育发展需要，改变原校址设在青岩不利拓展边疆师范教育的困境，经国民政府教育部同

---

① 王文岭，黄飞. 黄质夫乡村教育文集 ［M］. 南京：东南大学出版社，2017：280.
② 孔令中. 贵州省教育史 ［M］. 贵阳：贵州教育出版社，2004：374.
③ 贵州省地方志编纂委员会编. 贵州省志 ［M］. 贵阳：贵州人民出版社，2020：267.

意，旋即迁校于黔南榕江，把学校从省城附近迁到边远的民族山区，重新开辟了发展这所边疆师范教育的新天地，这在当时的贵州师范教育史上，确实是一个有胆识的创举。

一、学校迁移黔南榕江的原因

国立贵州师范学校迁移黔南一隅之榕江，是有一个认识发展的过程。

在贵州省立贵阳乡村师范时期，由于学校开办在省城贵阳近郊的青岩小镇，那里人口稠密，但土地狭窄，不利于开拓乡村师范教育事业。1939 年春，日寇的飞机轰炸贵阳之后，贵阳的许多市民、机关、团体和学校都着手外迁。在这种情况下，当时贵州省教育厅"为提高本省黔南文化之水准，并兼顾边疆教育之实施"，曾议定将省立贵阳乡村师范学校迁到贵州边远的少数民族聚居的黎平县，与黎平县立初级中学合并，更名为贵州省立黎平乡村师范学校。1939 年 9 月，贵州省教育厅委任黄质夫为贵州省立贵阳乡村师范学校校长之后，黄质夫认为校址设在贵阳近郊的青岩小镇，因受到物价上涨的影响，而且校地狭小，缺乏发展学校各项教育事业的条件，曾提出将学校从省城近郊迁到边远广阔的乡村，去开辟乡师教育的新天地。

1939 年 10 月，国民政府教育部将贵州省立贵阳乡村师范学校改办成国立贵州师范学校之后，并以贵州南部苗岭山脉一带为少数民族聚居区，而且教育落后，亟宜将该校移设黔南，乃令黄质夫校长前往黔南诸县考察和勘觅新校址，学校迁到黔南，就是在这样的历史条件下决定的。

二、黄质夫徒步黔南勘觅校址

黄质夫为使边疆师范能在边远民族地方得到更广泛、更有效的实施与推进，为边疆培养和造就健全的国民教育师资和基层建设人才，实现他的"献身教育，造福边疆"的心愿。他以积极的态度，满腔的热忱，立即踏上去黔南诸县勘觅校址的艰苦征程。

1939 年 11 月，黄质夫带领几位教职员，由一位在青岩就读国立贵州师范学校的榕江县车寨籍侗族学生杨成章做向导，不辞劳苦，不远千里，徒步跋涉，到黔南诸县勘觅校址。当黄质夫一行到贵阳时，当时在贵阳办事的黎平县立初级中学校长赵学烺（黎平人，曾留学日本明治大学）知道情况后，立即往谒黄质夫，说明黎平山明水秀，环境优美，劝说黄质夫宜将师范学校迁到黎平。杨成章则说黎平山多，交通十分不便，榕江有三十里平川大坝，有三条江直通航到广西柳州，水上交通方便，地势比黎平平坦，物产丰富，只因文化落后，有待边疆师范去开发。赵学烺顺道返黎平时，也跟随黄质夫一行去考察，途中赵学烺与杨成章为自己家乡能迁来这所边疆师范学校，常展开激烈的辩论。

当黄质夫一行途经龙里、贵定、平越（今福泉县）考察以后，到达了都匀考察时，当时定居都匀的榕江县车江三宝人杨秋帆（早年曾任孙中山广州总统府中将参军，时任贵州省临时参议会参议员）得知黄质夫要到榕江勘觅校址之事，即从都匀电告榕江县政府要热情接待，陪同考察校址，让黄质夫对榕江各方面都有良好的印象，争取把边疆师范迁到榕江。黄质夫一行在都匀考察以后，又越山道，爬过大小登的高山到达八寨（今丹寨县）抵三合（今三都县）进行考察之后，再从三合乘船沿都柳江上游而到了榕江，受到榕江各界和地方人士的热烈欢迎。

榕江旧称古州，是少数民族聚居的县，地处黔东之南隅，与广西、湖南相邻，位于都柳江上游，土地肥沃，盛产鱼米、禽畜、蔬菜、水果，气候宜人。黄质夫看中了这个地方，他在榕江的接待会上，说明了他择址办学之来意，阐述了树人育人之大意、发展边疆师范教育和改变民族山区经济文化落后的办学宗旨，得到大家热烈的称赞，与会人士都热切期待着黄质夫将国立贵州师范学校迁移到榕江办学。

次日，榕江县成立了"拨赠校产委员会"，由县长任主任，委员有 30 多人。接着，"拨赠校产委员会"开会决定，给国立贵州师范学校拨赠校产如下：

（一）由南门城内向北伸展到双眼井一带的水田、熟地和荒土 800 多担（当地以 6 担为一亩），全部拨给该校做生产劳动基地。凡拨赠的水田，用学田相等偿还业主。

（二）城区男子小学、三义宫拨赠给该校做教室、办公室和礼堂（兼做餐厅），龙王庙做厨房用，四川馆做校办工厂用，张公祠做图书馆用，同善社做女生宿舍用，桂公祠、镇衙门做附小校舍及活动场地，中山公园屋舍做简师部、初中部男女宿舍用，天后宫做师范部男生宿舍用。

（三）从罗家山以北，直至亮水田一带的全部荒山，拨赠给该校做林场和畜牧场。

凡拨赠给国立贵州师范学校的劳动生产基地、校舍、会馆、庙宇等，都由拨赠委员会唐建德（时任榕江县民众教育馆馆长）陪同勘察。当时在榕江的贵州省建设厅的叶姓技师手持水平仪，唐建德拿标杆，逐丘逐块测量拨赠的水田、熟地和荒地，并绘制成了五千分之一的平面图。拨赠校产委员会的每个成员都在拨赠书上签字盖章，并附上平面图，交付给黄质夫校长，以作授业的凭证。

黄质夫一行在榕江逗留数日，得到榕江县政府及地方士绅的热情接待。榕江地方人士对国立贵州师范学校能迁到榕江的"殷殷之心和拳拳之情，为此而作出了极大努力，也深深地感动了黄质夫校长一行人"。

随同黄质夫一行考察的黎平县立初级中学校长赵学烺，他一再要求黄质夫到黎平县实地勘察，以便做一比较。黄质夫为免拂其意，愿意前往黎平考察。"榕江拨赠校产委员会"推举唐建德陪同黄质夫一行赴黎平。黄质夫一行到黎平同样受到各界人士的热烈欢迎，但在拨赠问题上不及榕江，不仅面积小，黎平中学校园狭小，教室不敷使用，而且交通不便。

三、迁校榕江开辟教育的新天地

黄质夫一行返回榕江之后，通过对各地的勘察比较，黄质夫确认榕江的办学条件更为优越：一是榕江有水路畅通广西，经济活跃，物价比青岩低廉，土地肥沃，农产品丰富，民情厚道；二是榕江气候尤佳，似无冬天，只有春天，虽在寒冬时月，却又"红杏枝头春意闹"，实为办学佳境；三是榕江父老特别欢迎来此办学，且划拨约占城区二分之一的范围作为校址，把中山公园和一些宽阔的会馆、庙宇拨为学校住宅校舍，以城区小学为教学与办公用楼，有山地和农田作为学校实验农场、林场和畜牧场的劳动生产基地，此条件诚属优越难得；四是榕江县城地处三江汇合之处，依山傍水，三面环江，背靠俊秀之西山，面对优美之五榕山，左有纵横三十里平坝谷仓，右有都柳江畔的村寨田园，人文风情，环境优美。黄质夫乃决定将国立贵州师范学校的本部迁到榕江办学，在黎平开设分校，以求两全其美。

黄质夫为了动员全校师生迁校榕江，1939年12月20日，他在榕江写给在青岩的师生一封感情洋溢的信。他在信中告诉师生他在勘觅校址途中的所见所闻，阐明了迁校榕江开辟教育新天地和另辟美好教育环境的理由。他在信中阐述了办好边疆师范、开拓与发展边疆乡村教育的重要意义。他信中说："国难当头，教育兴邦，责任殊重"，"乡村师范宜在乡村，边疆师范宜在边疆，尤其宜在土著同胞聚居的边远县，以培养大量人才，开发和建设山区经济文化，是为办学之宗旨。"他在信中鼓励师生们说："愿我全体师生为摆脱困境，追求理想，开拓前程，恢宏志气，展鸿鹄高翔羽翼，作胆识之创举，立十年树木、百年树人之大计。"

黄质夫一行返回贵阳青岩之后，乃拟了迁校计划，并呈报国民政府教育部同意榕江为校址和黎平设分校。是年12月，黄质夫奉国民政府令将学校迁移榕江。[①] 1940年元旦，当时正值寒假伊始，黄质夫身先士卒，率领师生百余人，肩挑行李，背负囊装，翻山越岭，涉水过江，经过18天的徒步艰辛，到达了少数民族聚居的边远榕江。据资料记载，当黄质夫率领师生到达榕江时，"当地群众及人士数百人，结队郊迎，里巷为塞，欢歌之声，响彻云端"。这反映了黄质夫迁校榕江，拓展边疆教育是顺乎民意，深得群众的支持拥护，这也让黄质夫扎根边疆教育有了社会基础。

黄质夫之所以迁校榕江，他不仅是看到了榕江办学的优越条件，更看到榕江这块少数民族聚居之地及周围的广大落后地区更需要发展文化教育，他把学校从省城近郊的青岩迁到贵州边远的榕江，这确实是一项有胆略的创举，是有远见的决策，从而打开了国立贵州师范教育发展的新局面，也实现黄质夫"边地拓展""献身教育，造福边疆"的宏愿。

---

① 当时榕江县隶属于黔南地区管辖

从 1938 年至 1942 年，当时国民政府教育部已筹建和改办的十所国立边疆师范学校，也只有国立贵州师范学校和国立康定师范学校的巴安分校的校址设在边远县份。把学校办到边远民族地区，拓展边疆教育，这也是成了国立贵州师范学校办学的一大特色。

第三节　师生披荆斩棘开辟新校园

黄质夫是在抗日战争时期国难当头、财力维艰的情况下，从贵阳市郊的青岩迁校到黔省边远榕江。当他率领师生们抵达榕江后，面对的不是现成完整的校舍和舒适的校园环境，而是榕江县当局拨赠的一些旧庙宇、会馆、祠堂、旧小学校舍，还有大片的荒山荒地和大片待开垦的农田。当时设备毫无，接收的房屋"咸皆蛛网尘封，污秽不堪，且大半行将倾圮，阶前衰草过膝"，[①] 一切都待师生去开发、开辟和修建。黄质夫立足于艰苦创业、勤俭办学和劳动建校，以苦干实干的精神，开辟学校教育的新天地。

黄质夫和师生们到达榕江之后，不顾旅途的疲劳，皆担任劳工职务。黄质夫身体力行，立即组织师生员工投入到轰轰烈烈的建校劳动，"或握锄以斩棘，或执斧以架屋，或调漆以髹壁，或提帚以粉尘，或荷泥以修路，或担粪以种植"。[②]学校师生员工同心协力，披荆斩棘，汗流浃背，夙夜不懈，甘心共尝，一个热火朝天的劳动建校大场面的序幕拉开了。

黄质夫为了激励师生们建校劳动的热情，他在建校的活动之中，及时撰写了《劳动建校歌》，采用《黄河大合唱》中的《保卫黄河》这首歌的曲调，由音乐教师敖克成教唱，歌声在热火朝天的工地上此起彼伏：

要享乐，先流汗，

教育即生活，生活要生产。

春耕秋收仓廪满，

---

① ② 王文岭，黄飞. 黄质夫乡村教育文集 [M]. 南京：东南大学出版社，2017：038.

弦歌一堂乐洋洋。

衣食住行，

师生合作分工干；

管教养卫，

我们同学都能担。

扛起了镰刀、锄头，

拿起了笔杆、枪杆，

建设自己，

建设国师，

建设边疆，

保卫大西南。

这歌声在校园已不绝于耳，歌声唱出了劳动建校的重要意义，歌声激发了师生的劳动热情，歌声也变成了一种物质和精神力量。就这样，师生群策群力，实干苦干，粉白墙壁，漆红校宇，修筑道路，开辟操场，建农场林场，兴工厂，修整校舍，美化校园……经过半年多的艰苦奋战，一座食宿有所、教学有堂、弦歌有处、图书有馆、办公有室、农工有场的背靠雄伟的西山，面临三江的幢幢红楼和五榕翠色，掩藏在古木花荫之中，约占县城一半面积的崭新学府——国立贵州师范学校建造起来了。这确实是《校歌》中唱的："南岭高峰在旁边，粤江源头在面前，朝晖夕映，气象万千。披荆斩棘，吾校基础奠"。

到了1942年至1943年，学校已创建了"教育与生产劳动相结合""树人树木，且耕且读"的新教育秩序。学校已是校舍俨然，道路纵横整齐，四通八达，平坦宽阔，全部是三合土路面，路旁的行道树郁郁葱葱。在新修的运动场北面、图书馆的南侧，有一座多年独立的小山，有一棵高大挺拔的苍松倚山而立，山脚修建了一个荷花池。小山周围地面绿草茵茵，一座兼做音乐教室的舞台紧靠在运动场，这也是学校的一片美丽的景区，课余同学们常到此消散疲劳，歌声、书声、笑声悦耳。学校西门坡的林场、畜牧场已是绿树丛中，牛羊成群。坡下的农场庄稼、蔬菜，绿色满园，呈现了一派田园风光。在学校的办公楼、教学楼前后和礼堂周围，更是草木葱茏，四季常青，榴红似火，百花怒放，整洁净化，又是一幅园林景色。学校、工厂、作坊、车间生产都显得生机盎然。学校在国民政府教育部的支持下，教学仪器、生物标本配套，图书馆已藏书约20000册，其中万有文库、二十五史、四库全书、字典辞典、教学参考资料、学生课外读物、画报，已是琳琅满目，仅抗战以来收购的杂志、画报就达2000余册。国立贵州师范学校建校之快，令人敬佩，也可以说是当时贵州教育史上的一个创举。

国立贵州师范学校艰苦创业，劳动建校，已成为学校的优良传统，它伴随着学校办学的全过程。学校用水困难，建校之初，由于班级人数不甚多，每天轮流派学生约20人到一公里外的河边去挑水，有时还不够用。随着班级和学生增加，用水更是紧张，靠人挑水已是不敷用。学校组织师生到后山去勘察水源，发现距学校约三华里的西山半腰有一股清泉，终年流水潺潺，黄质夫组织学生到二三十里外的高文、高武村寨去抬来大楠竹，通好竹管架好水枧，把山泉水引到学校饮用，并专设一个导水组，利用劳动或休息时间，经常检查维修，保证终年不断水。这股引来的山泉水，还可免费供应附近居民。至于学生洗涤用水，则自取水井。

学校刚迁来榕江，唯有一幢拨赠的"凹"形的木质结构的教学楼，取名为"四维院"，办公室占去了正房的整个楼底，只有10间教室和5间兼做单身教师的宿舍。后来学校扩大招生，学生和班级增多，1943年，就在离教学楼300米远的西山麓，新建一幢"一"字形两层木质结构的房屋，有8间教室、6间办公室，这幢新楼取名为"力行院"。新建力行院时，全体师生同心协力一起动手，黄质夫与师生一同到河边去扛木料、运瓦等，仅用半年时间，力行院就全部落成，并付之使用。

1945年夏，黄质夫去职离开了榕江，由学校工场主任赵峻山代理校长。1945年7月，国民政府教育部任命梁瓯第为国立贵州师范校长。梁瓯第到任之前的8月13日，榕江遭遇特大洪灾，榕江县城和车江大坝被洪水淹没，一片汪洋。学校的四维院被洪水冲成了"△"形。力行院被洪水冲走，翻越县城墙，漂到距校址三华里远的柳树坪搁置。洪水过后，8月28日，梁瓯第校长到榕江就任国立贵州师范学校校长。他看到"校舍崩圮，校具漂零，米款两缺，疾病流行"。他"默察情势，溯昔鉴今，决心继承过去优良传统"，"救难整旧，安全至上，开学第一"。他一面呈报国民政府教育部拨款重整校园，修建校舍，购置图书仪器、资料和医用药品。与此同时，他与师生一起清洗校园里大水过后的污泥浊水，清洁课桌凳和办公桌椅。他组织师生协助木匠把四维院复位，并到柳树坪将力行院拆散的木柱、木板和瓦运回学校原址重建，从而保证学校在秋季按时招生复课，使洪水过后的国立贵州师范教学秩序井然，校园又呈现了一派"朝晖夕阴、气象万千"生机勃勃的景象。

梁瓯第为探索边疆民族村寨教育发展新路，1945 年 9 月，经呈报国民政府教育部批准，在车寨侗村办了附设村寨教育实验区，并把国立贵州师范学校的简师部补习班也设在附设村寨教育实验区。当时的附设村寨教育实验区设在一座古庙中元宫内，庙的周围全部是荒地菜地，梁瓯第兼附设村寨教育实验区主任，他组织高年级和补习班开展劳动建校，修筑道路，开辟操场，挖掘出被泥土淹埋上百年的水井，整修好后给实验区和过路村民用水，改变了让学生轮流到一华里外的溪沟挑水的现象。

国立贵州师范学校艰苦创业、劳动建校成绩卓著，这也是成了这所学校办学的一个特色。

学生农事活动

第二章 学校办学体制与发展状况

国立贵州师范学校迁校榕江，并开辟了新的美好校园以后，旋即对学校的教育体制和如何发展学校教育，进行了大胆的实践与探索，学校建立了适应边地教育发展的独具特色的办学体制，推动着这所边疆师范学校教育事业的发展。

第一节 独具特色的教育体制

所谓学校教育体制，就是指学校内部教育的结构以及运行的制度。学校教育体制是由学校教育性质与任务所决定的，它还受到学校办学条件与办学环境的制约和影响。国立贵州师范学校是一所边疆师范，它的任务是通过培养师资发展乡村教育事业，献身教育，造福边疆。从这个教育任务出发，又从当地乡村教育发展对师资的需要，在实践中创立了以师范教育专业为主体的，兼办了有初中、小学教育和成人教育，形成了一个完整的、多层次的，使师范专业教育与普通教育和成人教育相结合，使之相互衔接和共同发展的独具特色的学校教育体制。在学校的总体布局上，在榕江设校本部，创办了高师部和简师部，兼办初中、小学和社会教育，在黎平创设初中作为分校，扩大学校教育的社会影响。

一、设高级师范部（简称高师部），即现在的中等师范教育。高师部的学制3年，招收对象为具有初中文化或在小学服务期满的初师、简师的毕业生。高师部的教育培养任务，主要为贵州及黔湘桂边境诸县民族地区培养合格的高级小学教师。当时的贵州及黔湘桂边境民族地区诸县乡村教育落后，不仅是初级小学少，高级小学就更少。有许多村寨的小学办了一二十年仍是初级小学，由于缺乏高小教师，学生读到初小就停学或失学了，不能继续接受高小教育，所以初等教育入学率非常低。国立贵州师范学校开办高师部，每年招收高师新生，共培养了七届毕业生，为黔湘桂边境民族乡村学校培养高小教师，使高小教师紧缺状况有所改变，促进高小教育的发展。

二、设置简易师范部（简称简师部）。简师部学制为4年，招收14岁以上的高小毕业生。学生经过在学校教育与训练并取得毕业资格，可受聘到农村担任初小教师，有的要到一人一校教学点承担教学任务或管理。当时的实际情况，有一些简师毕业生都已经担任着高小的教学或管理工作。从1940年到1949年，每年招收一至二个简师班，其中在1945年秋，梁瓯第担任校长时，又开办一个边疆师范班，主要是招收少数民族学生。到1949年，共毕业了十一届简师部毕业生，包括一期三年制简师班和一期四年制边师班。使黔湘桂边境的初小教师紧缺状况，得到了缓解。

三、设置了初中部。初中部在贵州省立乡村师范时就已经兴办。学校迁移榕江之后，不仅在榕江校本部办了初中，在黎平分校也办了初级中学（详见本书创办黎平分校）。国立贵州师范学校为什么要办初中教育呢？这是与学校当时所处的社会办学环境有着密切的关系。当时除黎平办有初中外，校本部设在榕江及有的邻县，如从江县等都没有初中学校。创办初中部的目的，一是为了帮助当地发展初中教育；二是为校本部的高师部提供学生来源；三是黎平县靠近湖南边境诸县，在黎平县办分校，可以扩大国立贵州师范教育学校的社会影响。经过几年办学，仅在榕江的校本部共输送了五届初中毕业生，黎平分校发展到三个年级，共毕业了两届学生。

四、创办了4所小学。黄质夫于1940年迁校到榕江后，在县城内办了一所附属小学；1945年至1946年，梁瓯第继任校长之后，他和第三任校长许绍桂先后在车寨创办了村寨教育实验区和月寨、高文的两所山寨小学（详见本书《学校创办边疆小学概况》）。这4所小学是国立贵州师范学校办学体制的一个重要组成部分。振兴教育，小学是基础，而办好小学教育，则依赖师范教育培养合格师资，小学教育又是师范教育工作的出发点和归属，所以，师范教育与小学教育是相互依存与发展的。国立贵州师范学校创办小学教育的意义在于：一是帮助贫困、落后的民族地方发展小学教育；二是努力办成当地一流的小学校，带动当地小学教育的改革与发展；三是探索小学教育改革与发展经验，用以改进与提高师范教育，更有利于教育理论与教材教法课程的改进与提高；四是为学校的师范生创建教育见习与实习基地。

五、工读班和简师部补习班。学校为每年从报考简师部落选的家庭困难的农民子弟中招收一个工读班，工读班一边学习，一边劳动，实行半工半读，学校免费食宿，经过一年的工读学习与劳动锻炼，成绩合格者，第二年简师部招收新生时，可以优先录取就读，享受师范生的待遇，毕业后可以去乡村当小学教师。简师补习班是梁瓯第校长于1945年9月呈报国民政府教育部批准后，在附设村寨教育实验区校园内设置的，由附设村寨教育实验区协助管理。补习班主要招收报考落榜的，或社会上具有高小文化的少数民族学生，经一年的文化教育补习之后，来年报考简师部。学生在补习期间，食宿免费。第二年秋，全班40多名学生都分别考上了国立贵州师范学校的简师部和榕江县立初级中学。次年7月，梁瓯第调离国立贵州师范学校之后，补习班遂停办。举办工读班和补习班，都是为边胞子弟能有更多的机会就读师范学校。

六、师资训练班（简称师训班）。为了帮助当地提高小学教师的业务水平，或培训急需补充到小学低年级任教的人员，学校曾与榕江等县联合举办过国民教育师训班。师训班的办学经费和行政管理，由各县统筹安排，由国立贵州师范学校派教师去讲授小学教材教法和教育学、心理学的基本知识，为发展当地小学教育作出了贡献。

七、民众教育班。根据有关资料记载，当时贵州省政府指定榕江、黎平、从江、三都四县为国立贵州师范学校的社会教育辅导辖区。在黄质夫任职期间，学校遵照贵州省教育厅的要求协助榕江县民众教育馆在榕江县城区开办了三所民众夜校，派高年级的学生每天晚上轮流去任教，或教识字课本，或教唱抗战歌曲，从1940年至1941年，民众夜校共结业学员400余人。在梁瓯第校长任期内，还在车寨侗村办了民众教育班，民众教育班设在村寨教育实验区，招收失学的青年，施以民众教育，学员使用的课本、笔墨、纸张、灯油，全部由学校供应。民众班的课本由国立贵州师范学校自行编写，经梁瓯第校长审定付印后，发到民众教育班给学员使用。民众教育的课本是全一册，分为 35 课，认读 300 个普通汉字，着重于内容意义的讲解，使边民学员获得公民必备的基本知识，并培养其民族意识。国立贵州师范学校自编的民众教育识字课本，还分别赠送到辅导辖区的各地民众教育班参考采用。

第二节　学校的管理体制

学校内部管理体制是学校管理的组织结构及其权力分工的运行机制。乡村师范到底应建立什么样的管理体制，黄质夫在多年的乡村师范的实践中不断地探索和总结。1939 年 10 月到 1944 年秋，黄质夫在贵州主政国立贵州师范学校的五年间，他认为国立贵州师范学校既不同于普通中学，也不同于普通师范，它是一所国民政府教育部创办的边疆师范学校，与一般乡村师范学校也不完全一样。这是一所以开拓边疆教育培养健全师资和基层人才为其办学主旨的师范学校。他根据开拓和发展边疆教育任务和边疆师范的特点，在学校内部的管理体制上，学校在国民政府教育部边疆教育司的领导下实行校长负责制，校长对学校的行政、教育、劳动生产等重要问题有决策权和领导管理权，对外代表学校。为了有效地对学校实施全面管理，黄质夫从发展边疆师范的需要出发，设立了教务、训导、体卫、总务和事业推广等五处，并明确各处的编制职责。这些组织管理的形式，是"本校遵照部颁《中等学校组织规程》及参酌边疆地方需要"所设置的。

1941 年黄质夫主持编写的《国立贵州师范学校概况》记载，学校的"校本部设有教务、训导、体育、总务及推广五处。教务处内，分教学、注册、设备三组；训导处包含军事训练、童军训练，各级组训练分训育、管理两组，有军事教官、童军教练、女生指导员各 1 人，各级组设导师 23 人；体育处分体育、卫生两组；总务处内分文书、庶务、出纳、营业四组；推广处分边疆文化研究、地方教育辅导、社会服务三组；另设会计室，由国民政府主计处委派人员办理之。为实施生产教育便利起见，特设立农场管理处，内设指导主任 1 人；附属小学设管理、实习指导两组及工场管理处，下分场务、总务，实验研究及推广四组，各设干事若干人；分校（黎平分校）设分校长 1 人，下设教导、总务两课，各课设主任 1 人。级组导师、各科导师、教练、女生指导、社教、庶务、出纳等干事及书记等人，经分别设置也"。《概况》还说到，"本校于此编制外，又增设五年制简师科课程实验班，班设主任一人，主持五年制简师科课程之实验"。此外，根据学校开展各种活动的需要，学校还设有几个研究委员会，如经济审计委员会、社会教育推行委员会、边疆文化研究会、学生营养研究会，及各学科研究会和清寒学生贷金委员会。[①]

1945 年秋，梁瓯第继任校长，他继承黄质夫创建的学校管理体制。为了探索边疆山村小学教育发展新路，为师范生创建乡村小学教育的教育实习基地创办了村寨教育实验区和月寨、高文两所山寨小学，在管理体制上，村寨教育实验区由国立贵州师范学校校长兼主任，设总干事一人，负责村寨教育实验区的日常管理工作，下设教导组、事务组和设计室、简师补习班、小学单级班、民众教育班、文物陈列室、民众医疗室，组室配备组长、干事，教学班设级导师。山寨小学属于附属小学的分校，由附属小学选派教师去管理和从事教学工作。

为了加强各职能机构的管理，提高办事效率，学校的历任校长都重视配置精湛的管理干部。这些管理干部都从校本部里优秀教师或优秀的师范毕业生中遴选，充分发挥各管理职能的作用。如黄质夫所聘的第一届的教务主任汪经略、训导主任顾调笙、研究处主任陈木斋、总务主任郑汝晋、会计主任甘逸杰、农场主任吴国栋、工场主任赵峻山、推广处主任李绍良、黎平分校主任徐石樵、附属小学主任张耀南等，大都是黄质夫主持江苏南京栖霞乡村师范学校的得力老班底的管理干部。随着国立贵州师范学校教育事业的发展和变化，管理干部人员的调整任命，都坚持"德能感人，才能胜任"的原则来遴选与配备。如学校在榕江办学十年间，教务处有汪经略、吉长瑞、李西涛、陈木斋、徐达哉、袁子高、刘寿康、许绍桂、林云程、马光举共十人先后担任教务主任，这些人员都具有高等教育文化，有多年的小学、中学或师范学校的办学经验，有奉献边疆教育事业的心愿。例如第二任教务主任吉长瑞，江苏省泰兴人，生于 1912 年，1937 年毕业于大夏大学教育系，曾在江苏从事教育多年和在国立贵州中学任教，1940 年应黄质夫校长

---

① 王文岭，黄飞. 黄质夫乡村教育文集［M］. 南京：东南大学出版社，2017：039.

之聘，任国立贵州师范学校教务主任，1942年2月贵州省教育厅调他任省立思南中学校长兼贵州省教育督学。抗战胜利后，先后担任江苏省立师范学校校长、南京栖霞乡村师范学校教务主任、校长。1957年任东南大学附属中学教师。他撰写了《我国教育思潮》《国民学校行政》《中小学行政管理》《师范学校教务之实践》，他在任国立贵州师范学校教务主任期间，曾给学生作《怎样做一个合格师范生》的专题演讲，使学生深受启发和教育；又如第八任教务主任许绍桂，广东省阳江人，生于1909年，1933年毕业于国立中山大学文学院。抗日战争爆发前夕，经广东省教育厅介绍到越南北圻市华侨学校任校长，广州沦陷之后，中山大学迁往云南澄江，他受聘为中山大学教育研究所助教，后兼任中山大学师范学院讲师。抗日战争胜利前夕，许绍桂曾在重庆受聘为华侨委员会华侨教育研究所副研究员兼任乡村教育学院讲师。1945年8月，随中山大学校友梁瓯第（时任国立贵州师范学校第二任校长），到贵州榕江任国立贵州师范学校教务主任，1946年秋提任为第三任校长，1948年秋应聘到广西师范学院任副教授直到1949年。1949年后历任广东文理学院、华南师范学院、广东师范学院等高校副教授。他终生从事教育工作。

当时的国立贵州师范学校黎平分校第二任主任赵学烺（1891—1963），贵州省黎平县人，1916年夏远涉重洋东渡日本，留学于东京明治大学法政科，辗转回故里，先后任黎平县第一任高小学校长、省立甲种农校和省立职业学校学监、黎平等五县联立中学教师、黎平县立中学校长。1941年春，赵学烺担任国立贵州师范学校黎平分校第二任教务主任，直到分校1944年撤销。赵学烺是一位有多年教育管理和教学经验的学校领导人之一。因此，黎平分校也名声传播湘、黔、桂边区各县。

当年的附属小学和村寨教育实验区以及附属小学的分校——山寨小学的主要管理干部，也是从校本部或附属小学的优秀教师中遴选聘任的。由于学校创办的几所小学，都配备得力，有奉献边疆教育事业的管理干部，这几所小学的教育质量和办学特色都明显优于当地的同级小学。

附1：国立贵州师范行政图表（1945 年）

行政编制图表

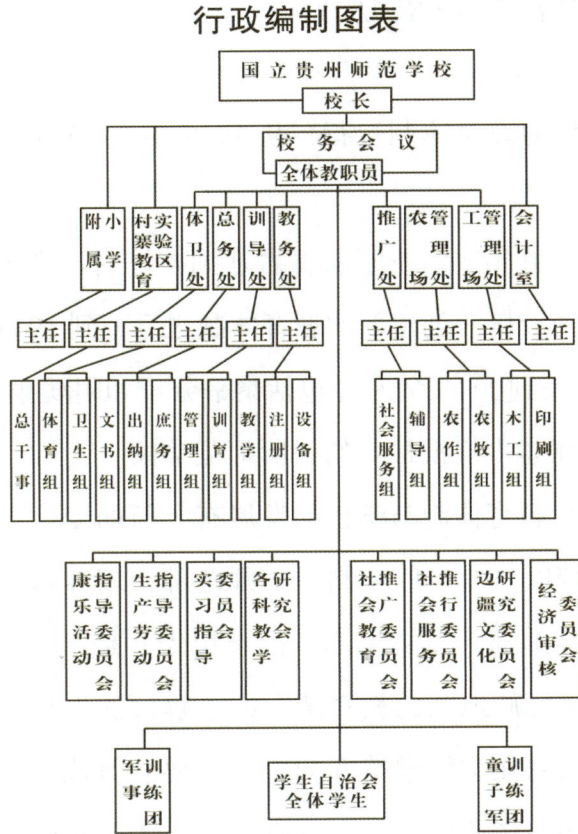

国立贵州师范学校 校长

校务会议 全体教职员

附属小学　村寨教育实验区　体卫处　总务处　训导处　教务处　推广处　农管理场处　工管理场处　会计室

主任　主任　主任　主任　主任　主任　　主任　主任　主任　主任

总干事　体育组　卫生组　文书组　出纳组　庶务组　管理组　训育组　教学组　注册组　设备组　　社会服务组　辅导组　农作组　农牧组　木工组　印刷组

康乐指导活动委员会　生产劳动指导委员会　实习委员指导会　各科研究教学　　社会推广教育委员会　社会推行服务委员会　边疆研究文化委员会　经济审核委员会

军事训练团　　学生自治会 全体学生　　童子训练军团

附2：国立贵州师范学校村寨教育实验区行政编制图表（1945 年秋）

国师村寨教育实验区行政编制图表

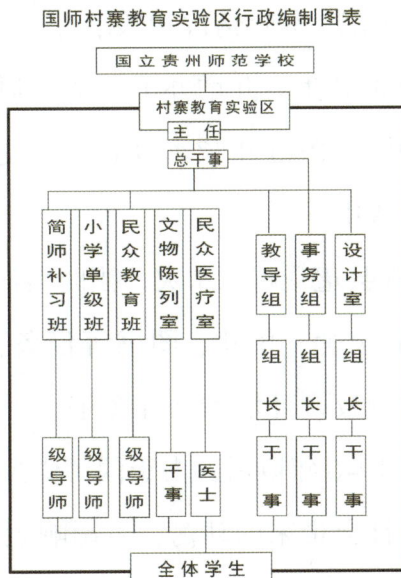

国立贵州师范学校

村寨教育实验区 主任

总干事

简师补习班　小学单级班　民众教育班　文物陈列室　民众医疗室　　教导组　事务组　设计室

组长　组长　组长

级导师　级导师　级导师　干事　医士　　干事　干事　干事

全体学生

第三节　学校教育发展状况

国立贵州师范学校的教育体制运行，从 1940 年至 1949 年，经历了十年的艰苦曲折的发展过程。

根据资料记载，1940 年，学校刚从青岩迁到榕江时，学校仅有 4 个班，学生仅 150 多人；1940 年迁校榕江创建新的教育体制之后，到 1943 年上半年，学校增加到 15 个班，学生发展到 1110 余人（包括黎平分校和附属小学在内），教职员有 70 多人，成为当时贵州省内规模最大的一所师范学校。

1945 年以后，学校教育体制与学校的发展有了新的变化。1945 年 6 月，奉国民政府教育部令，学校以后专办四年制边疆师范部，培养边疆国民教育师资，原有的师范部（原称的高师部）及初中部应停止招生。是年 8 月，新到任校长梁瓯第，通过对黔湘桂边境民族地区的教育情况的了解，认为当时边境诸县的初中教育已逐步建立起来，没有在学校继续办初中的必要。但他认为，由于边境交通不便，家庭困难的不少初中毕业生，很少有机会升入普通高中，他们有许多人愿意接受中等师范教育后，从事乡村的小学教育或地方的基层工作，边地许多学校仍需要中等师范毕业生，去拓展高小教育事业，况且学校已具备办师范部的条件。梁瓯第从当时的乡村教育的落后实际情况出发，呈请国民政府教育部批准，于 1945 年秋，继续招收师范部的新生，并增办了一个边师的简师班。使学校教育适应当地乡村教育所需要的师资。1945 年秋季以后，学校停止招收初中班，黎平初中分校也恢复了黎平县立初级中学。

1945 年 8 月 13 日，榕江县遭受特大水灾，当时榕江县城及车江大坝已是一片汪洋，国立贵州师范学校的校舍、仪器、图书等设备，遭受洪水的冲击损失惨重，校舍需要维修，需要清理校园环境和增加图书、资料和教学仪器，学校这年不能扩大招生名额。特别是 1946 年以后，由于国民党反动派发动内战，也紧缩学校的办学经费，加上战争给社会带来的动荡，也影响到学校教育秩序的稳定与发展。根据 1946 年国立贵州师范学校编印的《师生通讯录》资料记载，当年校本部已停止招收初中新生，高师部有 1 个班 49 人，简师部有 5 个班 231 人，简师补习班 50 人，初中原有的学生 26 人，共有学生 356 人，加上附属小学学生近 400 人和村寨教育实验区的学生约 200 人，总合计为 956 人。从 1946 年以后到 1949 年，师范部和简师部仍继续招生办学，校本部在校生只保持在 350 人至 400 人左右的规模。但是学校创办的几所小学仍有所发展。

国立贵州师范学校在榕江办学十年，共毕业学生 726 人，其中师范部 215 人，简师部 327 人，初中部 184 人，为黔湘桂边境培养了大批小学教师，为边地的民族教育的发展作出了历史的贡献。

附 1：国立贵州师范学校学生统计表①

部别	科别	年级	男	女	小计	备　注
校本部	师范科	一年级	38	1	39	注：①1110 名学生，其中包括黎平分校和附属小学学生在内； ②单年级是从一年级到四年级同一教室上课。 ③此表是1943 年以前编制的。
		三年级	27	2	29	
	简师科	一年级	62	5	67	
	（秋）	二年级	55	6	61	
	（春）	二年级	44	8	52	
		三年级	34	2	36	
	五年简师	一年级	52		52	
	初中科	一年级	72	11	83	
		二年级	65	6	71	
		三年级	49	2	51	
黎平分校	初中科	一年级	64	2	66	
		二年级	38	6	44	
		三年级	49	4	53	
附属小学		单年级	26	6	32	
		一年级	56	12	68	
		二年级	57	8	65	
		二年级	57	5	62	
		三年级	60	2	62	
		四年级	54	2	56	
		五年级	34	1	35	
		六年级	25	1	26	
合　计			1018	92	1110	

① 榕江县教育局，榕江县民族事务委员会，政协榕江文史研究委员会. 国立贵州师范文集［M］. 凯里：黔东南州彩色印刷厂印刷，1995：434.

附 2：国立贵州师范学校民国三十四学年度第二学期各级人数统计表①

科级别	学生数		
	合计	男	女
师范科师三上	18	18	
师范科师三下	31	29	2
简师科简一下	47	46	1
简师科简二下	47	46	1
简师科简三上	46	46	
简师科简三下	35	33	2
简师科简四下	36	35	1
初中科初三上	14	14	
初中科初三下	11	9	2
补习班	42	42	
总计	327	318	9

---

① 杨秀明，安永新等. 黄质夫教育文选［M］. 贵阳：贵州教育出版社，2001：290.

第四节　创办黎平分校

黎平县位于贵州省东部，地处黔湘桂三省（区）的交界处，是一个少数民族聚居的大县，历史悠久，山清水秀，物产丰富，素有"历史上民殷物阜之区"的美称。民国二年（1913 年），废黎平府设黎平县，原隶属黎平府的古州厅，改为榕江县。黎、榕两县的县城相距 180 华里，两县人民经济文化往来已久。在 20 世纪 40 年代的抗日战争烽火年间，国立贵州师范学校在榕江办学时，校长黄质夫于 1940 年至 1944 年，经国民政府教育部批准，接管黎平县立初级中学，更名为"国立贵州师范学校黎平分校"（简称"黎平分校"或"分校"），这不仅加强了两县的文化交流，也为当时黎平县中学教育史谱写了新篇章。

一、创办黎平分校前黎平县的教育发展状况

黎平在明清时代曾是设府建置之地，故文化教育比周围诸县开发较早。早在明代永乐元年（1403 年），大学问家、杭州府学教授顾谅谪戍至黎平五开卫，在当地传经授徒，开创了黎平私塾教育之先河。明永乐十一年（1413 年），黎平建府，设立府学，实行科考，至嘉靖四十五年（1566 年），黎平府学共选拔出贡生116 名，府学初显成效。明中叶以后，黎平府学持续发展，书院兴起，私塾、义学遍及府属各地，人才辈出。"明清两代，黎平府共出文举人 184 名、武举人 52 名、文进士 22 名、武进士 8 名。黎平府名闻省内，均有赖于教育之力"。[①] 清末与享誉贵州省垣的郑珍、独山莫友芝齐名的黎平人胡长新终身从教，为黎平教育作出大的贡献，影响深远。清光绪三十一年（1905 年），"废科举，兴学堂"之后的数年间，黎平城乡官办与民办的初高等小学堂发展到 20 余所，私塾亦有所发展。清宣统二年（1910 年），王开媛女士创办荷花塘女子高等小学堂，开创了黎平女子教育的先河。

① 黎平县教育志编纂委员会. 黎平县教育志［M］. 2007：40—50.

民国二年（1913年），废黎平府，设黎平县，改学堂为学校，黎平县初等、高等小学校有了一定的发展，城关高等小学有三所，乡村办的国民学校（初小）有八所，到民国六年（1917年），全县小学发展到30所。民国二十六年（1937年），仅短期小学就开办了17所，学生900多人，后转为国民学校。到民国二十九年（1940年），黎平创办的乡镇中心小学校有9所，保国民学校19所。[①] 随着中心小学的发展，小学毕业生也逐年增多。这些小学毕业生，只有极少数官绅、富家子弟赴外地升学以外，多数的贫寒家庭子弟失去升学的机会。因此，筹建黎平县立初级中学，让更多的高小毕业生能就近升入初中，这是当时黎平教育发展中亟待解决的一个重要问题。

曾东渡日本在明治大学留学归来、时任贵州省立甲种农业学校和省立职业学校学监的赵学烺，知道家乡筹办联立中学，他多方奔走，并与黎平、榕江、永从、下江、锦屏五县洽商联合办学事宜，于民国十八年（1929年）春，正式成立五县联立中学，校址设在黎平城关神鱼井旁的贵州会馆，黎平县县长郭靖臣兼任联立中学校长，贵州省教育厅派何凤章任教导主任，赵学烺返回黎平在联立中学任教，举荐优秀人才充实教师队伍。民国二十年（1931年），因各县筹集资金困难，联立中学中断而停办。民国二十一年（1932年）春，黎平县立初级中学在联立中学原校址成立，彭四箴为首任校长，赵学烺为教导主任。这年春季首招初中、简师各一班，130余人。[②] 黔、湘、桂邻近县的学生纷至沓来，当时的黎平县立初级中学已成为黔、湘、桂边区的人才培养基地。黎平县在发展初级中学教育中仍然遇到经费困难、教师缺乏的实际问题，赵学烺千里徒步到贵阳求助省教育厅未果时，县里仍不断地努力寻求解决的办法，使县立中学教育得到持续发展。黎平县的民众和教育界的这种积极办学精神，真是难能可贵。

二、国立贵州师范学校为什么要创办黎平分校

国立贵州师范学校创办黎平分校是有其社会历史原因的。一是黎平县有中学

---

① 黎平县教育志编纂委员会. 黎平县教育志［M］. 2007：65.
② 黎平县志编纂委员会. 黎平县志［M］. 成都：巴蜀书社出版，1989：576.

办学的基础，虽然办学中存在经费和师资的困难，但是县里办学积极性很高。1939 年冬，黎平县闻知国立贵州师范学校到黔南堪觅新校址，黎平县政府电请教育部，愿为该校提供校舍和地产，请求迁校黎平。同时函告在重庆国民政府任职的黎平人周仲良先生，请为黎平声援。周仲良关心桑梓教育事业，及时面谒重庆国民政府显要，又亲往教育部交涉。同时，时任黎平县立中学校长的赵学烺专赴贵阳面晤黄质夫，请求迁校黎平，并偕同黄质夫沿黔南诸县考察校址。[①] 当黄质夫一行到黎平考察时，也得到黎平县县长张止爰及地方人士的热情接待，表示愿为迁校提供校舍、农场土地以及其他办学需要。黄质夫到黎平县城东郊小月形选定迁校农场基地，这一带是县城张氏家族的茔地，张氏以有损风水为由，百般阻挠用地工作，黄质夫未能如愿而返回榕江。黄质夫此行看到黎平要求办学的积极性十分赞赏和深感欣慰。黄质夫返回贵阳，呈请国民政府教育部批准迁校黔南榕江。黎平县获此消息深感遗憾，立即再次致电周仲良先生。周仲良再次谒见教育部长陈立夫，恳请在黎平县设立国立普通中学。国民政府教育部指令黄质夫在黎平设立国立贵州师范学校黎平分校（初级中学）。[②]二是黄质夫为了帮助黎平发展初中教育事业，并可以为国立贵州师范学校的师范部提供生源，也决定在黎平创办国立贵州师范学校黎平分校。三是黄质夫认为黎平县地处黔、湘、桂边区交界，黎平县办中学时就有黔、湘、桂边境诸县的学员，把黎平县立中学改建为国立贵州师范学校黎平分校，不仅加强了对分校的管理，提高办学水平，而且可以扩大国立贵州师范学校边疆教育思想的影响，也有助于吸引省外更多学生来榕江就读国立贵州师范学校，让更多的优秀学生留校任教，为黔、湘、桂边境诸县培养更多的乡村教师。总之，黄质夫是为着拓展边疆教育事业而创办黎平分校。

三、黎平分校的办学体制与管理体制

黎平分校是 1940 年创立的，位于黎平城关神鱼井旁的斜坡上。校舍是两层木楼，办公室、教室、音乐室、运动场布局得体，错落有致，其间有参天古树，环境幽雅，是办学的佳境。黎平分校是一所普通的初级中学的办学体制，学制三

---

① ② 黎平县教育志编纂委员会. 黎平县教育志［M］. 2007：65、129.

年，招收高小毕业生，是国立贵州师范学校教育的一个组成部分。分校初创时，黄质夫兼分校校长，徐石樵为教导主任（后任分校校长）主持分校工作，阮肖达为训育主任，赵学焜为总务主任，施树人任农场主任。此外，有各科研究会，生产劳动分设工艺、农务两股室，配有管理人员。每月分校都要向校本部汇报工作。分校教师由校本部统一调聘和发给薪资，分校的办学经费由校本部统一拨付。分校的图书、仪器、标本、体育器材等，由校本部统一购置配备。民国三十一年（1942年），分校全年预算经费为25130元，全年决算数为24279.16元，结存850.84元。分校有挂图289幅、书籍杂志1801余册、标本模型102件、教具107件、体育用具124件、童军用具261件、卫生用具35件、生产用具536件、普通用具765件。[①]

分校遵照校本部的要求，全面实施"教学做合一，德智体并重"的教育思想，坚持教育与生产劳动相结合，注重综合素质教育，努力提高教育质量。

四、黎平分校班级编制与办学规模

分校初创时，有初二、初三各一个班。后来各学年都新招一个班，保持三个年级各一个班的规模。民国三十一年（1942年）黎平分校共办有初中三个年级，学生163人，男学生151人，女学生12人。[②]

班级与人数统计表

年级	班数	男学生	女学生	合计
初中一年级	1	64	2	66
初中二年级	1	38	6	44
初中三年级	1	49	4	53
合　计	3	151	12	163

---

① ② 引自《国立贵州师范学校黎平分校概况》（民国三十二年一月）. 黎平县档案馆资料卷号143号.

民国三十二年（1943年）暑假后，另增设简易师范一个班，为当地培养小学教师。随着国立贵州师范学校教育名声远播，到黎平分校就读的不仅有贵州学生，还有来自湖南、广东、广西和江苏的学生。①

学生籍贯统计表

学生总数		贵州	湖南	广东	广西	江苏
163		145	6	5	6	1
男生	151	134	6	5	6	
女生	12	11				1

民国时期，小学教育重城市轻农村，高小一般集中在城镇。在民族压迫、民族歧视的影响下，少数民族子弟能读到高小的不多，能升入中学的少数民族学生就更少。当时分校学生163名，能悉汉语的有124名、侗语28名、苗语11名。②在当时贫困民族地区，能有39名悉少数民族语言的学生读到初中，真的不容易。

五、黎平分校的课程设置与教材教法

黎平分校根据国民政府教育部颁布的普通初级中学的课程标准开齐课程。为了加强对学生进行生产劳动教育与训练，使学生能学习一些生产知识与技能，分校在初中各年级每周加授农业课两课时。根据当时乡村急需小学教师的实际情况，分校初中从第二学年第二学期起，选修《教育概论》《儿童心理学》《小学行政》《教材与教法》等教育课程，到初中三年级第二学期的期中考试后，教师指导选修学生如何备课、编写教案和如何上好课，指导学生到城关德凤小学开展为期三周的教育实习活动，并进行评估总结，使学生在教育实践中掌握教育科学知识，改变陈旧的传统教育方式。这样可以帮助那些在毕业后不能升学的学生，适

---

① ② 引自《国立贵州师范学校黎平分校概况》（民国三十二年一月）．黎平县档案馆资料卷号143号．

应乡村教育发展需要，都能被聘担任小学教师，收到良好的教育效果。这种课程改革与教学，也体现了分校贯彻校本部开发边疆教育的办学精神。

分校的课程教材，除了教育、体育、音乐、图画、劳作、童军、地方自治、农业等科教材由担任教师自编以外，其他各科一律采用中正书局出版的课本。当时分校课堂教学方法灵活多样，采用教师讲解释疑、辅导学生自学、学生答辩、课外工艺制作、调查统计、作文和演讲比赛等教学方式，注重课堂教学改革，启发引导，调动学生学习积极性，收到良好的教学效果，受到社会的好评。

六、黎平分校的劳动教育

分校为了加强对学生生产劳动教育与训练，根据校本部提出的教育与生产劳动相结合的原则，除增加农业课以外，又根据黎平县捐赠给学校数量不大的水田、荒土、荒山，开办了学校的农场和林场，农忙时除了犁、耙雇请农民指导外，其他如栽秧、中耕管理、施肥、收割、种树等劳动，在不误教学的前提下，均由师生负担，培养学生热爱劳动，养成劳动习惯，教育学生学会一些生产知识与技能，当时校园四季不缺蔬菜，自给有余。分校办学是在抗日战争烽火年代，办学艰难，学校开辟农场、林场，实行生产自救，师生参加生产劳动，教育师生致力图存，"挺起胸膛，竖起脊梁"，充分表达了分校师生在艰苦办学的环境里奋发进取的精神。分校劳动教育的成效，对当时黎平县的社会民众和教育界的影响深远。

七、课外研究与推广事业

分校为使学校教育与社会实践相结合，贯彻理论与实践联系的教育原则，在课外研究和推广事业方面，曾进行过许多的实践与探索。

（一）课外研究方面。分校通过各种组织形式，在各位导师的领导下，实施各种课外研究活动。

1. 学艺股：每两周开研究会一次，如读书报告、时事报告、问题研究、分科研究、名人演讲、校外参观等项。

2. 出版股：除每月出《三自月刊》（校刊）外，还出版国庆专刊、露营专刊、元旦特刊、总理诞辰特刊及储金专号、合作专号各一次，班级刊各四次。

3. 制作股：除各种农事及工艺制作外，每学期采集植物标本、矿石标本一次，三年级师训组学生自制简易教具5种，如计数器、活字版及游戏器具等。

4. 调查统计股：主要是调查当地少数民族习俗及历届毕业生的出路去向，统计校内各种物品的数量及人事的变迁，学绘制图表。

5. 开展各种座谈会。除每两周开一次时事座谈会外，还开推行粮政座谈会、储金座谈会等。

此外，还开展作文、习字、制作、演讲等竞赛，以及远足、参观等活动。

（二）推广事业，分地方自治与后方服务两个组。地方自治组是协助地方办理地方事业，后方服务组是组织开展社会活动。

1. 地方自治组：协助地方训练干部人员以备民国三十二年（1943年）实施新县制，协助地方宣讲政令，辅助地方教育与召开地方教育研究会，参加县节约储支活动，开展教育实习评估研究会，开办民众学校，视导乡镇各小学校，筹备代办简易师范，参加地方各种集会，等等。

2. 后方服务组：主要是组织歌剧团表演话剧和歌咏；宣讲地方法令，破除迷信讲卫生；慰劳出征军人家属及前线将士与后方的伤兵难民；组织卫生队种牛痘，打防疫针，打扫街道，扑灭蚊蝇及救护；出版刊物时事、壁报及各种标语；调查民风习俗及学校学生状况与地方商情物价；举办社教展览及各科成绩展览等。①

八、教师安贫乐教，敬业奉献

黄质夫校长从校本部到黎平分校，一直十分重视教师队伍建设，选聘优秀人才到分校任教。当时分校共有教职员14人，其中男12人，女2人。任课教师绝大多数是中专以上的学历，其中留学生1人、大学本科生2人、专科5人、中专1人。

---

① 引自《国立贵州师范学校黎平分校概况》（民国三十二年一月）．黎平县档案馆资料卷号143号．

初创黎平分校时总务主任（后任教导主任）赵学焜就是留学日本明治大学归来的留学生。教师中有的是前黎平县立中学教师留任的，有的是从校本部教师调任，如首任教导主任徐石樵，教师袁子高是从校本部调去的，有的是外地聘来的。当时办学艰难，生活条件艰苦，教师都是任劳任怨，乐于边疆教育和敬业奉献。教职员月薪最少数 40 元、中数 160 元、最高数 220 元，[①] 学校的领导人员皆兼授课，也不另加薪资，教师从不缺课，教育教学按步前行，从不间断。

分校教师多数来自江浙沿海一带的文化发达地区，他们为分校引进新文化、新思想，引进鲁迅、茅盾、巴金等人的优秀作品和艾思奇的《大众哲学》等哲学著作。教师们在学校传播新文化、新思想，大大地激发和促进了学生们的民主意识。民国三十一年（1942 年），分校公演《兄妹开荒》等歌舞剧，当地三青团伙同警察局、保警队寻衅闹事，追捕殴打学生，师生罢课抗议。校长黄质夫关爱学生，电告黎平县县长，要求严惩肇事者和打人凶手，否则"榕江校本部亦将罢课声援"。黎平县政府当局不得不取消戒严，县长带着警察局长到学校赔礼道歉。[②]

后来，黄质夫校长专程跋涉崎岖山道到黎平分校视察时，看到教职员们艰苦勤俭、治学严谨、安贫乐教和敬业奉献，看到学生们大有长进，感到高兴。

国立贵州师范学校校长黄质夫从发展边疆教育、造福边疆的总方向出发，在抗日战争的 1940 年至 1944 年的五年间，创办了黎平分校。后因经费紧张，黔、湘、桂边境诸县的初中教育已逐步发展，校本部的师范部生源已基本解决。根据国民政府教育部训令，黎平分校于 1944 年停办，恢复黎平县立初级中学，校本部的初中部也停止招生。黎平分校在办学期间，共输送了四届毕业生 154 人，这些毕业生大多数升学或就业。仅以第一、二届毕业生为例，第一届毕业人数 33 人，第二届毕业人数 34 人，合计 67 人。其中升学的有 24 人，在社会服务行业的有 30 人，就业（主要当小学教师）有 11 人，升学和就业占两届毕业总数的97%，为当地发展和培养初中教育人才作出了贡献，在当时黎平县的中学教育史上谱写了新篇章。

---

① 引自《国立贵州师范学校黎平分校概况》（民国三十二年一月）．黎平县档案馆资料卷号 143 号．
② 仪征文史资料委员会．乡村教育先驱黄质夫［M］．江苏文史资料编辑部，11．

第五节　广开生源"得天下英才而教"

国立贵州师范学校担负着为发展边疆乡村教育培养师资的历史重任。学校迁到榕江之后，一边劳动建校，一边着手于学校的招生工作。特别是新的校园开辟出来之后，如何拓宽生源之路，完成每年各项教育的拓生任务，得"天下英才而教"，这是摆在学校面前亟待解决的一个重要问题。

一、面向全国招生

当时学校所在地的榕江及其相邻诸县的乡村教育十分落后，不仅初级小学不多，高小教育更少，而且榕江、从江等县都还没有初中学校，不仅简师部和初中部招收高小毕业的生源遇到了困难，学校的师范部要在当地招收初中毕业生则难度更大了。即使学校开办了初中部，也要在三年之后才有初中毕业生，难以解决前三年师范部生源的燃眉之急。

怎么办呢？经呈报国民政府教育部同意，学校可以面向全国招生，以拓宽生源之路。由于日本帝国主义已侵占了我国大片领土，许多地方成了沦陷区，向全国招生也遇到许多困难，实际上，主要是面向黔、湘、桂边境诸县的民族地区招生，学生不分民族、不分家庭贫富，也不分男生女生，统一招生，择优录取。后来，学校根据国民政府教育部的训令，学校的招生，应以贵州的东南部及与湘、桂相邻诸县为主，而且明确"专收土著同胞子弟"，"倘若当地确有特殊情形，必须招收土著同胞以外的学生时，应以确有志边疆工作者为限，而且名额至多不超过百分之二十"。学校每年招生简章，不仅在贵州省内张贴，而且扩大到省外。学校每年都把招生简章函送到黔、湘、桂边境的诸县政府，请诸县政府帮助向当地学生宣传。学校还在贵阳和广西桂林设有办事处，负责宣传、接待或处理有关招生事宜。

由于招生简章阐明了国立贵州师范学校的办学目的与任务；明确了学生在校

不仅要学好功课，还要通过教育与生产劳动相结合的途径，参加生产劳动，学习生产的知识与技能；讲明了师范生入学时不交学杂费，在校学习期间，由国家供应伙食、书籍、灯油等，每人每年由学校发一套制服，也不交住宿费，只是自带卧具。到后来学生入学时，也只规定每人交锄头、镰刀各一把，便于在生产劳动时用。由于当时的黔、湘、桂边境诸县经济文化落后，学生进入小学或中学读书的年龄偏大，失学青年较多，因此，招生简章在报考年龄上，只限在 14 岁以上，对年龄偏大的适当放宽，不限制最大年龄，学校这些优厚待遇的招生政策，吸引不少社会青年考生，尤其是给那些家境贫寒而又有志求学的学生，创造了求学深造的机会。又由于学校冠有"国立"二字，是国家教育部创办的学校，学者云集，名师荟萃。学校有一流的教育家创办和领导，有一流的专家学者进行管理，有一流的学识渊博深受学生崇敬的教师执教，学校的校风校纪好，学校名声已远播省内外，加上师范生在学校享受的优厚待遇，从而吸引了省内外不少青年学生，从四面八方，长途跋涉，不怕路途遥远，艰辛来到榕江赶考，黔、湘、桂边境诸县的考生居多，抗战时期还有的学生从苏、浙、闽、赣、川、陕、粤等省来报考。每年秋季或春季学校招考新生时，从各地踊跃而来的考生都是几百上千人，几乎住满了榕江城里的旅馆，考生的人数往往超过当年录取生的几倍以至十几倍。学校拓宽了生源之路，确保学校每年都能择优录取新生，优质的学生年年涌进国立贵州师范学校校园，使学校呈现了"济济多士萃一堂"的一派欣欣向荣的气象。

二、学生的年龄特点

国立贵州师范学校从当时黔、湘、桂边境文化教育还比较落后、适龄学生在中小学就读的年龄偏大的实际情况，在招收新生的年龄规定上，不限制最大年龄。因此录取进校的学生，在学校学习时，有一部分学生年龄偏大的现象。

根据《国立贵州师范学校毕业生名录》统计，学校在榕江办学的十年中，师范部有七届毕业学生 215 名，其中 21 岁以上的有 185 名，占 86%，20 岁以下的 30 名，这种适龄的学龄学生，只占 14%，最大的年龄是 28 岁。简易师范部（含边师一个班）有十一届毕业生 327 名，19 岁以下的 186 名，占 56.9%，20 岁以上的 141 名，占 43.1%，是属于偏大的年龄，简师年龄最大的学生是 27 岁。初中部在校本部共毕业了五届毕业生，这里仅以第一届初中毕业生的年龄为例，初中按正常的毕业年龄，一般在 15—17 岁，而这个班 43 名毕业生中，17 岁以下的有 16 名，仅占 37.2%。18 岁以上的有 27 人，占 62.8%，而在 20 岁以上的就有 9 人。在黎平分校的初中学生中，同样存在年龄偏大的现象，以 1944 年为例，黎平分校共有在校生 163 名，其中 12—16 岁的学生有 104 人，占 63.8%，而 17—22 岁的学生有 59 人，占学生总数的 36.2%。这些初中年龄偏大的学生，一旦考入校本部的师范部，再读上三年，到毕业时，这部分毕业生的年龄为 20 岁至 25 岁。

当时在校学生中有一些人年龄偏大，这是由于当时学校处在边地文化教育比较落后的社会历史环境。而学校在招生政策上，不限制最大年龄，恰又说明学校招生政策是符合当时发展边疆教育的实际情况，因此是正确的，而一些学生年龄偏大一些，也是当时历史的必然。因为当时的许多适龄生入学较晚，当他们在高小或初中毕业后，报考升入初中简师和师范时，也会带着这种偏大的年龄升了学。诚然，不论在初中、简师或师范就读的这些年龄偏大的学生，他们也更珍惜在校学习的机会，更自觉地奋发学习。实践也已证明，年龄稍为偏大一点的师范毕业生，他们的年龄体质更适应在边远艰苦环境的乡村从事教育工作。

三、学生来源广阔

国立贵州师范学校由于面向全国招生之后，拓宽了生源之路。根据《国立贵州师范学校毕业学生名录》统计，国立贵州师范学校在榕江办学十年间，学生来自全国的 11 个省 96 个县市，贵州籍的学生较多。这些学生来自遵义、桐梓、仁怀、赤水、习水、湄潭、绥阳、安顺、关岭、紫云、平坝、长顺、普定、镇宁、水城、郎岱、威宁、毕节、织金、贵阳、贵筑、惠水、晴隆、安龙、罗甸、平塘、册亨、龙里、贵定、独山、荔波、瓮安、三都、沿河、印江、玉屏、松桃、炉山、黄平、施秉、镇远、三穗、天柱、锦屏、剑河、雷山、台江、丹寨、麻江、黎平、榕江、从江，共 52 个县市。贵州籍毕业学生较多的县是榕江、黎平、天柱、锦屏、荔波、三都、剑河、丹寨。其次是湖南籍的学生，这些学生来自南县、会同、靖县、晃县、芷江、凤凰、绥宁、武冈、邵阳、辰溪、零陵、常德、衡阳、岳阳、长沙，共 15 个县市。湖南籍学生较多的是会同县、绥宁县和靖县。广西省籍的学生也不少，这些学生来自平乐、滨阳、柳城、宜北、三江、融县、郁林、思恩、平南、凤山、兴业、北寿、北流，共 13 个县市。广西籍毕业生较多的是思恩县。还有少数学生分别来自江苏省的南京、江宁、代征、宜兴、溧阳，浙江省的临海、宁波，江西省的南昌、临川、萍乡，广东省的南海、连县，福建省的永宁，安徽省的休宁，四川省的达县，陕西省的凤祥，共 8 个省 16 个县市。国立贵州师范学校的黎平分校的学生，不仅有贵州籍的学生，还有来自湖南、广东、广西和江苏等省的学生。

那时，从黔、湘、桂边区甚至更远的县份前来榕江赶考或就读国立贵州师范学校的学生，在交通不便的社会环境里，身背行李，在布满草丛或荆棘的崎岖山路上艰难前行，翻山越岭，涉水过江，常遇野兽出没，或遇土匪强盗抢劫。独山籍学生黎守愚在《奔赴榕江》一文中记载，他因为家境贫寒，而国立贵州师范学校有公费，伙食由学校供给，所以前来榕江报考和就读这所师范学校。他说，"从家里到榕江距离 360 多华里，步行需 4 天，每天行 90 华里。当时交通极端不便，从家乡到榕江，无所谓的道路，只有尾随'邮差'沿着都柳江畔穿芦苇丛而行，除了住宿点外，途中无任何村寨，一路凄清冷落，野兽出没，既艰辛而危险"。锦屏籍的高师部学生姚源金，他生前曾说过，从锦屏到榕江需步行数百里的山路，有一次他从锦屏步行去榕江，途经黎平县境的楼梯坡长岭冲，突然被土匪强盗抢劫，抢去身上带的钱物，无奈只有返回锦屏老家筹集路费再去榕江。如今，榕江县档案馆还保存一份资料，即是民国 37 年 6 月 3 日，时任国立贵州师范学校校长许绍桂致函黎平县政府，函催黎平县政府尽快查清姚源金等 3 名学生在黎平境内被土匪抢劫之事，如查不清，应由黎平县政府给予赔偿损失。根据贵州师范大学教师张弘《父亲的河流：榕江都柳江到茅台河》一文记载，她的父亲张常明和 20 世纪 80 年代茅台小学教导主任陈启忠都是 1944 年毕业于榕江办学的国立贵州师范学校。当年他们"听说榕江国立师范招收免费师范生，就从仁怀长岗走路去榕江报考。路上鞋子烂了，就用草绑上继续走，路上碰上了土匪抢人"。由此可见，当时湘、黔、桂边境诸县甚至更远地区的学生，艰难步行到榕江赶考或就读国立贵州师范学校途中是多么的艰难。

国立贵州师范的学生们来自五湖四海，他们都为了能受到国立边疆师范的教育与训练，把自己造就成为一名合格的教师，为发展边疆教育事业服务的目的，走到贵州边远榕江的国立贵州师范校园"耕读一堂"，这不仅实现了学校"得天下英才而教"，而且更意味着学校将会担负着为开发边疆教育、培养健全的国民教育的师资任重而道远。

第六节　国立贵州师范学校的推广事业

国立贵州师范学校的推广事业，是学校开发边疆教育事业的一个重要组成部分。学校于校长之下，专门成立了推广处，与教务、训导、体卫、总务并列的一个处室机构，还设立推广委员会7人、主任1人，着重做好地方教育辅导、边疆文化研究和社会服务等方面的工作。

一、推广事业的内容任务

为了推进边疆教育事业，推广处设立了地方教育辅导组、边疆文化研究组和社会服务组，从调研入手，办好各项推广事宜。

（一）地方教育辅导组。设置教育辅导员2人，负责办理校本部附近榕江、从江、黎平、丹江、台江、三都6个县地方教育辅导事业：一是指导监督各县中心小学、国民学校及社会教育机关的工作；二是召开6县教育辅导会议，协助本区域的地方教育机关推进边疆教育；三是编刊物，办理本区教育辅导通讯，指导各县开办边疆教育问题；四是举办国民教育讲习会，以研究新县制下国民学校师资应注意的切实问题。

（二）边疆文化研究组。本组是研究黔、湘、桂边疆地方土著同胞文化生活状况及习俗之改进，以供本校施教的参考。其主要内容是调查本区内社会及自然情况，收集资料编写边疆教育教材。

（三）社会服务组，是与榕江县立民众教育馆合作，办理推进社会教育。如进行抗日宣传、民众识字教育、通俗演讲、组织歌咏队和戏剧队、壁报宣传。提倡合作及组织合作形式。社会服务组与榕江县立民众教育馆合作，办公地点设在国立贵州师范学校内，由榕江县立民众教育馆馆长唐建德任服务办公室主任，其活动经费多由国立贵州师范学校负担。

此外，学校的农场、工场的生产，旨在培养边胞学生的生产技术能力，陶冶刻苦耐劳的精神，同时求其手脑并用自给自足。通过推广组尽力将农场、工场的工农业生产技术予以推广，贡献于社会。

二、推广处在榕江办的几件实事

按照学校开发边疆教育事业的要求，学校的推广处从实际出发，办了几件有利于边疆教育发展的实事。

（一）收集文物与成立文物陈列室。推广处人员深入农村社会收集文物，校本部在张公祠设有地方文化陈列室。此外，还在三宝侗乡车寨的村寨教育实验区内设有地方文物陈列室，室内摆设有边胞民族衣着、农具、用具、地方的童谣、民谣、山歌、民间乐器、纺纱机、织布机等。重视民族优秀传统文化的整理和研究，借以增强当地民族的自信心和自豪感。

（二）成立考察组调查边胞社会和自然状况。推广处主任李绍良在调查收集资料的基础上，于1943年编写了一部传世之作《榕江乡土教材》。全书共分7章，38节，其章目为"榕江历史""榕江地理""乡土社会""民间故事""歌谣小曲""民间文艺""乡土娱乐"。[①] 这部《榕江乡土教材》，为榕江人民留下了自然地理、山川物候、民风民俗、典故传说等大量史料，也是当年国立贵州师范学校及附属小学在教学中的乡土教材。这部珍贵的史料，至今珍藏在贵州省和榕江县档案馆里，仍具有熟悉县情、鉴往知来和资政育人的作用。

（三）建立抗战文艺宣传队。除了在校内墙壁上画有宣传抗战的壁画外，在

---

① 杨秀明，安永新等. 黄质夫教育文选［M］，贵阳：贵州教育出版社，2001：329—330.

县城的一些街上也写有宣传抗战的标语和壁画。文艺宣传队每逢赶场天，都到街上人群多的地方演唱抗战爱国歌曲，还利用晚上到识字夜校里教民众唱抗战歌曲，以唤起群众的民族觉醒。

（四）开办民众夜校。国立贵州师范学校推广处在榕江城区的两广、两湖、贵州三个会馆开办了三所民众夜校和在车寨的村寨教育实验区内设民众夜校。入学的对象是农村、街道中不识字的男女青年壮年。学校派出教师和师范毕业班的优秀学生去担任教学，每晚授课两课时，讲授贵州省编印《民众夜校千字课本》，1945 年以后讲授国立贵州师范学校自编的民众教育课本，要求学员认识 800至 1000 字为准，据资料统计，仅城里夜校，到 1941 年，共结业学员 400 余人。

（五）帮助边地举办小学师资培训班。国立贵州师范学校针对边地小学教师缺乏状况，与有关县举办师资培训，国立贵州师范学校派教师讲教育心理学基本知识和讲授小学语文、算术的教材教法。学校还成立"地方方言研究会"，学习、研究、推广少数民族语言。

（六）推广蔬菜和农作物良种。学校农场从外地引进蔬菜和农作物良种，进行试种成功后，向当地农民推广，并向农民传授果树苗嫁接技术和农作物生产技术，为当地农村生产发展服务。

此外，推广处的服务组常到街上为群众义务理发。

国立贵州师范学校组织师生通过各种推广事业活动，使学生进一步了解边地民族地区的过去、现在的社会状况，密切了学校与群众的关系，增强了学生改变边地民族地区的落后状况的紧迫感和使命感，也提高了教师服务边疆教育的热忱。

附:《国立贵州师范学校识字运动计划》

第一、扫除文盲办法

【甲】推行成年识字

一、推行者：师范科，边师科全体学生。

二、被推行者：五榕镇之一保至十四保，年在 16 岁以上 50 岁以下，不识字之男女。

三、推行范围划分：以五榕镇第一保、第二保为第一推行区，以下依保次类推。

四、每一推行者，负责施教一人，期限为8周。8周期满，即另施教一人。

五、每日工作时间，定下午五时四十分钟（课余时间）。

六、每日教生字，三颗字至五颗字，并须详细解释。至于识字程序，由推广处汇编，呈请校长核正施教。

七、每一划定区城之文盲，务期完全扫除。

【乙】推行未成年识字

一、推行者：附小、村寨教育实验区、月寨分校、高文分校二级以上之男女学生。

二、被推行者，乃各该校男女学生居住地邻近男女孩子，每一学生，负责施教一人。

三、每日散晚学后，即开始工作，施教日期，定为8周。

四、每日教生字二颗，并须解释字意。至于识字程序，由各该校负责人汇编，呈请校长核正施教。

五、务将各该校所在地之不识字男女儿童，完全扫除为结束。

第二、考勤办法

【甲】师范科边师科之考勤

一、每周周末日下午5时40分钟，派员分区抽查。至于负责抽查人员之派出，则由教务处、训导处、推广处三处，各派一员主持之。

二、每一月终，拟请教务主任、训导主任、推广主任分区抽调推行者及其被教者，至校询问其教学情形。至于抽调日期，由主持人自定之。

【乙】直属小学之考勤

一、每周周末日，由各该校导师，分区抽查其教学情形。

二、每一月终，由各校首脑负责人，抽查其教学情形。

三、各校自定抽查时间。

第三、奖惩办法

【甲】推行者奖惩

一、能按时工作，按字施教，按期结束，均照其成绩，加予操行分数分，并发给服务奖状。

二、如未能按照前项达成者，均予以扣除操行分数分，并发给警告书。

【乙】受教者奖惩

一、所教识字，完全能接受，并了解字意者，均发给民众学校毕业证书；只能接受2/3者，均发给奖状。

二、只能接受1/3，或未足1/3者，均须延期二月。

第四、办理招生手续

一、函请县政府命令五榕镇，由该镇转令所属各保，造送不识字之成年与儿童（男女）姓名册，径交本校推广处，以作施教根据。

二、函请五榕镇镇公所，令第一保第二保保长，于未开始施教先三日来校（上午11时40分，下午5时40分），指引推行者至受教者家，介绍认识，并说明其来意。

三、车江乡之车寨、月寨，招生手续均照前二项办理。

第五、结束举行结业

一、施教期满，择日举行结业典礼，推行者与受教人，务须一律参加。

二、发给毕业证书及奖状。①

学生缝纫实习

---

① （参考资料：榕江县档案馆藏民国档案《国立贵州师范学校推广处计划稿本》）

第三章 学校的办学方向、培养目标与教育途径

教育是培养人的一种社会活动。学校教育的目的和教育的培养目标，是关系到教育的服务方向和培养人才规格的重要问题。黄质夫凭借他多年的乡村师范教育的实践经验，根据国立贵州师范学校办学所处的抗日战争的社会环境，以及边疆师范学校教育的特点，他对国立贵州师范教育的目的、教育的培养目标及教育途径，进行大胆的实践与探索，推动着学校边疆师范教育的发展。

第一节 学校教育服务方向

教育是受到一定的社会政治经济制度所制约和影响的，并为一定的社会政治经济制度服务。教育面向什么地方，教育为谁服务，达到什么样的目的，这是关系到教育性质和服务方向的问题，这是办教育首先要明确和解决好的一个根本问题。

当年黄质夫创办国立贵州师范学校时，教育的目的是什么？学校教育的服务方向是怎样确定的呢？黄质夫出于他对教育的社会功能与作用的认识，他认为当时中国社会之所以落后，主要是教育不普及，只有教育发展了，国民整体素质提高了，就可以使国家由贫变富，由弱变强。最使黄质夫痛心的，就是"乡村人民生活的痛苦""乡村人民知识的浅陋""乡村风俗的颓惰"，以及"乡村人才的缺乏"。他认为"改造乡村唯一的工具就是教育"，而乡村师范是改造乡村社会的"基本政策"。他提出通过办好乡村师范教育，培养乡村教师，发展乡村教育，首

先使乡村师范学校所在地的乡村变为"野无旷土，村无游民，人无不学，事无不举的理想乡村"。他认为，今后举办的乡村教育机关多了，造就新一代乡村教师多了，乡村的小学增多了，改造乡村社会的人就会俱增起来，改造农民生活一事的影响就更大了，通过改造一个个乡村社会，最后达到国家富强的目的。黄质夫从他的教育价值观出发，为实现通过发展乡村教育改善乡村社会的目的，他在主持南京栖霞乡村师范学校工作期间，为栖霞乡师撰写《校歌》的歌词中，首次明确地把"救百万村寨的穷，化万万农工的愚，争整个民族的脸"，作为栖霞乡师教育的奋斗目标，这表达了黄质夫欲振兴中华而发出的"教育救国"的爱国呼声。

更为可贵的是，在抗日战争的艰苦年代，1940年至1945年，他到贵州边远的榕江创办国立贵州师范学校时，仍然坚持把"救百万村寨的穷，化万万农工的愚，争整个民族的脸"写进了国立贵州师范学校《校歌》的歌词中，作为这所边疆师范学校教育的奋斗目标和服务方向，实践着边疆师范教育为改造边疆贫困乡村、改造中国社会和为着实现"新中华"而奋斗的教育宏愿。他教育师生们要以献身教育、造福边疆作为历史的责任担当。他鼓励师生必须"下最大的决心"，为开拓边疆教育和改变边疆乡村社会的贫困与落后作出"新贡献"，这就使国立贵州师范学校的办学目的内容上增添了边疆教育的特色。

黄质夫这种以发展边疆教育，改变边疆一个个村寨的落后，使边疆村寨成为"边疆乐园"的教育思想与教育实践活动，以及他当年创办栖霞乡村教育的目标一样，是与我国人民教育家陶行知在筹办南京晓庄乡村师范时所提出的：筹募100万元基金，创办100万所学校，培养100万名乡村教师，改造一百万个乡村，使中华乡村一个个都变"天堂"的雄心壮志的奋斗目标是一致的。所以，黄质夫也是我国较早地着手创办乡村师范教育、发展乡村教育和改造乡村社会的人，是我国开创乡村教育的先驱者之一，是我国著名的乡村教育家。

黄质夫从栖霞乡村师范到国立贵州师范学校，把发展乡村教育和改造乡村社会作为学校的办学方向，这不仅与旧的传统教育思想有着明显的区别，也是对旧的传统教育的挑战。其实际的意义是，第一，他一反那些为教育而教育，使教育与社会脱离的现象，认识到教育在改造社会中的作用，使教育与改造社会联系起来，使教育为实现"救穷""化愚""争脸"的目的服务。第二，他根据我国绝大多数人口在农村，而乡村经济文化落后的实际情况，把乡村师范办到乡村去，把师范办到边疆去，发展乡村和边疆民族山区的文化教育，把发展教育的重点放在广大乡村，放在边疆山村。这就一反过去"教育者与被教育者的目光都射在城市方面"的现象，那种重城市轻农村的教育，严重影响着国家普及教育的发展。第三，他提出"教育民众化""乡民是我们的朋友"和"化万万农工的愚"的教育思想，也就一反过去教育只为少数人服务的现象，使教育从只为少数人服务的桎梏中解脱出来，转到为"化万万农工的愚"的服务上来。黄质夫从乡村到边疆办教育的思想，实际上是那时我国教育思想上的一大变革，因此它是进步的，至今对我们普及教育和改革旧的传统教育思想仍有意义。

第二节　学校教育的培养目标

学校培养什么样的人以适应社会的需要，教育培养的目标是什么，这也是办教育必须明确和解决的一个重要问题。

国立贵州师范学校担负着为发展边疆教育，培养健全师资和基层建设人才的历史重任。那么，这些健全的师资和基层人才规格内容是什么呢？黄质夫凭借他多年的乡村师范教育的实践经验，又从边疆乡村教育的实际出发，提出了要造就具有"农夫的身手，科学的头脑，改造社会的精神"的合格乡村小学教师和基层人才，作为这所边疆师范教育培养目标的总要求。他说的"农夫的身手"，就是指能劳动，能吃苦，能实干，有强健的体质；他说的有"科学的头脑"，就是指具有近现代的科学文化知识，思想跟上社会的发展；他说的有"改造社会的精神"，就是指不因循守旧、变革现状，即改革创新的精神，通过发展边疆教育，进而改变边疆的贫困与落后的状况。这三句话表述了黄质夫对边疆师范培养全面发展的合格师范生人才规格的内涵实质。这与陶行知早年在南京创办晓庄乡村师范时对师范生人才培养的总要求是一致的。

为了培养全面发展的师范生和基层人才，黄质夫提出边疆师范学校仍应坚持实施"德智体并重"的全面发展教育，使学生在通过课程教学和生产劳动训练的过程中，受到德智体美劳的全面发展教育。人的全面发展与全面发展教育，是两个不同的概念，但两者又是紧密相关的。人的全面发展必须施以全面发展教育来实现。人的全面发展是全面发展教育的目的，而全面发展教育则是人的全面发展诸因素的主要内容与条件，如果违背或偏离全面发展教育，人的全面发展就会受到损害和影响。黄质夫在实施培养全面发展师范生的教育实践中，在课程教学上，不分主科和副科，开齐课程，开足课时，教师要努力提高各科教学质量，全面完成各科课程的教学任务，没有偏科的现象，这就从基本上保证学校实施了全面发展教育。在实施全面发展教育活动中，他仍然是坚持了德智体美劳"并重"的全面发展教育，学校没有偏育的现象。也就是说，这所边疆师范的学生，是通过课程教学与生产劳动训练等教育活动，受到了德智体美劳的全面发展教育，增强学生的综合素质。国立贵州师范学校培养全面发展的师范生，是通过实施全面发展教育的实践活动来实现和完成的。

1945 年秋，梁瓯第接任校长之后，他继承黄质夫实施全面发展教育的办学思想，为了全面提高教育教学质量，他创导学校开展"三完"和"三声"教学活动。"三完"就是要求各科教师把课教完，把作业做完，把考试及评定成绩做完；学生要把学程学完，把作业认真做完，把考试考完，争取得到好的成绩。课程设置体现着全面发展教育的内容要求，各科教学质量提高了，这就基本上保证了学校全面发展教育的实施。所谓"三声"，就是校园要有书声、歌声和笑声，是让学生在德智体等方面，得到生动活泼的和主动地得到发展，使学校教育生活更加生机勃勃和更加活跃起来。梁瓯第提出的校园"三完"和"三声"有助于学校实施全面发展教育，促进师范生身心健康的全面发展。

当时黄质夫关于造就边疆师范生全面发展的内容要求，大都体现在他撰写的《我是师范生》和《国师学生怎样》这两首校园歌曲的歌词中。他在《国师学生怎样》中写的："我们是不怕苦，没有难，能实干，负责任，守纪律，明礼义，知廉耻，不消极，不苟安"，这与《我是师范生》中说的："我是师范生，热血满胸膛，做人做事至大至刚，丝毫无愧俯仰"，都是对师范生思想品质上的要求。他在《国师学生怎样》中说的："能工、能农、能商、能教学、能生产，在后方，能保安，上前线，能作战"，与《我是师范生》说的："学有专长，当仁不让"，都是说师范生应具有为民众服务、为开发边疆教育服务和为抗日战争服务的实践知识和真实本领。他在《国师学生怎样》中说的："我们有万能的双手，负重的两肩，热血满腔，现在下了最大决心来开发边疆！"这与《我是师范生》中说的"献身教育，造福边疆，唤起民众我担当。看他日国富民强，赫赫英雄我首创……"这都是说师范生要把担负培养人才和开发边疆教育的重任作为其奋斗目标。黄质夫在歌词中提出培养师范生的人才要求与责任担当，既体现了人的全面发展的要求，也体现了边疆师范教育的特色。在黄质夫这种全面育人的教育思想的鼓舞下，当年的国立贵州师范学校为黔、湘、桂边境输送了一大批合格的乡村小学教师，为开拓边疆教育事业作出历史的贡献。

第三节　学校教育的途径

黄质夫为了造就健全的边疆教育的师资和基层人才，他提出了国立贵州师范学校必须实行"教学做合一，德智体并重"的办学方针，通过"教学做合一"的教育途径，实施"德智体并重"的全面发展教育，使学生在德智体美劳等方面得到全面发展。

"教学做合一"是陶行知早年在创办南京晓庄师范学校时所创导的"生活教育理论"中的一个组成部分。"生活教育"基本观点是"生活即教育""社会即学校""教学做合一""行是知之始，知是行之成"。陶行知积极主张教育要与实际联系起来，强调培养学生的创造性和实际工作能力。陶行知的生活教育理论，曾对当时中国的教育界产生了广泛的影响。

黄质夫为了贯彻"教学做合一"的办学思想，他提出了学校必须实行"教育与生产劳动相结合"的办学方针，学校采取了学生一边读书、一边劳动的"且耕且读"的办学模式和教育途径，让学生在教学与生产训练中受到全面发展的教育，誓与教育与生产劳动和社会实践相脱离的旧传统教育决裂，对学校来说，这是开创边疆师范教育培养人才的新路。不如此，就不能造就全面发展的人才。因此，实行"教育与生产劳动相结合"，像一条红线那样贯穿在国立贵州师范学校在榕江办学的全过程。许绍桂在写回忆学校的生产劳动教育时说："学校生产劳动教育，在黄质夫任期内，做得最彻底。"教育与生产劳动相结合，是马克思主义教育学说的一条基本教育原理，它符合社会生产和人的发展的要求。马克思主义指出了培养全面发展的途径，即教育与生产劳动相结合，因为"它不仅是提高社会生产的一种方法，而且是造就全面发展的人的唯一方法。"①

当年国立贵州师范学校的学生们，就是通过学校的教学实践活动和生产劳动教育与训练，不仅为学校创造了财富，而且使师范生增强了体质，掌握了一定的科学文化知识与技能，养成了劳动习惯，学会了手脑并用，立志"献身教育，造福边疆"。他们毕业以后，都为黔、湘、桂边境小学教育作过历史的贡献。当年，国立贵州师范学校的"教育与生产劳动相结合"的办学成效显著，而闻名遐迩。今天，我们研究过去国立贵州师范学校的教育与生产劳动相结合的办学历史经验，汲取其精华，对于我们现在学校全面贯彻中国共产党在社会主义新时代的教育方针，仍将有一定的意义。

第四节　国立贵州师范学校的标识文化

学校的标识是表明学校具有区别于其他学校所具有的独立特点，这些区别于其他学校的特点，也可称为学校的标识文化。国立贵州师范学校的标识文化包含以下的内容特点。

一、学校的校徽

国立贵州师范学校的校徽是学校师生员工佩戴在胸前的标明校名的徽章（蓝底白字）。学校的徽章及佩戴图示。

---

① 马克思，恩格斯. 马克思恩格斯选集（第23卷）［M］. 中共中央马克思恩格斯列宁斯大林著作编译局，编译. 北京：人民出版社，1972：530.

校　徽

国立贵州师范学校　校徽

二、学校的校牌

国立贵州师范学校校牌是条形木质牌（白底黑字）竖立挂在校门边。

三、学校的校服

校服是学校规定的有统一式样和色调的学生服装。国立贵州师范学校的校服，在黄质夫任校长期间，校服有蓝色咔叽布和黑色青布的平领中山装校服。在梁瓯第任校长之后，是用灰色布制的平领中山装。

凡是大的集会游行等活动都统一着校服，正常教学活动也是外穿校服，里着白衬衣。

四、学校的校旗

国立贵州师范学校的校旗是用蓝布底写白字校名的长方形旗帜，凡是重大集会游行都由旗手平举校旗在前面。

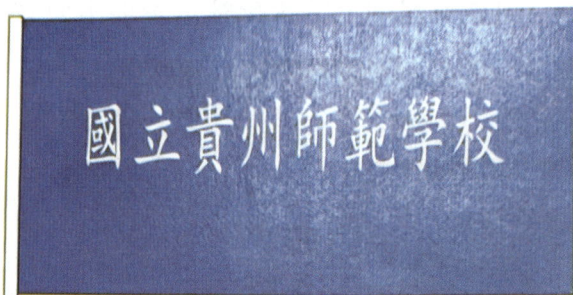

五、学校的校刊

国立贵州师范学校的校刊是梁瓯第、许绍桂任校长之后，学校编印的内部发行的刊物《新贵师》，共出版了三卷，其内容包括学校内部各种情况的报道和本校师生所写的文章诗歌等。刊物的封面如右图。

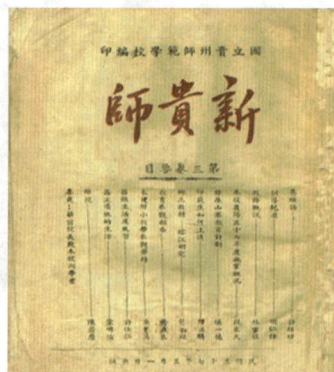

六、学校的校训

校训是学校制定的对全校师生员工有指导意义的词语或口号。国立贵州师范学校的校训是学校的首任校长黄质夫题写的"诚、勤、公、毅"四个字。这四个字是沿用黄质夫在主政江苏省立南京栖霞乡村师范的校训。黄质夫曾对校训的含义注释如下：

> 诚是真真实实的言行；
>
> 勤是奋发不息的作风；
>
> 公是廉洁正大的处事；
>
> 毅是百折不挠的精神。

黄质夫当年为国立贵州师范学校亲定的校训，曾激励师生献身教育、造福边疆，向着发展边疆教育事业的道路去开拓自己理想的前程。

七、学校的校歌

《国立贵州师范学校校歌》的歌词是黄质夫校长撰写的，由音乐教师敖克成谱曲在师生中教唱。校歌的歌词全文如下：

> 南岭高峰在旁边，
>
> 粤江源头在面前，
>
> 朝晖夕映，
>
> 气象万千，
>
> 披荆斩棘，
>
> 吾校基础奠。
>
> 树人树木且耕且读，
>
> 教育上新贡献。
>
> 边地拓展，

我们的责任先。

耐得千锤百炼，

才能任重致远。

做不完，

学不厌，

教不倦，

救百万村寨的穷，

化万万农工的愚，

争整个民族的脸。

好青年，

着先鞭，

新中华，

就实现。

校歌体现了学校创办的艰苦历程、办学宗旨和教育的奋斗目标，激励全校师生奔向开拓边疆的征程。校歌是学校开拓边疆教育的一块不朽的丰碑。

八、学校的校风

校风是一所学校的风气，或称学校的风格。国立贵州师范学校的校风，是"且耕且读"，学生一边读书，一边劳动，学校通过教育与生产劳动相结合的教育途径，培养全面发展的健全的乡村教师和基层人才。当年黄质夫创导的"且耕且读"的校风，显示着国立贵州师范学校区别于其他学校的特色和风格。是反映国立贵州师范学校全体成员的一种稳定的精神面貌。学校这种校风，直接影响到校内每个成员的思想、品德、工作、学习、教学和生活等方面，并起到无形的教育作用。

九、学校的校庆

校庆是庆祝学校成立的纪念日，也指在校庆日举行的纪念活动。

国立贵州师范学校成立于 1939 年 10 月 1 日，始设校于贵阳近郊的青岩，1940 年元月迁校榕江达十年之久。每年 10 月 1 日为该校的校庆日，举行校庆纪念活动。

第五节　一座不朽的边疆教育丰碑
——《国立贵州师范学校校歌》

国立贵州师范学校成立于 1939 年 10 月，是一所为开发边疆教育培养健全师资和基层人才的边疆师范学校。1940 年元月，学校由贵阳近郊青岩迁到贵州边远山区榕江办学之后，首任校长黄质夫为表述学校办学宗旨和教育的奋斗目标，撰写了《国立贵州师范学校校歌》歌词，由音乐教师敖克成谱曲，要求从校本部到黎平分校及其附设的几所小学都要在师生中教唱。校歌也是学校重要标识的体现，校歌对师生的教育和影响也是深远的。

一、校歌的形成

当年，国立贵州师范学校的校歌是怎样撰写成的呢？

校歌的词作者是黄质夫，早在学生时代受到"教育救国"思潮的影响，1924年在东南大学毕业后，矢志教育救国，立下通过发展乡村师范教育培养乡村合格师资去开发乡村的文化教育，进而改变中国乡村社会的贫困与落后，为实现"新中华"而努力奋斗的宏愿。

在抗日战争前，黄质夫主政江苏省立南京栖霞乡村师范时，就曾满怀深情，与当时学校生活指导部主任任中敏合作撰写了《南京栖霞乡村师范学校校歌》歌词，他首次提出把"救百万村寨的穷，化万万农工的愚，争整个民族的脸"作为南京栖霞乡村师范教育的奋斗目标；后由陈丽君女士谱曲，教师生歌唱，在南京栖霞乡村师范"吹响了教育救国"的号角，激励着栖霞乡村师范的师生去开拓自己的理想前程，使栖霞乡村师范的名声传播四方。

抗日战争爆发后，黄质夫辗转来到贵州。20 世纪 40 年代初期，为了开创国立贵州师范学校教育的新局面，推进开发边疆教育的发展，他根据抗日战争发展的社会环境，结合边疆师范教育性质、任务和办学特点，以及他在栖霞乡村师范办学的实践经验，撰写了激励师生开拓理想前程的《国立贵州师范学校校歌》的歌词（歌词内容详见本书第十章《国立贵州师范校园歌曲选载》）。校歌体现了学校创办的艰苦历程、办学宗旨和教育的奋斗目标，展现学校施教的方略，激励着全校师生奔向开拓边疆的理想前程，任重而道远。诚如校友们说的那样：歌词"字字珠玑，句句铿锵"，是边疆教育史上"一座不朽的丰碑"。

二、校歌内容精深

校歌语言精练，内容精深，魅力感人，值得深化领悟，这对于了解这所学校艰苦办学和历史贡献是有所裨益的。

（一）《校歌》开头几句："南岭高峰在旁边，粤江源头在面前，朝晖夕映，气象万千，披荆斩棘，吾校基础奠。"这里说的是学校优越的地理位置和优美的自然环境，通过师生艰苦劳动建校，开辟了新的校园。"南岭高峰"，是指贵州高原，根据《榕江县志》记载，榕江位于贵州高原向湘西丘陵和广西丘陵过渡的地带。"粤江源头"，是指粤江的一大水系都柳江的中上游，榕江县城地处平永河、寨蒿河与都柳江中上游的交汇于城的南端，河水向南奔流至广西柳江流入到粤江。在没有公路、铁路之前，榕江县城的古州，曾是黔、桂两省的水上交通要道与枢纽，是沿海、"两广"人流、物流、信息流入贵州的必经之地。榕江的自然环境也是秀丽迷人，"朝晖夕映，气象万千"。黄质夫在《致贵阳师范学校师生书》中，不仅介绍了榕江热情支持学校迁榕江办学的情况，而且描绘和赞美榕江的风光秀丽。他说，学校"依山傍水，三面环江，背靠俊秀西山，面对优美五榕（榕江八景之一），左有车江大坝谷仓，右有都柳江下游村寨田园，土著同胞聚居地，榕树苍翠榕城美"。他还说，榕江"气候尤佳，得天独厚，似无冬寒只有春。虽在十月，'红杏枝头春意闹'。论地理位置、自然环境，皆为好地方"。1941 年黄质夫呈报给国民政府教育部的《国立贵州师范学校概况》中，再次赞美新校址榕江的美景。他说，校本部的环境，是"西山屏峙于后，三江会流于前，古木翁翳，花荫匝地，红楼幢幢，罗布其中，景物清幽，尤为读书佳境"。当时，"国难当头，教育兴邦，责任殊重"，黄质夫为摆脱在青岩办学的困境，为开拓边疆教育的理想前程，率师生迁校榕江，重开学校教育的新天地，这是有胆识的创举。

学校迁到榕江时，没有现成校舍和设备，都是县里划拨的荒土、荒地、荒山和破旧的庙宇、会馆、祠堂。黄质夫不顾路途的劳累，率领师生立即投入劳动建校活动。根据 1941 年《国立贵州师范学校概况》的记载，历经三个月，披荆斩棘，一座背靠西山，面临三江，一幢幢红楼掩藏在古木花荫之崭新学府建造起来了，为学校的教育奠定了基础。黄质夫和教师们关怀着从四面八方汇集到榕江就读这所师范学校的学生的成长，教育这些来自边胞的师范生，要把握大好时光，珍惜榕江这优异的育人环境，勤奋学习，把自己锻炼成为造福边疆的有用之才。

（二）《校歌》里说的"树人树木，且耕且读，教育上新贡献。边地拓展，我们的责任先，耐得千锤百炼，才能任重致远"，说的是学校是一所边疆师范，担负着培养合格乡村教师，去开发边疆教育的重任。而要完成这一教育的培养任务，不是空喊口号即成的，必须实行"教育与生产劳动相结合"的办学方针，组织学生一边读书，一边劳动，让学生在艰苦的磨炼中，增强体质，掌握科学文化知识与技能，学会手脑并用，树立"献身教育，造福边疆"的理想信念，才能率先担当开发边疆教育的历史重任。"树人"是对人才的培养，"树木"是指科学的种植，都是要花费心血精心地培养和种植，人才能成才，树木才能成林。

（三）《校歌》说的"做不完，学不厌，教不倦"，这是黄质夫对国立贵州师范学校的师生在教与学上的品质创导与严格要求。他把"做"放在前面，实践是第一位，只有在实践中才能获得对客观事物的认识，获得真正的知识，使身心得到健康的发展。开拓边疆教育事业，改变乡村的贫困与落后，这是一项具有开拓性和创造性的千秋伟业的实践活动，包括学校为开拓边疆教育培养人才的教育实践活动，这些实践活动是不断地向前发展的，有做不完的事。因此，学校师生们在开拓边疆教育事业的前进道路上，不能懈怠，更不能停步，要有所作为，有所前进，不断为之做出贡献。"学不厌，教不倦"，这是我国古代教育的经典语句。"学不厌"，就是教育学生在发展边疆教育的事业上，要不断地学习文化科学知识与服务的本领，要学有专长，要学贵有恒，谦虚谨慎，不耻下问，在学习路上不停步，不怕艰难险阻，要像海绵那样不断地充实自己。教育师生不仅向书本学习，还要向实践中学习，应用是重要的学习，把书本知识与实践应用结合起来，学无止境。"教不倦"，就是教师在教书育人，要有敬业奉献精神，不怕艰苦和疲劳，要勤勉不懈，边疆是苦的，教师要有安贫乐教的精神，在教书育人的前进道路上，也是不能停步的，在校的师范生是未来的乡村教师，也要受到"诲人不倦"的教育与训练，才能是具有诲人不倦品质的合格教师。

我国人民教育家陶行知在南京创办晓庄乡村师范学校时，为改革旧的乡村师范教育脱离实际的办学模式，从教育与生产劳动相结合、理论与实践相结合的培育合格人才的高度，创立了生活教育理论，提出了"教学做合一"的教育思想，给乡村师范教育和乡村教育带来了新的生机。黄质夫在乡村师范和边疆师范教育的实践中，继承陶行知"教学做合一"的教育思想，而且要求师生具有"做不完，学不厌，教不倦"的教学优良品质，这是对陶行知"教学做合一"教育思想的发展。

（四）《校歌》提出"救百万村寨的穷，化万万农工的愚，争整个民族的脸"作为学校教育的奋斗目标。这三句话是《校歌》全文思想内容的最高境界。"穷"，是经济落后，生活贫困，需要去帮扶，去搭救；"愚"，是文化落后，思想愚昧，需要去开化、教化，去改变这种文化落后和愚昧的状况；"脸"，就是脸面、面貌，"争脸"，就是去争取荣誉，而使脸上有光彩。依靠全国艰苦斗争，争取民族解放达到国家的独立富强。这三句话也概述了黄质夫对当时国情的思考，即当时农村凋敝，农民生活贫困，国家极贫极弱，被外国人所轻视和欺负。农民占中国人口的大多数，救穷、化愚，先从农村开始。他为办好乡村师范，培养一批批健全的师资和基层人才，去开发乡村文化教育，进而改变乡村的贫困，在物质上由贫变富，精神上由愚变智，从而使整个中国富强起来，使中华民族自立于世界民族之林。因此，黄质夫从南京栖霞乡村师范到国立贵州师范，都把乡村师范教育和边疆师范教育为"救穷""化愚""争脸"服务，并作为学校教育的奋斗目标，作为学校师生的使命担当，去开拓自己的理想前程。所以，继南京栖霞乡村师范以后，黄质夫在西南大后方的国立贵州师范学校里，再次吹响了"教育救国"的号角，也充分表达了黄质夫欲振兴中华的一颗真诚的心。

（五）《校歌》最后说的"好青年，着先鞭，新中华就实现"。这是号召和鼓励青年们，要矢志不渝地为实现教育的宏伟目标着先鞭，当开拓边疆经济文化的先锋，走在前列，把自己毕生的精力奉献开发边疆事业，为国家的繁荣富强，砥砺前行，努力奋斗。

当年，黄质夫到贵州榕江创办国立贵州师范学校时，年仅44岁，那是处在抗日战争的国难之际，他怀着教育救国的宏愿，来到贵州的偏僻乡村，矢志投入开发边疆的教育事业，以改变边疆民族山区落后面貌为己任。为了激励师生去开发边疆事业的理想前程，他不仅撰写了学校《校歌》的歌词，而且身体力行率先带领学校师生苦干、实干，努力践行学校教育的奋斗目标，他费尽心血达五个年头之久，这确是别开生面的创举。也使学校办学的头几年，教育成绩斐然，声誉远播，并为学校以后的发展奠定了基础。黄质夫这种发展边疆教育的办学思想和艰苦的办学精神，实在是难能可贵的。

当年，国立贵州师范学校的学生们，在《校歌》思想的启迪、熏陶和鼓舞下，树立开拓边疆教育事业的志向，许多学生高唱着这首《校歌》，奔赴黔湘桂边境贫困乡村，有些学生奔赴抗日的疆场，为开发边疆，为民族的解放，为国家的富强作过历史的贡献。中华人民共和国成立以后，仍有不少国立贵州师范学校的学生在不同的岗位上，在中国共产党的领导下，为我国社会主义现代化建设事业作出了贡献。

三、校歌情意长

学校为了用《校歌》对师生进行办学宗旨的教育，鼓励师生为开发边疆教育作贡献。学校音乐教师敖克成为校歌谱了曲，在校本部、黎平分校和所创办的小学校的师生中教唱，由于校歌具有思想性和艺术性，给师生以深刻的教育，铭记心间，不易忘怀。

余音留青史，校歌情意长。1993年7月，榕江县人民政府在榕江县城首次举办《国立贵州师范教育思想研讨会》，那时到会的有许多健在的教师和学生，从祖国四面八方汇集榕江。在研讨会举办的文艺晚会上，《校歌》的作曲者89岁高龄的敖克成老师，上台指挥参会的校友们，满怀激情，齐唱了当年国立贵州师范学校《校歌》，引起全场热烈掌声。校友们唱着校歌，引起他们怀念昔日学校的教育生活，心情激动，握手相慰泪水流，可见校歌对师生的影响之深远。有的校友当场赋诗："千里跋涉寻旧游，师生聚会忆昔畴，再度讴歌《榕城好》，岁月流逝情悠悠。"校歌传唱至今，令人热血满腔，足显当年师生为开发边疆教育艰苦岁月里同甘共苦的思想情怀。

　　2023 年 11 月，本书编委会成员专程到黎平县城，去访问当年国立贵州师范学校高师部第五届学生程立鋆老人，今年他已是 99 岁高龄，身体还健康，视听还好，语言清晰，常练书法。当问到他是否还记得往日的国立贵州师范学校教育的情况？他当即回答：当年学校教育给他留下许多记忆，其中记忆最深的有两个方面，一是黄质夫不仅重视文化知识教学，更加重视教育学生要学会如何做人；二是校歌给人留下的记忆较深。问他还能唱起《校歌》吗？他说还能唱。他立即调整好坐姿，振作精神，一只手打拍子，连唱《校歌》两次，吐字清楚，没唱错一个字，唱时感情还充沛，围坐的人都为他热烈鼓掌。

　　2024 年 3 月，他乘车到榕江看望他的小女儿，编委会成员闻知再去看望他，这年他已是百岁老人，他再次给在座的人唱起了《国立贵州师范学校校歌》，笑容满面地畅谈学校教育的往事。他是 1945 年离开学校的，到 2024 年已是百岁的老人，还能唱着过去的《校歌》，可见，当年国立贵州师范学校的校歌给学生的教育是深刻的。校友杨俊荣在《我的回忆》一文中感叹："人生巨变，沧海桑田。历史的年轮伴随着足音跫然驰入了跨世纪的年代，岁月流逝不息，诸多如烟往事俱已忘却，唯有在榕江国师读书求学的日子始终历历在目，常常梦与魂牵，怎么也挥之不去。"①

---

　　① 榕江县教育局，榕江县民族事务委员会，政协榕江文史研究委员会. 国立贵州师范文集［M］. 凯里：黔东南州彩色印刷厂印刷，1995：296.

附小儿童剧团演剧

第四章　学校实行全面发展教育

第一节　学校的思想品德教育

国立贵州师范学校创建于我国抗日战争的艰苦年代。这里讲的学校品德教育，就是指当年国立贵州师范学校，根据当时抗日战争的社会历史环境、边疆师范培养人才任务和学生发展的需要，所进行的培养学生具有良好品德的教育实践活动。

实践证明，当年国立贵州师范学校毕业的学生们，他们在黔湘桂边境诸县从事开发边疆教育，成为合格的、社会公认的和学生与家长欢迎的小学教师，这与国立贵州师范有成效地对学生进行的思想品德教育是分不开的。

一、把思想品德放在学校教育的首位

黄质夫认为，"夫学校之教育学生，非仅以增其知识与技能而已，并将以化其气质，育其志趣，健其体魄，一其而言行，俾使在校为好学生，入社会好国民，洁其自爱，不入下流。"他说，今日之师范生，"将来出为人师"，"如以其荒谬之思想，浪漫之行为，熏染儿童，则其为害，实为非鲜。"① 他说的是对学生的思想行为教育的重要性。

他抨击了中国近代学校教育存在只偏重知识的现象。他说，"中国近代学校教

---

① 王文岭，黄飞. 黄质夫乡村教育文集［M］. 南京：东南大学出版社，2017：206—209.

育，实有偏重知识之嫌，一教师之善良与否，仅视其教学之能否胜任，而置其人格如何于不顾。一念今日士风之儇薄，与青年之不能振奋，未始非此为之种因。"他认为，"教育执民族之命脉，社会之楷模，然而身之不修，教于何有。"他特别指出，"今日乡村师范之学生，即为将来乡村小学之教师，其思想与行为之如何，影响新时代之命运至大。在校时若不予以严格之训练，则将来出为人师。何以表率儿童、领导社会？"①

由此可见，黄质夫从旧的传统教育偏重知识而忽视对学生思想行为教育的弊端及其危害性，认为今日的师范生，将来则为人师的责任担当，必须加强在校师范生的思想行为的教育与训练，切实培养德才兼优的师范生，出校之后，方能立愿开发边疆教育之重任。黄质夫把学生的品德教育放在学校教育中的重要位置，确立了国立贵州师范学校以品德教育为首位，实施全面发展教育的办学格局。

二、学校思想品德教育的主要内容

当年国立贵州师范学校为了培养德才兼优的合格师范生，从多方面对学生进行思想品德教育与训练，其最主要的教育内容有以下几个方面。

（一）学校办学宗旨和教育奋斗目标的教育

黄质夫主持撰写的《国立贵州师范学校概况》中指出："本校创办主旨，在造就（一）边疆国民教育健全师资；（二）边疆建设基层干部人才。与一般师范学校异其旨趣"，②他明确这所学校是为边疆培养健全师资和基层人才，是为开发边疆的经济文化、改变边疆社会的贫困落后服务的。这是学校的培养人才规格和教育服务方向的根本问题，也是学校对学生进行思想品德教育的重要问题。

学校将每学年新生入学的第一周作为准备周，把新生集中学习与训练，由学校校长或分管的处室主任向学生介绍学校的历史发展概况和学校教学、劳动、生活等方面的常规制度，让新生尽快了解和适应学校的环境和教育生活。更重要的是学校还向新生进行办学宗旨和教育奋斗目标的教育，让学生了解这所边疆师范

---

① 王文岭，黄飞. 黄质夫乡村教育文集［M］. 南京：东南大学出版社，2017：206—209.
② 王文岭，黄飞. 黄质夫乡村教育文集［M］. 南京：东南大学出版社，2017：39.

学校教育的性质、任务，学校以培养合格的师范生去开拓边疆事业为目标，其任重而道远。使学生认识到教育是一种神圣事业，树立"献身教育，造福边疆"的理想信念，矢志不移地为开发边疆教育而奋斗终生。学校教育学生要把握大好时光，珍惜榕江这育人的环境，勤奋学习，锻炼自己，成为造福边疆的有用之才。

当年学校所进行的办学宗旨和教育服务方向的教育，收到明显的效果。许绍桂在《我对国师的回忆》一文中记载，他当年曾查了 208 名学生写的《自传》，学生大多数都表白自愿当小学教师，年级越高，对服务边疆教育的认识越清楚。毕业班的学生对教育实习非常感兴趣，他们都乐意到乡村去从事小学教育。许绍桂在回忆文章中很感慨地说，学校学生绝大多数是边胞的贫苦青年，他们都能以发展边疆教育为己任，表明了"这些学生数年光阴不曾虚掷，国家给他们的公费也不是白费"的。

（二）做合格师范生的教育

今日在校的师范生，是出校后承担乡村教育的教师。因此，遵照合格师范生的人才规格，教育学生努力达到做合格师范生的目标要求，成为学校品德教育的重要内容。学校对学生进行做合格师范生的教育，其目的是，一是让学生了解国立贵州师范学校的合格师范生的人才要求，了解师范生是怎样的人；二是了解师范生在开发边疆教育上的责任担当，并以合格师范生的标准要求自己和鞭策自己。

黄质夫及教师们对合格师范生人才规格都作过实践的探索与研究。在学校创办初期，黄质夫和吉长瑞都在学生的集会上作过"怎样做合格的师范生"的专题报告和演讲，描绘一个合格师范生生机蓬勃的通才、全才的形象，给学生极为深刻的教育。黄质夫从抗日战争社会环境及边疆教育的实际，对合格师范的人才要求，都集中体现在他撰写的《我是师范生》和《国师的学生怎样》这两首歌词之中。如他在《我是师范生》中写道：

> 我是师范生，
>
> 热血荡腔，
>
> 做人做事至大至刚，
>
> 丝毫无愧俯仰。
>
> 学有专长，

当仁不让，

献身教育，

造福边疆，

唤起民众我担当。

看他日国富民强，

赫赫英雄我首创。

桃李满园，

宿自得偿，

我心真欢畅。

歌词讲了师范生是以献身教育、造福边疆为己任，要有热心服务的精神，做人做事，都是真诚、公道，还要具有专业的知识特长，才能提高教育质量，让学生像桃李芬芳那样，茁壮成长。

黄质夫在《国师学生怎样》这首歌中进一步塑造边疆师范生的形象，鼓励学生努力做一名合格师范生。歌词写道：

（白）：国师学生怎样？

我们是不怕苦，

没有难，

能实干，

负责任，

守纪律，

明礼义，

知廉耻，

不消极，

不苟安。

（白）：还有

能工、能农、能商、能教学、能生产，

在后方能保安，

上前线能作战，

我们有万能的双手，

负重的两肩，

热血满胸膛，

现在下了最大决心，

来开发边疆！

这首歌明确边疆师范生的重任，就是要"下最大的决心来开发边疆"。为此，要求师范生必须具有多方面的本领，即是能工、能农、能商、能教学、能生产，在后方能保安，上前线能作战，才能胜任在抗日战争艰苦年代肩负起开发边疆和保卫国家的历史重任。

为了对学生进行做合格师范生的思想教育，由音乐教师敖克成把这两首歌词谱了曲，教全校学生唱，并把这两首歌曲作为校园必唱的歌曲。学生们都以师范生的人才品质及责任担当铭刻在心中。凡是国立贵州师范学校的学生的足迹所到过的乡村学校，那里的学校就会焕然一新，他们以不怕苦、没有难以及实干的精神，受到社会群众的好评。1993年在榕江召开的"国立贵州师范教育思想研讨会"上，不少年纪七八十岁的校友们在发言中情不自禁地唱起了《我是师范生》，多少年了，这首歌还铭记在学生的心坎上。

（三）劳动生产意义的教育

黄质夫十分重视学校推行生产劳动教育，他把是否参加生产劳动，教育是否与生产劳动相结合，作为区分新旧教育的标志。他经常教育学生说，"中国几千年来教育的失败，就在于士大夫阶层不从事生产劳动，教书人只会吃，不会做"，"旧教育把人培养成四体不勤，五谷不分的无用之才"。他在研究中外学校生产劳动教育历史经验的基础上，认为"生产劳动训练是适应人类生活行为需要而产生的现代教育思潮"，"劳动生产训练，是动的教育、行的教育、生活教育。"他还说，"劳动生产训练，是我国抗战以后新兴的教育事业，是一种顺应时代潮流所需而创立的名词。"① 国立贵州师范是在抗日战争三年后创办的，它以推行劳动生产

---

① 杨秀明，安永新. 黄质夫教育文选［M］. 贵阳：贵州教育出版社，2001：111，144.

教育与训练，成为当时黔湘桂边区中的动的教育和行的教育的主流。黄质夫说劳动生产训练是国立贵州师范学校"今日教育之要举"。他实施生产劳动教育是要与中国几千年传统教育实行彻底的决裂，是培养社会一代新人的需要。

黄质夫教育学生要"与马牛羊鸡犬豕交朋友，对稻粱菽麦黍稷下工夫"，并以这两句话作对联贴在农场的大门两旁。为了对学生进行劳动生产意义的教育，他还撰写了《学生劳动歌》，并由音乐教师敖克成谱曲，他撰写的《劳动建校歌》，以《保卫黄河》这首歌的曲调教学生唱，使学生进一步认识劳动生产的教育意义。如《劳动建校歌》的最后几句，把劳动生产的意义，提高到更高层次的认识。那就是"扛起了镰刀锄头，拿起了笔杆枪杆，建设自己，建设国师，建设边疆，保卫大西南"，这就是把科学教育、军事训练与劳动生产训练相结合，以求达到如此高度。

国立贵州师范学校历任校长都坚持学校推行生产劳动教育与训练，都重视对学生进行生产劳动意义的教育。例如，许绍桂教育学生说："劳动教育之可贵，在于通过劳动锻炼，增强体质，手脑合作，改变知识分子贱视体力劳动的错误，培养学生刻苦耐劳、节俭、朴实等优良品德，这是作为乡村文化教育工作者所应重视的。"他还形象比喻说："黄质夫的作风是'三头主义'，即口头、笔头和锄头。但前'两头'是一般学校应该注重的，只有锄头才真是国师（国立贵州师范学校）特有的风格。国师的生产劳动，在黄质夫任职期间确实做得彻底。"①

（四）严格纪律的教育

学校是一所拥有数百人规模的边疆师范，黄质夫从青岩迁校榕江之后，本着从严治校的原则，立即着手制定学校各方面的工作计划和规章制度，很快建立了学校的教育秩序。诚如黄质夫 1941 年撰写的《国立贵州师范学校概况》中所说的："本校迁徙校甫定，一切皆乏成规可循"。当时他制定的规章制度，包括学校学生学籍管理、课堂、劳动、考试、宿舍、食堂、集体、清洁卫生、文明礼貌等行为规范的纪律要求，并把"负责任、遵纪律"作为培养合格师范生的基本条件之一。学校认为，学生在学校必须经过纪律的教育与训练，将来出校从事乡村教

---

① 榕江县教育局，榕江县民族事务委员会，政协榕江县文史研究委员会. 国立贵州师范文集［M］. 凯里：黔东南州彩色印刷厂印刷，1995：213.

育，才能以自己的行为规范去教育和影响学生，不致以懒散去影响学生，才能创建有纪律、有秩序的学校教育。

当时，国立贵州师范学校实行半军事化的管理方式，简师四年制和师范科建立军事训练中队，实行军事知识的训练，初中和简师三年级以下建立童子军中队，实行童子军训练。学生统一佩戴校徽、着校服，一切集会都要整队点名。学生入食堂就餐，都要排队入室，盛好饭后，听到值日学生口令方能就餐。学生下晚自习后，各班学生都排队进宿舍。学生按照学校的作息活动顺序，过着紧张而有节奏的生活。学校一切活动都以军号为准，全体师生都闻军号声而行动，各就各位，秩序井然。校友吴永高在回忆文章中说："提到学校的纪律，最难忘的是那肃穆庄严的号声，开始对如似军营般的号声，有些恐惧感，后来习惯了，只有严格的纪律感。"学生按军号进行各种活动与训练，使学生养成一种遵守纪律的良好行为习惯。

黄质夫和教师们，对学生既严格要求，也对学生热情关怀。根据校友李应庚和蒋立帆回忆学校纪律教育往事时说，有一天，学校有两位学生争吵打架，违反了校纪，黄质夫为严肃学校纪律，都给予记过处分。可是这一天，黄质夫两只手都戴黑手套，同学问他为何戴黑手套？他说，他是一校之长，对学生的教育还没有做好，自己也有责任，感到心里难过。黄质夫这一举动，感动了学校的师生，被处分的学生感动得流下了眼泪，二人表示要遵守纪律，努力争当一名合格的师范生。

抗日战争胜利后，梁瓯第等人相继任校长，他们都继承黄质夫严格纪律教育的传统，只是在管理的方式上有些改进。例如，男教师和男学生，不再要求一律剃光头。但对有违反学校纪律的学生，仍然要严肃学校的纪律，尤其是不敬师长、赌博、吸烟、酗酒、谈恋爱和偷盗等都在严禁之列，重者一律开除学籍。第三任校长许绍桂，曾开除了一名有偷盗行为的学生，但他感到对学生良好行为的教育与训练仍然是责任殊重。

当时，在国立贵州师范学校里，师生们都是有纪律有秩序地工作和学习，校园里充满着蓬勃的生机。当年国立贵州师范学校以纪律教育的显著成效而名声远播。

（五）勤劳俭朴的教育

艰苦、勤劳、简朴也是中华民族的一种传统美德。当年国立贵州师范学校十分重视教育学生养成这一良好美德的训练。

黄质夫在《实践的师范教育》一文中指出："师范学校应注重学生专业精神之训练"，让学生"养成淡泊自甘，刻苦自励，穷且益坚，奋斗不懈之精神"。他说，国难当头，国力维艰，今日师范生应"力求刻苦耐劳，如农工，务使全校学生咸知国运日蹙，必须厉行节约生产力，更以此观念灌入儿童"。他把"励行俭朴，重视劳作，爱护公物，共体时艰，列为合格师范生必备条件"，把"勤朴的习惯、耐劳的身手"，为师范生的"情性"之列。他还说，"今若以乡村教育为救国要图，青年学生有救国志愿，则一切生活，宜从劳苦"。

学校对师范生进行艰苦简朴教育之如此重要，一是师范生养成艰苦简朴的美德，将来为人师，方能以自己的良好品质去教育和影响儿童。二是来边疆师范就读的学生大多是边胞穷苦家庭的子弟，他们在家庭里跟随父母一同生活和劳动，养成了勤劳简朴的良好习惯，与农村的父母有着深厚的感情。如今他们进城读书，如何通过教育与训练，让这些穷苦子弟永葆艰苦朴素、勤劳简朴的美德，永远不脱离群众，不忘父母养育之恩，不致思想退化，这一严峻的教育问题，摆在学校思想品德教育上，这一亟待解决的问题，也是衡量当时学校品德教育成功与失败的标尺之一。

为了培养学生养成良好的勤劳俭朴的美德，学校从多方面对学生进行教育训练。一是在校园内张贴有教育意义的标语、楹联，让学生耳濡目染。如在学校的中门正面上，写有"忧劳兴国，逸豫亡身""耐得千锤百炼，才能任重致远""做顶天立地之人，办正大光明之事""淡泊明志，节以养廉"。在饭厅里写有"一粥一饭当思来之不易，半丝半缕恒念物力维艰""嚼得菜根则百事可为"。教育学生在国难当头，物力维艰，要吃苦耐劳、生活俭朴，做一个奋发有为的人。二是组织学生参加学校的生产劳动锻炼，培养学生刻苦耐劳、节俭、朴实等优良品德，改变轻视劳动的错误观念。三是组织学生参加服务性的勤俭办学的活动。如学校食堂劳动，由每天各班轮流派学生去服务，从担水、洗菜、烧火、煮饭、做菜、摆饭菜、用餐后的整洁卫生等，都由值班学生办理，养成勤劳和服务大众的良好习惯和品质。四是学校校长和教师们都以俭朴的作风教育和影响学生。校长和教师都穿着朴实，没有西装革履，常脚蹬草鞋，带领学生一道在农场工地劳动，同学生一道在食堂用餐，生活毫无特殊现象。在这方面黄质夫以身作则，予以示范。他每天清晨先给食堂担三担水，然后才进入办公室。当时学生们生活十分俭朴，着装最好的就是校服，也没有更多的换洗的衣物，衣服破旧了，洗净缝补后再穿，天气热了，常穿草鞋，布鞋留在冬天穿。学生以苦为乐已成为生活的常态。

抗日战争胜利后任职的梁瓯第校长，他继承黄质夫艰苦朴实的教育传统，他生活简朴、平易近人，受到学生的爱戴。他常深入农村对民族山区做调查研究。1945年11月16至23日，他在县参议员吴伯猷的陪同下，到八开民族山村做社会调查。论官职，他不比当地县官低，论文化，他是专家学者和大学教授，他没摆架子，既不是像当地县官那样出行骑马坐轿，也无需前呼后拥，而是脚蹬草鞋，手提雨伞，"轻车简行"，一路风餐露宿。他回校后，向师生公布了出差日程经过，也作为报销的清单，没有任何的特殊现象。事后，他还向师生作《苗山见闻》的考察报告。梁瓯第谦虚谨慎、勤俭朴实的作风和对事业的执着精神，行以示范，深受学生的崇敬，使学生也受到艰苦朴实的教育。

（六）抗战爱国的教育

国立贵州师范学校成立于抗日战争的烽火年代。黄质夫根据抗日战争的形势，把抗战建国教育与师范教育相结合，把抗战爱国的教育放在学校德育的第一项重要内容，并把抗战爱国的思想贯穿在学校教育与训练的过程之中。

1. 在学校内外环境绘制、书写宣传抗战建国的油画、楹联和标语，形成抗战爱国教育的环境氛围。让学生和社会民众常见常思，耳濡目染。例如，在学校大门外两侧墙上画有两幅巨大的油画，一幅画题是"抗战必胜"，展现战旗飘飘，我国军队的前方将士英勇杀敌的画面；另一幅画题是"建国必成"，分别画出了工厂林立钢花四溅，农庄成片，农民耕作热火朝天，道路交通发达，学生上课秩序井然，显示一派欣欣向荣的景象。在学校二进门的北面墙上，画有一幅巨大的油画中国地图，被日寇侵占的那部分涂上黑色，现出岳飞手书的"还我河山"四个大字，在图的上边横书"国土未复士堪羞"，触目惊心，发人深省。在进大门至十字路口的民生路南端，有一头石雕的雄狮踞在砖砌的高台之上，台墩的正面写着醒目的警句："怒吼吧，中国！"在教学楼外面写有"须知国破家危，报仇雪耻在吾躬""卧薪尝胆，雪耻图强"的楹联。在学生的宿舍里写有"河山未复，安睡何为？""强敌未摧，寝不安席！""枕戈待旦，雪耻图强！""生于忧患，死于安乐！"等标语。这些宣传抗战的标语、楹联、油画，激发师生和民众的抗战爱国热情。

2. 在师生各种集会上，黄质夫常以报国雪耻的思想教育学生。有的校友在回忆文章中说，黄质夫常"宣勾践'卧薪尝胆复国'的史例，扬史可法'读圣贤书，杀身成仁，舍生取义'的古训，颂八百壮士战上海四行仓库的战斗精神，歌台儿庄大捷的军威气概"，以此鼓励学生树立爱国报国的志气。黄质夫也常在学生集会时，给学生作时事讲话与时事述评，他口若悬河，滔滔不绝，痛诉日本帝国主义的侵略罪行，阐明中国抗战必胜、国土一定重光。他在讲话中，每每声泪俱下，忧国忧民溢于言表，此情此景，师生们无不义愤填膺，油然而生爱国之情、亡国之恨。黄质夫校长的这种爱国情怀感动了师生，激发了师生的抗战爱国的热忱。

3. 黄质夫把抗战爱国教育与师范教育的训练结合起来。他说，"盖非有精神之训练，不足以激发民族精神意识；非有体格的训练，不足以建设国家；没有特殊技能的训练，不足以应付垂危的时局；没有社会服务的训练，不足以领导民众的抗战建国"。他教育学生，在学校里要通过各种教育与训练，铸就每个学生抗战建国的坚强意志和抗战建国的过硬本领。

4. 举办抗战宣传的教育活动，在校园内教唱抗战爱国歌曲。如1942年秋天，学校在广场举行"千人大合唱"抗战歌曲，县城里的民众拥满了学校操场，黄质夫走向指挥台前，号召师生用抗战歌声，唤起民众的觉醒。接着敖克成走上指挥台指挥大合唱。大合唱先唱校园歌曲，接着唱《义勇军进行曲》《在太行山上》，以及《黄河大合唱》《毕业歌》《我们一定要胜利》等抗战歌曲。学校千余名师生和数百名观众，都沉浸在兴奋、激昂和欢乐的气氛之中，激发师生和群众的爱国热情。这年的7月7日，学校举行"七七"纪念大会，会上，黄质夫作抗战的形势报告，会后，组织师生举行抗战宣传的大游行，高唱抗战歌曲，高呼抗战的口号，声震四野，响彻云霄。当时学校还举办过宣传抗战的文艺晚会，曾演出《岳飞》《塞上风光》等著名话剧，演唱抗战歌曲，县城里的民众都争相观看，收到了宣传的效果。诚如有的校友在回忆文章中说的："像是在平静枯燥的文化生活的湖泽中，投下了一颗文艺的石子，激起了涟漪。"

5. 学校号召青年学生投笔从戎，报名参加中国远征军

在第二次世界大战期间，日本侵略者的铁蹄向南亚践踏，也侵犯到我国西南边境。从 1942 年初到 1945 年初，中国远征军在缅甸、印度和滇西地方抗击日军，付出了巨大的牺牲，粉碎了侵缅的日军对盟国援华国际通道的封锁，保卫了我国西南大后方，有力地支援全国的抗日战争。1944 年，中国远征军仍在缅北滇西战场与日寇激烈鏖战。为了抗击日军侵略者，保卫祖国的西南边疆，这年春天，黄质夫校长在一次学生集会上，动员学生报名参加中国远征军，投笔从戎，奔向抗战前线。当时学生们都高举拳头，踊跃报名。经过医院体检后，有 20 名精壮的学生参加中国远征军，开赴缅北、滇西战场前线，与日寇血战沙场。

1944 年的"七七"纪念活动，黄质夫向师生做抗战发展形势的讲话，他以抗战发展的大好形势，激发师生的爱国热情，鼓励师生努力工作，努力学习。接着由敖克成指挥师生高唱抗战歌曲《总反攻》。师生们群情激奋，振臂高呼"打倒日本帝国主义""胜利是属于我们的"等口号，使师生们再一次受到抗战爱国思想教育。

三、学生品德教育的原则和方法

国立贵州师范学校在实施品德教育的过程中，所实施的教育原则和方法问题，也经历着一个实践与认识的过程。

学校迁校榕江办学的头两年，学校一边建校，一边建立学校的新教育秩序。与此同时，学校在建校之初，也开始注意对德育原则与方法的研究。如，吉长瑞曾提出教师要关爱学生，爱是教育的出发点和教育的基础，应施以情感人的"情教"。他还提出教师应以身作则，树立楷模，给学生以示范，这就是示之以范，以范化人的"身教"。吉长瑞提出这些德育的原则与方法，对当时学校的思想品德

教育，曾收到一定的教育效果。但是，在迁校后的头两年，学校主要忙于开辟新的教育环境，对学生的品德教育，如何遵循教育规律和学生的身心发展特点，施以正确的教育原则和方法，还没有得到很好的研究。但在以组织管理的方式对学生的思想行为的管理做了许多工作。根据民国三十年（1941 年）五月《国立贵州师范学校训导实施》中记载，当时学校规定了训导实施六条原则："（一）从军童训教合一里施行训导；（二）从群体制裁上整饬风纪；（三）从服务上鼓励进取；（四）从经常上实施考核；（五）间接训练多于直接训练；（六）学生自治重于导师管理"。① 应当说，这些训导原则对学生品德教育的管理上，也曾起到一定的作用。但是这些训导实施原则，都是重在以组织手段实施训导的管理，还缺乏遵循教育规律实施教育的原则。根据过去还健在的一些学校校友写的回忆文章记载，当时学校在学生的教育方法上，还存在简单生硬的现象。有的校友说，"对学生进行打骂，在国师并不少见，个别学生还被关禁闭；一人犯错全班受罚的事也是有的"，"从实质上看，却是违背了教育原则，损伤了学生的人格"② 当时学校为了严格管理学生，防止学生"越轨"，训育处曾把国民党的保甲制度搬到学校训导实施上，对学生实行了"联保连坐，规定学生每四人担保一人，并填具联保证书，互相监督，互相规勉"；③ 这是违反教育规律，压制和损伤学生的人格与心灵的，曾遭到学生的反对。这些训导实施的错误做法，是不可取的，应当扬弃的。

抗日战争胜利后，梁瓯第和许绍桂先后继任校长，梁、许二人都继承黄质夫关于加强学生品德教育的办学思想，总结过去几年学校德育工作的经验与教训，根据抗日战争胜利后民主斗争和民主教育运动的新形势，加强学校的民主管理。为了改进学生品德教育工作，首先行文公开宣布彻底废除对学生的打骂教育，使学校民主风气渐浓，并根据学生的心理特点和教育规律，提出一些品德教育的原则与方法。当时主持学校训导工作的胡仁任老师，他在学校《训导纪要》中提出训导的目的"在于培养学生的品德"，而"品德的训练不仅在原则上使知，而且重在生活中求实现"。因此，在周会、朝会"作精神讲话、提示原则、

① 原文存放榕江县档案馆藏民国档案。
② 榕江县教育局等. 国立贵州师范文集 [M]. 凯里：黔东南州彩色印刷厂印刷，1995：246.
③ 王文岭，黄飞. 黄质夫乡村教育文集 [M]. 南京：东南大学出版社，2017：44.

褒善贬恶，使能体会实行外"，在品德教育中，更要"注重以身作则，期收潜移默化、上行下效之功，学生过失，非不得已，不采用记过开除的办法"。胡仁任强调品德教育应着重正面引导、教师以身作则和言传身教的重要性，并使讲明道理与实际训练结合起来。（参见民国三十七年三月一日出版的国立贵州师范学校编印《新贵师》中的《训导纪要》一文）后来，许绍桂在民国三十六年写的《学生生活指导概况》，对学生品格训导原则做了如下的概述：

（一）注重人格感化，教师要以身作则，为人师表，可以收到上行下效之功。教师的一言一行均为学生之楷模，教师身先士卒的精神，学生自然心中悦服。

（二）注重积极诱导，减少消极制裁。古人施教并不重视消极的束缚与制裁，而贵能利用学生个性特长，诱导启发，使趋于善。教师要能引起学生内心的觉悟，不待制裁而能自正了。

（三）以发泄法代替压抑法。青年学生天生好动，应因势利导，使作正当的娱乐或运动，不可违反天性施以压抑，让学生得以正当的途径，发挥自己兴趣特长，这也是公认的原则。

（四）赏罚公允，态度公正。教师对学生的态度必须绝对公正，判断是非，定赏罚，尤当绝对公允，无所偏从，如此学生虽受其处分，而无所怨。无论学生贫富、智愚、家长有无势力，均应一齐看待，教师必须严守公正原则，学生自然悦服。[①]

吉长瑞提出的"情教"和"身教"原则，胡仁任提出的正面引导、教师以身作则和重在生活中求实现品德教育的原则，许绍桂概述的几条训导的原则，对我们现在中小学的德育工作仍是具有参考意义的。当年，国立贵州师范学校重视对学生进行思想品德教育，遵照教育规律和学生心理特点，对品德教育的原则和方法进行过许多实践与探索，促进学生身心健康和良好品德的形成，曾取得了好的教育效果。但是，国立贵州师范学校是在抗战时期国民党政府在贵州创办的学校，直接归国民政府教育部的领导和管理，人事由教育部调任，经费由教育部划拨，在政治上也是受到国民党的"三民主义""效忠党国"和"拥护总裁训示"等反动教育的影响。例如，学校每天升降旗和每周的"纪念周"，都是唱国民党

---

① 国立贵州师范学校，新贵师（第二卷）［M］．1947：6

撰写的国歌；学校为了拥护蒋介石的"新生活运动"，要求男教师和男学生都一律剃光头；在学校各项重要文件与决定等，都写要以三民主义为准，学校教导目标规定"笃信三民主义，确立纯正思想"，[①] 如果有其他思想言行，就要追查，轻者记过，重者开除学籍。当时学校是国民党创办的，在政治上是摆脱不了国民党政治制度的制约和影响。因此，我们研究国立贵州师范学校的品德教育问题时，必须把正确的和错误的区别开来，对于遵照教育规律和学生心理特点、对学生进行品德教育、促进学生优良品德形成与发展的成功经验，应当实事求是地进行总结，取其精华，弃其糟粕。对于在学校宣传国民党"三民主义"等反动政治思想教育的东西，我们必须否定、批判和坚决扬弃。

第二节　学校课程设置与教学实施

国立贵州师范学校的智育是学校实施全面发展教育的重要组成部分，又是全面发展教育的基础。智育就是发展学生认识能力的教育。国立贵州师范学校的智育途径是多种多样的，而学校实施智育的主要途径则是通过课堂教学与实践训练，使学生获得系统的科学文化知识，发展学生的智力与能力，并受到一定的非智力品质的教育。那么，当年国立贵州师范学校的课程设置与教学实施的情况是怎样的呢？

一、学校的课程设置

课程设置是国立贵州师范学校实现培养健全的小学教师和基层人才的基本依据，学校借助课程构成教与学双方的相互促进的教学活动。如果学校切实完成各科课程教学任务，是对于发展学生的认识能力、实现学校培养健全的小学教师和基层人才的教育目标的基本保证。

国立贵州师范学校是创立于抗日战争烽火年代的一所边疆师范学校，担负着

培养边疆小学教师和基层人才，开发边疆教育的重任。因此，学校的课程设置不仅具有普通师范课程的内容，而且还应具有边疆师范学校教育的特点。同时，由于1940年以后，各省已先后实行《县各级组织纲要》推行新县制，自乡镇以至保甲之基层组织中，采取三位一体制，将乡镇长、壮丁队长、中心学校校长，及保一级之保长、壮丁队长、国民学校校长之职，定为一人兼任；其乡镇保之警卫、经济、文化、卫生等建设事业之执行，亦由小学教师负责分担。当时"国民教育委员会，曾又决定以乡镇中心学校与保国民学校校长充任乡镇长及保长，而不以原来之乡镇长兼任校长"。① 所以黄质夫提出"故今日之师范生，将来不仅应为培养现代儿童健全之师资，更须进而担当地方自治之职务，训导全民之导师，故师范生在校之训练，必须适合此种之要求"。② 黄质夫还说，当时"中心学校国民学校之教育，已将义务教育，成人教育，妇女教育打成一片"，"所以今后师范学校之课程，必须重新调整，淘汰不必要之教材"。③

根据1941年编的《国立贵州师范学校概况》中记载，当时学校设有师范科、简易师范科和初中科，实施"精神、体格、学科、生产劳动及战时后方服务五大训练并重"的教育，所有科目教程，除遵照国民政府教育部制定的师范学校、简易师范学校与初级中学教学科目及时数办理外，每日增加事业活动课两小时，以为生产劳动及战时后方服务等活动，并增加了地方课程。

当时国立贵州师范学校的师范部、简师部和初中部各学科课程设置情况如下：

（一）乡村师范部之教学科目为公民、体育、军事训练、卫生、国文、数学、地理、历史、化学、物理、生物、伦理学、劳作、美术、音乐、农业及实习、农村经济与合作、水利概要、教育概论、教育心理、小学教材教法、小学行政、教育测验与统计、乡村教育与实习。

（二）简易乡村师范部的教学科目为公民、体育、卫生、图文、算术、地理、历史、植物、动物、化学、物理、劳作、美术、音乐、农业及实习、水利概要、农村经济及合作、教育概论、教育心理、小学教材教法、教育测验及统计、乡村教育与实验小学行政。四年级设军事训练课。

（三）初中部课程为公民、国文、算术、代数、平面几何、平面三角、英语、

---

① ② ③ 杨秀明，安永新. 黄质夫教育文选［M］. 贵阳：贵州教育出版社，2001：107—108.

物理、化学、历史、地理、植物、动物、体育、美术、音乐、童军训练。

（四）增设地方课程为地方行政、民众教育、地方经济和地方疾病与防治等，以培植实行新县制下"管教养卫合一之健全师资"及基层人才。

在师范课程中的科学文化学科，使学生从事小学教育应具有一定的科学文化的基础知识与基本技能训练。由于学校所在边疆增加了劳作课、农业知识、工艺知识学科，使学生在劳动实践中学到一定的职业技术教育与实践能力的训练。

师范教育的专业课程，以培养师范生具有一定的教育理论知识基础和教育素养、树立终身从教的志愿，提高师范生从事小学教育专业技能和教育水平。

由于学校所在的边疆社会环境的特殊性，故各级教学课程和课时数也有一定的伸缩。如，因边疆地方经济生活贫困，民众疾病防治困难，所以各级增授卫生课，帮助学生了解卫生常识及疟疾防治知识，师范生毕业到乡村任教，可以向民众宣传卫生和疾病防治的知识，增进边民的健康。由于学校的生源来自多个省份，语言不统一，易致交流困难，所以学校各级的国文课增加讲注音符号知识。由于增加劳作课，英语改为选修课。农工艺及实习课的总时数分配，工艺占总时数的1/3，农业技艺课占总时数的2/3，这样可突显培养边疆农村所需农业土生土长的人才。

二、课程教材的来源

课程设置的科目确定之后，教科书及教材则是实现课程的载体。当时学校通过以下途径解决课程教学的教材来源：

（一）凡是按照国民政府教育部统一规定开设的课程，一律使用国民政府教育部统一编印出版的统编教材。当时学校向广西柳州和贵州贵阳的教科书发行单位订购统编教材。但是，由于交通不便或是教科书发行不及时，所订购的教科书常常不按时运到学校。因此，有的学科由教师按以往的课本内容讲授，学生记好课堂笔记，以免耽误学科教学进程。

（二）凡增设的地方课程，如地方行政、地方经济、地方疾病与防治、民众教育等课程，由学校自编教材进行授课。先是由教师上课时板书提要，由学生记笔记，以后把教案整理编成讲义印发给学生，形成学校自编教材。据 1941 年《国立贵州师范学校概况》记载，当时体育、军训、工艺、农艺、美术、音乐、劳作等学科，都是采用自编教材。

（三）增加补充教材。因边地环境特殊，内地都市所统编之教科书未尽都适用，为推进边疆教育，编写补充教材是十分必要的。在补充教材方面，国文科讲授边疆的民间文艺民歌、故事，地理科讲授当地喀斯特地理特点和自然环境，历史科讲授当地民族历史发展与农民的斗争历史故事；生物科讲授边疆的动植物；理化科讲授边疆的工业农业状况；教育科讲授当地教育发展历史与现状及其改进；艺术科讲授民间民歌、民族乐器演奏法、民族舞蹈，把名人的名作谱曲歌唱。如音乐教师敖克成把清代人易顺鼎到榕江时曾写的一首忆江南的词牌《榕城好》的诗共十段谱曲，前五段谱写榕江的民族风情，写了榕江春夏秋冬四季的美丽景色。歌曲先在校本部教唱，后在几所小学教唱，不仅激发榕江人爱家乡的情怀，也鼓舞国立贵州师范学校的师生珍惜榕江美好环境，努力教学和努力学习。体育课讲授当地民间的体育活动，如爬山、划船、荡秋千、武术等知识与实践活动。此外，利用节假日组织学生到农村参加农民生产劳动，不仅培养学生热爱农村和农民的感情，也学习到实际的生产知识与技能。

当时，推广处的李绍良老师还深入榕江城乡社会开展调查研究。撰写了《榕江乡土教材》专著，为当年国立贵州师范学校和附属小学、村寨小学的教学中讲授乡土教材的参考资料。

三、课程教学的实施

课程是为实现教育培养目标而设置的，教材是课程的内容要求，只有全面地实施各学科的课程教学计划，并且全面提高课程教学质量，才能达到学校培养合格师范生的人才目的。在实施课程教学方面，需要学校各个职能部门的配合和全体教师的共同努力，而教务处则承担着重要的任务。

（一）配备得力的教务处管理人员。教务处承担着学校课程教学实施与管理的重任，为此，国立贵州师范学校从黄质夫到梁瓯第及以后各任校长，都重视加强教务处的领导和管理，选派有管理能力的教师担任教务主任。国立贵州师范学校在榕江办学 10 年，先后配置教务主任共 10 人。其中黄质夫任内 5 年有 6 人担任教务主任。黄质夫离校之后，梁瓯第、许绍桂、王守论、史介民先后继任校长，他们各自任内都有一名教务主任。如图所示：

校长任内	教务主任	籍贯	任职时间
黄质夫	汪经略	江苏	1940 年春
	吉长瑞	江苏	1940 年秋
	李西涛		1941 年春
	陈木斋	江苏	1943 年春
	徐达哉	江苏	1944 年春
	袁子高	江苏	1945 年春
	刘寿康	江功	1945 年秋
梁瓯第	许绍桂	广东	1945 年秋
许绍桂	林云程	广东	1946 年秋
王守论	马光举	贵州	1948 年秋
史介民	马光举	贵州	1949 年秋

当时学校在榕江办学十年，平均一年更换一次教务主任。教务主任更换频繁，一是有的教务主任调任贵州其他省立中学和师范任职，如汪经略调任贵州省立贵阳师范校长、徐达哉调任贵州省立都匀师范校长、吉长瑞调任贵州省立思南中学校长、许绍桂提任国立贵州师范学校校长等。二是由于校本部校长的调动，有的教务主任也跟随校长离校。但是所聘任的历届教务主任，都是高等学校毕业出来的，并且都具有多年的教学经验和教学管理的能力，都有奉献边疆教育事业的精神。所以学校配置了得力的教务管理干部，确保学校教务各项工作有计划，有检查，有总结，也使各科课程教学得以顺利地实施。

（二）诚聘一流师资使各学科名师到位。如国文课有沈颜闳、詹行锋、夏乃炎、刘延廉、阮肖达、张维刚等；数学课有顾调笙、朱正清、李西涛、刘梦平、庄传训、苏崇智、熊生华等；物理课有刘仁厚；化学课有黄桂秋、刘志飞、吴绍裘等；历史课有夏尔康、张新豪、徐达哉、胡仁任、吴天锡等，地理课有陈木斋、杨腾；教育课有张耀南、张一德、杨德琨等；农业课有吴国栋、段东久、陈渭渠、邹树椿等；工艺课有赵峻山；美术课有敖克成、郑汝晋、杨守明等；音乐有敖克成、王克明、张宇维等；体育有孙庆家、朱程表、丁天逸、程绂等；生物有李录奇、万振南等。这些教师都毕业于国内著名大学，有的还留学国外，有的在江、浙、皖等省名牌中学任教多年，有的当过大学的讲师、教授，他们不仅有渊博知识和丰富的教学经验，而且具有献身边疆教育的精神，为学生所尊崇和爱戴的教师。有了这支精湛的教师队伍，确保学校各科课程教学的质量。

（三）配置教学仪器和图书资料。学校在迁校榕江之初，由于急于劳动建校，又加上交通阻塞，从外地一时难购教学仪器与图书运到榕江。黄质夫提出自制简易的标本与仪器。他说，"本校鉴于直观教学为有效之教学方法，标本仪器实不可或缺，惟是交通梗阻，运输维难，物价昂贵，欲期最低限度之设备，实非易事，特就其简易者设法自制"。当时学校为了自制教学简易的标本仪器，"由自然科导师设计，劳作科导师协助指导"，自制了"动物之剥制标本、植物之压制标本、理化方面之简易仪器"许多种，缓解一时标本与仪器运到学校的困难，基本满足教学之需要，帮助学生直观地理解教学的内容。

随着学校班级的发展，当时国家教育部也逐年拨款给学校购置图书仪器。根据1946年《国立贵州师范学校概况》记载：1945年统计共有图书10000册，其中重要者包括万有文库、四部丛刊、二十五史以及各种字典辞书等，有关教育方面的参考书也不少。最难的是抗战以来所收购的杂志和书报，数达3000余册。但在1945年8月13日，榕江遭受特大水灾，全城一片汪洋，学校的图书仪器损失十分之六，史纸的四部丛刊完全飘散腐烂了，剩下一部万有文库和1000余册的参考书，污损不堪，经过几个月的洗刷整理，才可应用。理化仪器大都漂失，博物标本也没有了，没有实验，自然科学的教学很难收效。幸得梁瓯第校长1945年底到重庆述职，教育部体念本校的困难，重新拨给理化仪器一套，共70余件，方能便利教师在教学中使用。由此可见，当时学校的教师也是在困难环境中从事教学工作的。

（四）坚持正确的教学质量观。学校设置的各学科的课程，都是从不同的方面为学校培养人才服务的，都是实施全面教育不可或缺的内容。

黄质夫十分重视全面提高各学科的教学质量。他对校本部教师和附属小学教师讲话时，都强调学校开设的各门课程的重要性，都是为了实现学校培养合格人才的需要所开设的，在国立贵州师范学校及附属小学没有主科与副科之分，各学科的教师都要认真教学，提高各学科的教学质量，确保学校全面提高教学质量。他批判偏科偏育的教育观念。根据校友的回忆文章记载，初中部某班级的地理教师讲课水平低，学生听不懂，为了确保各班各科的教学质量，他辞退了这位教师，另从外地聘来一位新教师，使这个班的地理教学质量有了提高，学生学习的积极性也更高了。

梁瓯第接任之后，坚持黄质夫的全面教育质量观。他为了全面提高教学质量，向全体师生提出了"三完""三声"的教学要求。所谓"三完"，就是教师把课程教完，把学生作业认真批改完，把考试考完及成绩评定做完；学生要把课程认真学完，把作业做完，把考试考完，争取得到好成绩。所谓"三声"，就是学校里要有书声、歌声和笑声。他说，"书声"是学习的精神，"歌声"是感情的流露，"笑声"是快乐的象征。他说，我们的学校必须让学生们活跃起来。当时在梁瓯第"三完""三声"的鼓舞下，从学校的校本部到附属小学、村寨教育实验区的教师，为了提高学科的教学质量教而不倦，学生为学好每一门功课个个学而不厌，学校的教学秩序井然，形成良好的教风与学风，促进学校教学质量的全面提高。

（五）注重教学与实际联系。吉长瑞在回忆文章中说，当时学校"提倡教学做合一，做什么，学什么，教什么，教是为学，学是为了做"，连学校的"教室"也改为"教学室"，说明教师的教和学生的学的结合。学校重视从生产实践上实施教学，让学生在生产劳动中获得知识和受到锻炼，形成工读结合的教学特色。学生在工场为工人，在农场为农民，在军训活动时为军人，在教室为学生，在图书馆里为学者，努力探索理论与实际相结合的教学之路，使各个学科的教学紧密联系实际。例如，讲授"小学行政"的教师，列举校本部及附属小学行政管理的实例示范，如编排课程表、学生学籍管理等。教师把各科考试后质量分析的数据，在讲授"教育测验与统计"课中，展示给学生，可以给学生示范与启示。段东久老师讲授"农业知识与实习"课时，带领学生到学校的农场工地，一面讲授知识，一面指导学生实际种植或栽培的生产实践，使学生获得实际农业知识与生产技能。数学教师带领学生到学校农场、林场和学校的校园场地学习实际的测量。教"地方行政"课的教师，带领学生到一些乡镇村从事人口分布的调查。美术教师带领学生到城郊的风景名胜区写生绘画，学校在校庆或文艺活动时，请苗侗民族群众到学校广场跳舞、吹芦笙，了解民族文化的形态，加强师生与社会群众的联系。学校与贵州省建设厅气象所合作，组织学生参与观测气候；与贵州农业改进所合作，组织学生参加植棉和改良水稻品种等的实际活动，增强学生的社会实践知识。各学科教师都十分注意改进教学方法，教学中注意从实际引入，用校友吉长瑞的话说，把"知识库"的"钥匙"交给学生，让学生能"取之不尽，用之不竭"。通过教学与实际的结合，使学生学好知识，培养学生的实际能力。

（六）开展丰富多彩的课外文化活动。课堂教学是学校教学的基本形式，但不是唯一的形式，仍是需要其他教学形式作补充。当时，国立贵州师范学校教务处，为了培养学生的兴趣、爱好与特长，根据学生兴趣爱好的特点，组成了各种课外小组，开展形式多样的课外文化活动。如组织学生编写级刊和校刊，举办书法比赛、作文比赛、演讲比赛、美术展览、歌咏比赛、体育比赛，请教师或专家学者给学生作学术报告。如黄质夫和吉长瑞都作过《如何做一名合格的师范生》的专题讲座，梁瓯第给学生作过《苗山见闻》的考察报告。学校还举行专题的辩论会，等等。学校在1942年的上半年组织过学生在学校礼堂举行辩论会，辩论的双方都是高师部的学生，辩论的题目是《政教合一还是政教分立》。双方各持一端展开辩论。双方都下了一番功夫，搜集了大量的资料与数据，并且作过大量的社会调查，辩论得非常激烈。每一位上台发言的学生，除了维护自己的论点，还要反驳对方的论点，这不是照着稿子念的演讲，而是听了对方的发言之后，立即将自己掌握的材料以驳倒对方，慷慨激昂，理直气壮，既要有组织材料的能力，又要有口语的表达能力，发挥到最好。这样的辩论会，对学生的培养和锻炼是最好的形式。"那次辩论会，给我留下深刻的印象。这对于每个学生开拓思路、思考问题、判断是非、启发智慧都是大有益处的。"①

课外活动可以促进学生的兴趣爱好特长以及智能的发展，培养学生的思维创造能力，使学生也受到思想品德的教育。当年国立贵州师范学校的课外活动的内容丰富多彩、生动活泼，它是课堂教学活动的延伸与发展。对此，张一德曾评价说，"课外活动搞好了，在一定程度上可以弥补某些在课堂上无法取得的教育效果"。

（七）重视教学研究，改进教学方法。国立贵州师范学校各学科成立教研小组，学校成立学科教学研究委员会。学科教学研究小组着重研究教材教法，举行听课和开展教学观摩活动。学校学科教学研究委员会着重研究全校各学科教学中普遍存在的问题。这里举两个实例，根据张一德在回忆文章中记载，当时从校本部到附属小学的学科教学曾出现有些教师在教学中不重视对教材的整体研究，备一课上一课，把握不住教学的系统性和每个单元教学的重点难点，影响到教学的效果。为此，教务处组织校本部教师开展了单元教材与教学的研究，把每堂课的教学与整个单元教学有机地结合起来。附属小学教师也对单元教学进行研讨，努力改进教学，提高了教学质量。国立贵州师范学校是面向边疆乡村培养小学教师的，培养的师范生要适合乡村小学教育的实际需要。当时由于多种原因，黔湘桂毗邻诸县乡村的小学教育发展落后，大多数的村小都是初级小学，而且学生少，有的年级开不起班，当时复式班教学各地普遍存在。为了使师范生毕业后能适应乡村小学的教学形式，学校教育专业课教师到农村调查小学班级教育状况，并在附属小学开设一至二个年级班、二至三个年级班的复试班的试点，派教

---

① 杨秀明，安永新. 黄质夫教育文选［M］. 贵阳：贵州省教育出版社，2001：219.

学能力强的教师到复式班上课与管理，不断总结复试班的教学经验，用以改进校本部有关教育课程的教学。每年师范毕业生到小学进行教育实习时，除实习普通班教学以外，都要实习复式班教学，并列入教育实习的成绩。

与此同时，学校组织地方方言研究会。根据 1941 年黄质夫主持编写的《国立贵州师范学校概况》一书记载，为了"开发边疆，团结民族，宜从语言着手，明了方言，始可深入边疆，着手改良。本校有鉴及此，遂组织方言研习会，选成绩优良之土著学生讲授之，全校员生均可参加，规定每星期日讲习一次"。成立方言研究会，开展地方方言的研究，不仅有利于开发边疆事业，也能增强边胞民族学生的民族自豪感，增进学校师生之间、同学之间的团结。

（8）认真做好教学行政管理，向管理要质量。当年国立贵州师范学校的教学管理是很严格的。根据吉长瑞在《浅谈国师的教学质量》的回忆文章中记载，学校在每学年学期开始，首先做好工作的调度安排，订好并严格执行一切规章制度；其次，按期检查总结，分析掌握信息，研究、反馈、改进；最后，积累保存资料，以便查阅参考。教务处在开学时，就把教师需要参阅的各种规定，如教师守则、学期工作日程表、校历任课表、作息制度事业活动安排表等张贴在教师办公室，严格要求教师备好课，写好教案，勤改作业，训导、教务、推广、工场、农场主任都要上一至二门课。教务处每月检查学生作业本，值日教师不断到教室巡视，填选日报表。学校严格各种考试，新生入学考试先考劳动及格，才能参加笔试。学校的期中、期末考试后及时公布成绩，并进行质量分析和统计列表公布于各教室门旁，以供教师和学生参考、研究和改进。这些制度严格执行，使学校的教学显得秩序井然，使学校形成一种互教互学、勤教勤学、优教优学、生动活泼和奋发向上的教风和学风，特别是教师在教学过程中的以情感人的情教和示之以范、以范化人的"身教"和言教，更激发学生的学习热情，从而使学校大面积地提高了教学的质量。

第三节 学校的体育教育

体育是为发展人的体力、增强人的体质而进行的一种教育活动，它是以学习和参加各项体育活动为基本形式。

国立贵州师范学校的体育，是学校实施全面发展教育的一个组成部分。通过体育的学习和训练，以增强师范生的体质和必须具备的体育基础知识与基本技能，掌握小学体育教学法，使他们从体质上和知识上，能适应和胜任乡村教育发展的需要。

一、劳动建校开辟学校体育运动场

国立贵州师范成立时，起初校址设在贵阳近郊的青岩，那里土地狭窄，不仅没有体育活动场地，更是难以拓展边疆师范的教育事业。学校迁到榕江时，没有现成的校舍场地，全靠黄质夫带领全校师生披荆斩棘，劳动建校，经过三个多月的夙夜奋战，学校"规模方告粗具"，其中包括新开辟的一个容纳数百人活动的宽大体育运动场。体育运动场内，修有 1 个足球场、1 个排球场和 3 个篮球场，有环行 350 米的跑道和 100 米的跑道，一个跳高跳远的沙坑，配置有爬竿、爬绳、吊环、单双杠、木马、跳箱、标枪、铁柄、铅球、垫上运动等体育器材。还开设一个体育康乐活动室。国立贵州师范学校开辟有这样宽大的运动场和有这样多的体育器材，这在榕江教育史上是史无前例的。学校的足球场在榕江也是有史以来的第一个足球场。当时的附属小学也开辟了运动场，开展了包括小足球活动在内的各项体育运动。有了运动场，就为学校提供了实施体育教育与训练的活动场地。

二、增强体育意识，改革管理体制

为了实施学校体育的培养任务，黄质夫给师生讲述体育的意义，借以增强师生的体育意识。黄质夫认为，合格的乡村教师必须具有"农夫的身手，强健的身体，坚强的意志，勤俭的习惯，热心服务的精神"。而培养这些优良品质，就是要经过"施以最科学的教育，最严格身心训练，包括注重生活作业、农事操作和社会服务等的教育与训练"。黄质夫印象中的乡村教师的身体模样，就是"健全的体格，优美正确的姿势，合适的衣着，良好的行为习惯，热爱劳动，拥有健康的娱乐生活方式等"。他还认为，要借身体教育的训练，培养师范生服从、耐劳、自治、勇敢、团结、互助和守纪律的美德。为此，黄质夫要求师范生"除生理上有特殊情形者外，对全体学生之体育，作均等之实施"，还应当"向世界最优秀人种之体格与体力渐进而谋深造"。他主张以体为基，全面育人，通过学校的体育以及生产劳动的训练，以求达到培养具有"适应乡村社会、改良乡村环境"，"养成为适应乡村之能力"的乡村教师，使学校的体育为培养合格的乡村教师服务。

为了实施学校体育的教育活动，切实加强学校体育的管理，学校单独设置了体育卫生处，是与学校的教务处、训导处、总务处和推广处并列的管理机构，改革过去学校的体育隶属于教务处管理的传统管理模式，显示了体育在学校全面发展教育中占有重要的位置，从而确保体育活动得到健康和生动活泼的发展。

与此同时，学校在课程计划中，每周设有两课时的体育课和一个课时的生理卫生课，由教师讲授体育和生理卫生的基础理论知识，讲授小学的体育教学法，并结合实践活动，加强对学生进行基本技能训练，以完成体卫课堂教学的任务。

三、体育课堂教学目标和教学内容

国立贵州师范学校仍以课堂教学为体育教育的基本形式，但是体育教学具有实践性比较强的特点，因此体育课堂教学大多是在室外的运动场地进行。根据边疆师范培养乡村教师的任务要求，确定体育课程教学的目标，有下列几点要求：一是锻炼健全体格，发展内脏器官，养成优美正确姿势，增进民族之体力；二是养成服从、耐劳、自治、勇敢、团结、互助和守纪律等诸美德；三是了解人体各部器官结构与功能；四是增进肢体感官上的灵敏反应，养成健康的娱乐习惯；五是了解增进健康的方法和简易的疾病防治；六是研究体育课的基本知识和小学的体育教材教法，造就合格的小学体育教师。

当时学校体育的理论课程讲授的主要内容，包括各项体育活动的基本知识与训练、人体解剖、生理卫生、心理与身体健康、医药常识和小学体育教材教法等。当时学校体育课的教材，除了按国民政府教育部颁布的师范体育大纲规定内容外，还有编写当地民族体育的补充教材。黄质夫提倡和主张编写民族传统体育教材进行教学。他痛斥那种对中国传统民族体育的全部摒弃，而对欧美教育不加选择引入的错误做法。那种持"以为除欧美倡行者外，即觉无教育可言"的观点的人，是"弃其数千年之历史，忘其数万万人之习俗"。黄质夫一直致力于践行身体教育的民族特性，提倡国技、竞走、游泳、竞舟、登山、象棋等民族固有的文化。他还考虑到边地环境的特殊，内地都市所编的教材，不尽适用于边地的情况，学校通过各个民族学生挖掘散发在民间的身体活动形式，教师编写民族体育教材，开展民族体育活动，增强学生对生养自己的土地、乡村和乡民的思想感情。榕江是民族山区，学校体育教师曾组织学生登山活动；榕江有三条江，学校曾组织过学生下河游泳、划船，曾组队参加过县里举办的端午节龙舟竞赛；榕江又是百节之乡、歌舞之乡，学校也组织学生欣赏民族歌舞和练习民族歌舞，以此开发学生固有基因潜能，丰富了体育素质教育的内容。

学校在每学期末，不仅举行学期体育考试，还要举行一次身体检查，内容包括体力、体格、疾病三个部分，每月要检查一次体重，使学生了解自己的身体强弱，知所惕厉。如果身体检查不合格，劝其休学进行治疗，身体恢复健康准予复学。体育毕业考试不及格，不准毕业。学校十分重视卫生健康教育，师范生卫生常识的优劣，直接影响到小学校学生的身体健康。因此，学校经常对师范生施以适宜的卫生知识教育，如开展常见疾病和疟疾的防预与治疗等。

学校对环境卫生和个人卫生要求严格。学校环境卫生实行划区域包干到各班级，定期检查评比，使整个校园环境时时保持清洁卫生。学校对学生的个人卫生制定了个人"卫生十禁"：一、禁随意涕唾；二、禁留蓄指甲；三、禁洗盥不勤；四、禁寝具不洁；五、禁好吃零食；六、禁吸烟饮酒；七、禁咀嚼太快；八、禁排便失时；九、禁研丧体力；十、禁妄耗脑力。并通过监督检查，使个人健康卫生行为习惯化。学校参加的庆典或集会时，设置"风纪生"，纠正不合规范的行为。

学校认为学生参加生产劳动的训练，可以发挥创造才能，在品德上、艺术上、智力上和身体锻炼上，都具教育的价值意义，更能达到锻炼体格之功效。因此学校把生产劳动训练当作综合性的体育课，让学生在生产劳动训练中促进身心的健康发展。

四、学校课外的体育活动

国立贵州师范学校课外的体育活动，是指在学校体育课程教学之外的体育活动。它包括学生的早锻炼、课间操、每天下午一个课时课外活动和参加的运动会活动等。这些课外活动都列入学校体育教育活动之内，并且是在体育教师和级任导师的指导下进行的。例如，1948年秋天的一次课外活动，许多学生围着沙坑看几个同学练习撑竿跳高。体育教师孙庆家走上前去先看学生跳的情况，然后他再给学生讲解撑竿跳的动作要领，接着他拿着撑竿做了跳高示范。当跳高架上的横杆升到3.5米高时，他让学生拿一张毛巾挂在横杆中间，他反复做示范动作，每次翻越横杆时，他顺手把那张毛巾取下，然后身体落地，当场博得师生热烈的掌声。课间的广播体操，那时榕江县城和学校都没电播放广播操，而是由学生的体育干部轮流在台前口含哨笛：一、二、三、四……领导全体师生在广场跟随着做课间操活动。由此可知，当时学校是把课外活动当作体育的第二课堂活动，成为学校体育教育的一个重要组成部分。

当时学校从外地先后聘来了体育的专职教师，如丁天逸、程绂、孙庆家、张宇维（兼职）等教师，他们不仅努力提高体育的课堂教学质量，对课外的体育活动也都安排有序地进行，活跃了学校的文化生活。由于学校的课外体育活动丰富多彩，也吸引了社会群众常到学校观看学生的课外体育活动。

《新贵师》第三卷《本校的使命》一文中，曾这样记载了当年这所学校课外体育活动的热烈和活跃的场面："本校操场很宽大……全校学生在课余空闲和例假的时候，充满了操场的每个角落，打篮球、比排球、翻单双杠、跳高、跳远、叫笑之声，高入云霄。尤其在比赛的时候，雄赳赳的男子汉，肥胖胖的小伙子，活跃于球场中，银笛一吹，双方争夺如龙似虎，奋不顾身，旁观的人，叫好不已。在军训的时候，练习各种基本动作，如卧倒、跪下、齐步走，正步走，俨然军人气派。"

当时，学校课外活动的内容多样。有田径类的跳高、跳远和长跑、短跑，有技能性的单双杠、跳竿、拔绳、吊环、木马跳箱和垫上的运动，在康乐室内有乒乓球、康乐球和棋类活动。早锻炼一般是体操、跑步或爬山。夏天，有时由教师带领学生下河游泳。课外活动最活跃的还是篮球、排球、足球的运动。

当时学校各班都有班级的篮球队、排球队，举行班际之间的篮球排球比赛。学校有篮球代表队，在平时常与外单位举行篮球比赛。每逢学校与外单位篮球队比赛，一般都是在课外活动或晚饭后的休息时间进行，在街上贴海报。比赛时，观众常围满球场周围，学校的篮球队员，既奋力拼搏，而又表现了受教育的人的文明礼貌和团队的球艺风采，受到社会群众的好评。

当年国立贵州师范学校的体育教育训练，不仅增强了师范生的体质和适应从事乡村教育的能力，其中有不少的师范生具有体育的爱好和特长，他们回到乡村从事小学教育，也带动了乡村学校的体育运动，为培养年幼一代对体育的兴趣作了贡献。而且，当年国立贵州师范学校的体育运动，逐渐走出了校门，对榕江社会群众的体育活动的发展，也曾起到了积极的推动作用。

以当时国立贵州师范学校的足球运动为例，国立贵州师范学校1940年初春迁校榕江后，经过披荆斩棘，劳动建校，开辟了一个宽大的运动场，学校的足球场也设置在其中。这里是榕江县有史以来的第一个足球场，学校开展足球运动，附属小学也开展了小足球活动，成为榕江县域内足球运动的起源，揭开了榕江足球运动史上的序幕，从此，学校的足球运动一直伴随着国立贵州师范在榕江办学的整个教育历程。在抗战时期，国立广西大学于1944年秋到1945年秋迁校到榕江办学，曾借用国立贵州师范学校的足球场开展足球运动，或是与国立贵州师范举行足球比赛活动。由于广西大学是一所高等学校，足球的文化程度和足球运动的水平都高，因此，广西大学在榕江开展足球运动，对榕江县域的足球运动的发展起着一定的促进和推动作用。

中华人民共和国成立后，到 1951 年 2 月，奉上级之令，国立贵州师范学校与榕江县立中学合并成为贵州省榕江中学（现今的榕江一中），学校在中国共产党的领导下，贯彻党的教育方针，学校的各项教育事业得到不断的发展。特别是改革开放以来榕江一中教育已发展成为 3400 余人的高级中学，并且向教育高质量发展。与此同时，榕江一中学校的体育运动仍是生动活泼，足球运动已列入传统运动项目，当前榕江县各村的足球队员，大多是贵州省榕江县第一中学的毕业生。改革开放以来，榕江县的足球运动已从学校走向社会、从城市走向了广大的农村，形成了现在的群众性的村超足球运动，而且发展到民族文化与村超活动的互相融合和互相促进与发展，并且形成了推进县域乡村振兴的足球运动新格局。榕江县的足球活动，从 1940 年夏，国立贵州师范学校在校园里点燃起足球运动的"星星之火"，如今已发展成为"燎原"之势，贵州榕江的村超活力四射，其声誉已远播国内外。这是值得人们庆幸的一件大好事。

第四节　学校的美育教育

美育是审美教育的简称，它对学生的全面发展和社会的文明进步都起着重要的作用。学校的美育不仅是全面发展教育的一个重要组成部分，而且美育还渗透在德智体劳各育之中，并对各育起着促进作用。

国立贵州师范学校以培养合格的乡村师资、开拓边疆教育为其办学的宗旨，提出了合格的乡村教师，也必须是全面发展的人才，方能胜任乡村小学教育全面开齐课程的需要。所以，国立贵州师范在实施全面发展教育中，采取有效措施，努力提高学校美育的教学质量。

一、学校重视美育工作

从黄质夫到梁瓯第以及继任的诸位校长都很重视学校的美育教育，注意培养学生对艺术的兴趣和提高学生审美意识与能力。黄质夫在对"一个健全完善的乡村师范生"的 22 条要求中，其中就有"优美的感情""审美的观念"和"创造的能力"。黄质夫对总务处布置校务会会场四条标准中，就有"一切布置艺术化"。黄质夫对教师们说在国立贵州师范学校的教学活动，不分主科和副科，要提高所有学科的教学质量，学生有任何一科不及格，都不准毕业。这样就保证了各科的教学时间，也包括美术、音乐课的教学的时间。

抗日战争胜利前夕，梁瓯第接任国立贵州师范学校校长后，即提出了学校要有书声、歌声、笑声，以活跃校园的文化生活。梁瓯第说，这三声就是古人所谓"弦歌不辍"之意。他说"书声"是学习的精神，"歌声"是感情的流露，"笑声"是快乐的象征。这三声里的歌声和笑声，自然离不开美育对学生感情的陶冶和激发学生对艺术美的情趣。在梁瓯第的校园"三声"的鼓舞下，学校全面提高教学质量，国立贵州师范的校园呈现了一片生机蓬勃的景象。

由于学校领导重视美育在全面发展教育中的地位与作用，这就使美育与其他各育一样得以顺利地推行。

二、选聘有艺术专长的美育教师

黄质夫、梁瓯第等诸位校长，为了创一流的乡村乡师，培养一流的乡村教师，学校从各地选聘了一大批"才能胜任，德能感人"的教师。使当时学校学者云集、名师荟萃，其中包括有艺术专长有美育教学经验的敖克成、赵峻山、郑二龛、王克明、滕中宜、阮希真、杨守明、蒙绍华、张宇维、张一萍等美术和音乐教师。这些艺术课教师不仅具有艺术特长，而且他们教学优秀，有的还是名家和名师。如：

敖克成（1907—2005），江苏镇江人，蒙古族。1931 年毕业于上海美专教育图音系，攻读美术（中西画）音乐（钢琴、管乐、声乐、作曲）专业。他在学生时代就已经在上海办个人画展。他师从刘海粟、张大千等国家美术大师。他从学校毕业以后，一生从事美术和音乐教育工作。1931 年至 1937 年，他先后任教于江苏镇江私立中学、崇德女中和江苏省立南京栖霞乡村师范学校，担任过美术和音乐教师。1937 年 12 月携一家人逃亡西迁重庆，在重庆北碚谦善中学任美术、音乐教师。1942 年受聘到贵州榕江担任国立贵州师范学校的美术、音乐教师。1943年，他在榕江刊印过两集《国本诗画》，那是以唐诗为题材所作，利用国画方式所创作的石刻印画式范本，两集约 60 幅画，流传较广。他在国立贵州师范任教期间，不仅认真教学和主持学生开展课外文娱活动，他还利用休憩时间，在榕江举办个人画展。1949 年后，曾在都匀一中、都匀师范和贵州省黔南民族师范专科学校任美术和音乐教师。他一生奉献于学校的美术、音乐的教育事业，治学严谨，不断创新，培养了一大批艺术人才，成为一位德高望重、受学生爱戴的艺术家和名教师。

赵峻山（1905—2012），江苏兴化县人。1931 年考入中央大学美术系，师从徐悲鸿、韩玉良、陈之佛等诸大师。擅长山水风景画。抗日战争时期，受聘到国立贵州师范学校任美术教师、工场主任和代理校长。抗日战争胜利后，回江苏原籍。1949 年后，曾任江苏文化馆馆员、南师附中美术教师，中国美术协会会员。他退休后，还为黄质夫先生纪念册而作《愧不如牛图》的水彩画，对黄质夫献身于我国乡村教育事业作了高度的评价和赞颂。

蒙绍华（1925—2015），贵州省荔波县人，布依族。毕业于江苏正则艺术专科学校，主修油画专业，对花鸟、素描颇有造诣。毕业后回荔波任中学美术、音乐教员，1948 年受聘到贵州榕江任县立中学美术教师和国立贵州师范学校美术教师。在榕江任教期间教学水平高，深受学生的爱戴。1950 年参军，先后在中国人民解放军二野五兵团宣传部和贵州省军区文化部从事美术创作。1955 年转业在贵州省文联任《贵州文艺》美术编辑，后调贵州省美协工作，系中国美术协会会员，国家二级美术师。

杨守明（生卒不详），系浙江大学毕业生。在国立贵州师范学校任美术教师，他的油画和花鸟画颇有造诣，他画的梅花活灵活现，学生喜欢听他的课和向他学绘画。他英语基础知识功底厚，曾到榕江县立初级中学兼任英语教师。

郑二龛、王克明、滕中宜、张宇维、张一萍等，他们都是优秀的音乐教师。国立贵州师范学校这些优秀的音乐、美术教师，从艺术教育方面，为当时学校培养和造就边疆教育的合格的乡村教师，同样作出了贡献。

三、丰富多彩的美育课堂教学

学校美育的基本任务，是教育学生树立高尚的审美观，培养和提高学生创造美的能力，完善审美的心理结构和创造完美人格，达到以美育人的目的。为了实现学校的美育任务，国立贵州师范学校以课堂教学作为美育教育的基本组织形式，以课外的活动作为课堂教学的继续和补充，使之相互促进与发展。

（一）美育的课程设置

国立贵州师范学校按照边疆师范的课程计划，师范部、简师部、初中部每周都设有两节美术课和两节音乐课，确保美术、音乐的授课时间，学校从没有把美术、音乐当作所谓的"副科"，没有被"主科"挤掉的现象，确保美术、音乐在全面发展应有的地位与作用。学校要求艺术课教师制订每学期的课堂教学进度计划，把课教好，把作业批改好，把考试办好。同样要求学生把艺术课的知识学好，把作业做好，努力把考试考好。美术、音乐与其他学科一样，如果有一科考试不及格，同样不准毕业。这是学校培养全面发展的合格乡村教师之需，唯有这样，师范生毕业到小学任教，方能担任小学所有学科教学的任务，尤其是过去复式班或一人一校的教学点，更需要能从事多门教学的教师。

（二）美育的课堂教学内容与培养目标

学校根据边疆师范的教育任务的要求，根据不同年级的文化程度的不同情况，按照循序渐进和知识连贯性的原则，对国立贵州师范的办学体制各个阶段的学年教学内容作了整体的安排。

附小、村寨教育实验区、山寨小学艺术音乐课以唱歌为主，兼以讲授简单的乐理知识；美术课即为图画课，以临摹、写生为主。

初中，虽然没有专门教材，但由专门教师选讲。音乐课以识简谱为主，兼以音乐欣赏等内容；美术课讲授素描、国画，水彩画、油画的基本知识和绘画技巧。

简师、师范的音乐、美术课，均由专业教师授课。那时没有专门教材，由老师自己编写。低年级以基本乐理和美术基础知识为主，兼以唱歌和绘画；高年级，音乐课加音乐欣赏、和声学和歌曲创作；美术课加进美术欣赏和艺术创作。

毕业前，增加小学音乐、美术教学法。

教师通过讲授上述教学内容，加强学生的基础知识教学和基本技能训练，努力实现美育教育的培养目标：

小学毕业，要求会唱歌，会临摹绘画，有融和乐群的精神，引发欣赏文艺的兴趣。

中学毕业，要求会读谱唱歌，会素描、图画和水彩画，引起对于艺术欣赏的兴趣和能力。

简师、师范毕业，要求能上小学的音乐、美术课，并会一至二件乐器。认识艺术与人生的关系，以生活为指导，能应用于乡村，用真善美的态度，激发民众情感和爱国思想。

（三）教师自编美育教材

课本是教学的依据。根据过去健在的一些老校友回忆，当时国立贵州师范没有统编的音乐和美术课本，而是依据普通中学的高中和初中音乐、美术课本，相对应地编写适合边疆师范的高师和简师的音乐和美术教材，给师范生系统地讲授音乐、美术的基本知识和基本技能训练。

国立贵州师范学校的校址在榕江，这里是苗、侗、水、瑶等少数民族聚居的地方，这里又是民族文化资源深厚的和美乡村，"清水出芙蓉，天然去雕饰"，这里的自然美景，处处有真善美的流露，含着艺术的生命，也是学校艺术课的教师取之不尽的乡土教材的源泉，为学校的艺术教师编写民族艺术的乡土教材进行教学，创造了客观条件。如音乐课的教师搜集了民歌民谣进行谱曲教唱，教学生学习欣赏和演奏民族乐器，如胡琴、笛子、芦笙、侗家的琵琶和牛腿琴等。还把榕江历史上留下的好诗词进行谱曲教唱。图画课的内容也是"以榕江山川景物为题"，教学生写生、绘画，搜集榕江民间艺术，如蜡染、剪纸、刺绣花样等，让学生观赏。教师以当地民间民族文化为乡土教材，开展土著民族文化活动的记忆画，农耕生产的想象画，对榕江名胜古迹和山川美景的写生等。

音乐课除了讲述基本知识和乡土教材之外，在抗日战争时期以抗战爱国为题材，教唱抗战爱国歌曲，如《义勇军进行曲》《大刀进行曲》《游击队之歌》《在太行山上》《毕业歌》《到敌人后方去》《流亡三部曲》《黄河大合唱》等，以歌声唤起民族的觉醒，激发师生的抗战爱国的热情。音乐教师还以古诗词岳飞的《满江红》和古诗《木兰诗》等为题材教唱歌曲。

抗日战争胜利后，蒋介石挑起内战。全国人民也掀起了反内战、争和平，反独裁、争民主，反迫害、争自由的民主革命斗争浪潮。当时社会流行传唱反内战、争和平，反独裁、争民主，反迫害、争自由的进步歌曲，音乐教师从榕江文化服务社买来了这些进步歌曲的活页，如《跌倒算什么》《茶馆小调》《插秧歌》《古怪歌》《山那边好地方》等歌曲，作为音乐教材教唱，这些歌曲深刻揭露了国民党反动派的黑暗统治，唤起人民群众的革命觉醒，使学生能对当时的社会复杂斗争有正确的认识。

国立贵州师范首任校长黄质夫，为了对师范生进行办学宗旨和师范专业思想教育，让师范生严格要求自己，争做合格的师范生。他撰写了学校的《校歌》《我是师范生》《国师学生怎样》《劳动建校》《尊师重道》等歌词，音乐教师敖克成把这些歌词谱曲作为学校编的音乐教材，在学校音乐课教学生唱。例如，《国立贵州师范学校校歌》歌词中说："边地拓展，我们的责任先，耐得千锤百炼，才能任重致远"，"做不完学不厌教，教不倦"，"救百万村寨的穷，化万万农工的愚，争整个民族的脸，好青年，着先鞭，新中华，就实现"。这些歌的词句是多么鼓舞人心，多么催人奋进啊！又如《我是师范生》的歌词中说道："我是师范生，热血满腔，做人做事，至大至刚，丝毫无愧俯仰。学有专长，当仁不让，献身教育，造福边疆，呼起民众我担当。看他日，国富民强，赫赫英雄我首创。桃李满园，宿自得偿，我心真欢畅。"这首歌词教育师范生以"献身教育，造福边疆"为己任，必须把自己锤炼成"学有专长""丝毫不愧俯仰"的合格的乡村教师，寓教育于乐歌之中等等。后来，国立贵州师范把黄质夫写的这几首歌词谱成曲而教唱的歌，被列为国立贵州师范学校的校园活动必唱歌曲，并达到了以歌育人的教育效果。

四、生动活泼的美育课外活动

课外的美育教育活动是美育课堂教学的延续和补充。国立贵州师范课外的美育教育活动，也是生动活泼的。

从学校迁榕江办学之初，就先后建立了军乐队、合唱队、戏曲组和美术组等课外文娱活动组织，把爱好音乐和美术的学生组织起来。每个队组都有专业的艺术课教师做指导，开展课外的艺术实践活动。每天课外活动时间，除了班级开展文体活动外，这些艺术队（组）都集中排练节目。每学期的期中，学校举办地方民歌演奏会、班级歌咏比赛各一次，莺啭燕嘤，颇有悦情之流露。

抗战时期，每年的"七七"，学校都开展纪念活动。1941年的"七七"，全校师生（包括附属小学）参加榕江民众在抗战阵亡将士暨死难同胞纪念碑前举行的纪念活动，合唱一些抗战歌曲。1942年的"七七"纪念活动，国立贵州师范组织了一次在学校运动场举办的宣传抗战的"千人大合唱"。参加合唱的是国立贵州师范和附属小学的全体师生。大合唱前，黄质夫校长在讲话中号召广大师生用歌声来鼓舞民众志气，振奋民族精神，夺取抗日战争的胜利。然后由音乐教师敖克成指挥"千人大合唱"，唱国立贵州师范学生必唱的《校歌》等四首歌曲，演唱流行的抗战歌曲，如《义勇军进行曲》《在太行山上》《流亡三部曲》和《保卫黄河》等抗战歌曲。那天，榕江城里的居民几乎倾城出动来看大合唱。像这样大规模的合唱和这么多的观众前来观看，在榕江历史上是前所未有的创举。1944年的"七七"纪念活动，全校师生还高唱抗战歌曲，其中有一首是《总反攻》，军民团结一心，打击日本侵略者，敌人势已穷，我们气正雄，抗日战争胜利的一天就要到来，抗战的歌声，更加鼓舞师生们振奋民族精神。

学校每学期还要举行一次大型的文艺晚会，演出歌舞、戏剧。在敖克成老师的导演下，1943年冬和1944年秋，学校的戏剧组先后演出了大型古装话剧《忠王李秀成》和大型现代剧《塞上风云》，开创了榕江地方演出大型话剧的先例，深受群众的欢迎。

学校每次的文艺演出活动，在教师的指导下，由各级社轮流主持。每次演出，红灯初上，观众满座，生徒粉墨登场，绘声绘形，写尽人间冷暖之色，借以舒畅胸襟，陶冶情操。

在美术课外活动方面，也是生动活泼，形式多样。美术教师带领着美术组的学生，利用课余时间，在校门的两侧及城内显眼的地方，绘制大型抗日宣传的壁画和标语。如国立贵州师范学校校门西侧砖墙上画有两幅巨画，一幅题为"抗战必胜"，展现前方将士英勇杀敌的画面；另一幅画题为"建国必成"，分别画出工厂冒烟、钢花四溅，农民耕作热火朝天，学生上课秩序井然的动人情景。二进门右墙上有题为"国土未复土堪羞"的一幅油画；学校十字路树立一个石雕狮子于砖砌的磴子上，正面用楷字书"怒吼吧——中国！"意在唤醒中国要振奋图强；榕江街头有许多宣传抗战、鼓舞民族精神的画册，南门外的城墙上用美术字书写"抗战期间，你出力了没有？你出钱了没有？"的巨幅标语，五里外山头都能看到，这些激励唤醒鼓舞的艺术作品都出自师生之手。敖克成老师在学校的支持下举办了榕江有史以来的第一次个人画展，并石印了画册。学校每学期都要举办学生美术作品展览或个人作品联展，从而推动学校的美术教育和艺术创作。

书法能陶冶个性，培养书写艺术，自古为文人所重视，晚清欧风东渐，蟹行文字横流，本国书法遂一落千丈，甚至有不能操管作书者，更属可叹，国立贵州师范对学生之书写，素甚重视，兹为鼓励学生书写向上起见，每年举行书法竞赛，墨沈淋漓，苍劲矫健，并于竞赛之后，举行师生书画展览，以收观摩之效。

抗战胜利了，为了适应形势的变化，梁瓯第校长对全校师生提出"三完、三声、三自"。"三声"，即每个同学都应有书声、歌声、笑声。"早读时都是琅琅的书声，课余时歌声和笑声，都充溢整个学校。这样的生活，是快乐的、有趣的、进步的，使你永远不觉得疲劳烦躁。"这是本校特有的风格。《新贵师》曾描述师生劳动之美："每于曜灵西斜，风卷麦浪之际，绿野田畴，辄闻歌声笑声与器具动作之声工作声遥相呼应，清音缭绕，俨若天籁。"

附属小学、村寨教育实验区和山寨小学在国立贵州师范的艺术教育的鼓舞下，这些学校的音乐、美术课程教学的内容和形式也是丰富多彩、生动活泼的。

当年的国立贵州师范是艺术的殿堂，课内课外，艺术教育无处不在，激励唤醒鼓舞已成为常态。师生学在其中，乐在其中。学生在健康向上的艺术教育的熏陶下，在艺术教育活动的过程中得到成长，"志士奇才辈出，桃李尽葱茏。"

五、学校艺术教育的成果

当年国立贵州师范学校艺术教育内容丰富多彩，形式生动活泼，其教育的成果，一是从艺术教育方面促进学校培养全面发展的合格乡村教师；另一方面也培养了一批具有艺术的兴趣和艺术才干的师范生，他们出校后，成为黔湘桂边境小学优秀的美育教师，又通过他们去培养一批批热爱艺术的接班人。

国立贵州师范学校从 1949 年底停办之后，至今已有 75 年的时间，由于年代久远，难以汇集到当年国立贵州师范学校为黔湘桂边境诸县输送具有艺术特长的师范生去从事小学艺术教学的详细资料。这里仅举榕江县籍在国立贵州师范学习中具有艺术特长成为中小学艺术课的优秀教师的情况。榕江籍学生具有艺术特长从事学校艺术教学情况，如下表名录所述。

姓名	性别	民族	毕业学部	特长与任教情况
包志超	男	汉	高师部	音乐特长，在附小、村寨教育实验区、县立初中专职音乐教师
蒋玉琨（蒋立帆）	男	侗	高师部	美术国画山水和音乐，在附小和村寨教育实验区任美术、音乐教师
张士崑（张民）	男	侗	高师部	有音乐、二胡和国画花鸟特长，在村寨教育实验区兼任美术、音乐课教学
邱春炯	男	侗	高师部	有国画花鸟特长，尤其画竹和牡丹花，从事小学教育
张士良	男	侗	简师部	在小学担任音乐、美术教学
成汉光	男	汉	简师部	国画山水和音乐特长，在附小任美术音乐课教师
罗基培	男	汉	简师部	国画山水和音乐特长，在附小和县立中学任美术音乐课教师

姓名	性别	民族	毕业学部	特长与任教情况
杨成良	男	侗	初中部	有音乐和拉二胡特长，在小学兼任音乐教学
杨文选	男	侗	简师部	在忠烈小学、寨头小学兼任音乐教学，拉二胡
卢家贤（卢芒）	男	汉	初中部	具有音乐美术国画和工艺特长，长期在附小和城关小学兼任美术教师
钟显治	男	汉	初中部	具有画花鸟、山水特长，曾在附小和县立中学教美术
林云开	男	汉	边师部	有音乐、美术特长，画花鸟和虎著称，曾担任小学美术课教师
李应庚（李仄）	男	汉	简师部	有音乐和戏剧特长，在小学兼任音乐教学
陈绍芳	男	汉	初中部	有音乐特长。长期担任小学音乐课教师，是音乐教师的佼佼者
陈学钊	男	汉	简师部	有美术特长，担任过小学美术教学

上述的师范毕业生都先后在附属小学、村寨教育实验区、山寨小学以及其他小学从事过音乐和美术教学，通过他们的艺术才干，又培养了一批热爱艺术的接班人。城关的陈学祯、忠诚的王运鸿、车江的张光恒、平永的廖臻贤、彭国正等曾在国立贵州师范附小、村寨教育实验区等学校接受艺术启蒙教育，从小就对艺术产生兴趣；后又到都匀师范直接得到敖克成老师的培养，成为学校音乐、美术方面的高才生，毕业后在各自的岗位上发挥自己的艺术才干。在50年代就开始有美术或音乐作品发表，有的还多次获得州、省和全国的奖励，有的终身从事艺术工作。

60年代初，榕江县有石云华、杨国雄考取贵州大学艺术系美术专业，成为榕江第一批学习艺术专业的大学生。榕江县至今有国家级"中国民间文化艺术之乡"6个，有《长大要当好歌手》侗族少儿歌曲教材，有"金蝉"歌队唱到海外，这与传承国立贵州师范和美乡村的艺术教育有很大关系。

第五节 学校的生产劳动教育

国立贵州师范于 1940 年初春，从贵阳市郊青岩迁校榕江之后，为了开辟教育的新天地，根据当地政府划拨的土地、祠堂、庙宇及旧校舍，组织师生开展劳动建校，披荆斩棘，连续作战，经过半年多的奋战，在榕江县城西门坡及山脚下大片荒凉的土地，开辟了农场、工场、林场、运动场、校舍及校园的道路和环境，创建了一所闻名遐迩的国立边疆乡村师范学校。为了培养健全的乡村教师，学校坚持"教育与生产劳动相结合"的办学方针，把生产劳动的教育与训练，作为学校实施全面教育的一个重要组成部分。学校在办学的 10 年间，劳动教育成绩斐然，成为这所学校教育一个显著的特点。

一、劳动教育的实施背景

国师实施生产劳动教育是特定时代的产物，是特定历史背景催生的结果。

（一）抗战形势的需要。20 世纪三四十年代，正值抗日战争时期，国家民族处于生死存亡的危急关头。当时学校除了把爱国主义教育放在首位外，同时对学生进行精神、体格、生产、特殊技能、社会服务等全面训练。抗战期间，全国的学校都要依照国家要求，从事力所能及的劳动生产，以改善师生物质生活，减轻国家负担。黄质夫曾说："抗战时期，前方战士需要军粮，如果生之者寡，食之者众，粮食缺乏，国家就会危亡，而要改变这种状况，好的办法就是要叫学生从事劳动生产，增加体力，磨炼思想，这样，既锻炼了人，又能生产出东西，一举两得。"当时物资匮乏，物价高涨，经费紧缺，逼迫国师通过劳动自救自给、自力更生。

（二）对旧式封建教育的批判与改造。黄质夫痛恨封建旧式教育，并决心对它进行批判和改造，他师承陶行知反对教育与劳动脱节、劳心与劳力分家的教育思想，提出"教学与劳动生产相结合"的办学方针。他最讨厌几千年来"学而优则仕"的封建教育理念，认为中国几千年来的教育的失败，就在于士大夫阶层的读书人，只会吃不会做；旧教育把人培养成四体不勤、五谷不分的无用之才和贵族化国民。他曾说："有的农村孩子入学前，还可以穿草鞋，帮助父母打柴、种田，一旦进了洋学堂，就要穿皮鞋，梳亮头发，游手好闲，这就是中国教育的失败。"他要一反中国数千年的旧传统教育体制，培养出符合时代发展、社会需要的新人，这种新人要具有万能的双手、负重的两肩，能工、能农、能学、能商、能上前线作战、能在后方保安，尤其是要具有改造乡村和建设乡村的本领，达到学校教育与社会打成一片。他倡导学校与社会教育相结合，主张教育民众化，提出学校应做改良社会的中心。他倡导乡村教育，"不仅以学校为范围，须以乡村为范围；受教育者不仅以学生为对象，乡村之农民皆应为教育者之对象；必须野无旷土、村无游民、人无不学、事无不举，而后便可达到乡村教育之真正目的"。

（三）迁校与办学的需要。迁校初期，百废待举，建校需要劳动，劳动创造财富。黄质夫提出"教育即生活，生活要生产""建校即建国"的主张。1940年冬，他在一份呈送中央教育部的报告中写道："此系初创时期，初期作物，皆系粗放，今后农场收入，可逐年增加，达到自给自足之目的……边疆各县教育落后，很少有完全小学之建立，初级中学更为凤毛麟角，不易多见，故中等学校招生咸感困难。本校为救济失学儿童，罗致真才，实现新的教育理论起见，特设立五年制简易师范科实验班，招收初级小学或具有初级小学同等学历，年在14岁以上之青年……施以半耕半读，使学生解决自身衣食住行，逐渐废除公费待遇，减轻国家负担，培植己立立人之精神，所有学生在校制服、书籍、膳杂各费，皆由学校贷与之，将来在各生产项目下扣除……为养成学生双手万能与生产劳动技能，以适应边疆社会，改良边民生活，特呈请教育部准许本校专业训练、生产劳动同时并重。"（见《国立贵州师范概况》）他郑重提出了践行生产劳动的申请和主张。当时教育部不仅批复同意黄质夫这一主张，后来还委托国师编写《中等学校劳动生产训练》（黄质夫、王治范合著）一书，被教育部推广为全国劳动教育与训练的通用教材。

（四）结合贵州实际。黄质夫说："贵州地广人稀，荒山隙地，随处都是，学校人力众多，吾人应善于利用，从事农林牧畜及其他生产事业，进而改进社会生产，则生产教育之目的，不难提早实现。"他就是希望培养一大批有扎实熟练生产技能才干的、真正能手脑并用的乡村人才，以便开发广袤的贵州大地。

二、劳动教育的基本类型

劳动教育贯穿国立贵州师范教育的十年全过程，但国立贵州师范并不是专门的生产劳动学校，而是将生产劳动教育融合于师范专业训练之中，作为培养学生热爱劳动、强健体能、掌握劳动技能、适应社会的重要手段。黄质夫、梁瓯第等历任校长始终坚持教育与生产劳动相结合的办学方针，并不是单纯的劳动训练，而是对旧式教育鄙视劳动的彻底决裂，是培养适应社会发展新型人才的需要，所以国师的劳动门类比较齐全，几乎涵盖各生产领域，归纳起来有以下9类：

（一）建校劳动。建校初期实行半工半读，即半天学习、半天劳动，鉴于当时教室少，有的班上午上课、有的班下午上课，上课与劳动轮流交叉进行，劳动内容由校长亲自安排；到梁瓯第接任校长时，改为每天劳动100分钟，安排在每天下午的最后两节，定名"事业活动"，即劳动实践。通过建校劳动，创造了优美的学习生活环境，校园道路纵横交错、四通八达、宽阔美观，四季花开、落英缤纷，绿树成荫、芳草萋萋，不愧为环境育人的典型校园。

（二）农场劳动。从南门西侧墙角到娘娘庙、天后宫、报恩寺、红庙、双眼井一带的田土都属国师农场，国师师生既开垦旱地，又搞种养殖，除了种植水稻外，还养牛、养猪、养羊、养鸡、养鹅、养兔，还有鱼塘几个，农场还种植桃、梨、橘、李等果树。整个农场劳动涵盖水稻种植、旱地劳作、畜禽饲养3个方面12个项目。通过农场劳动，把西门坡装扮得绿树排排，果实芬芳，牛羊成群，瓜菜成畦。

（三）工场劳动。工场设于四川会馆，工场设主任、实习指导和助理各1人，工种近20个，有纺织工、缝纫工、弹棉工、漂染工、刺绣工、缝补工、木工、木刻工、油漆工、砖瓦石灰工、泥水工、竹器工、造纸工、铁器工、棕工、印刷工、装订工、裱褙工等。其中侗苗女生全部编入纺织组，负责缝衣、织袜、制蚊帐等，多余的布对外销售，很受用户欢迎，制服也比市场售价低廉1/3；印刷组印制信封、教案本、表册、作业本等，其中作业本在学校卖得比市场便宜；木工组负责修理课桌凳、门窗、劳动工具等；竹器组主要编织箩筐、粪箕等；铁工组主要由工读班学生组成，白天劳动，晚上上课，主要负责打造小农具等；雕刻组负责刻章、雕对联、警句等；美工组主要负责美化学校环境，油漆、粉刷、装饰、花木栽培等。

（四）林场劳动。主要是在县城西门的山坡上开荒造林，先后植树 3.5 万多株。

（五）校务劳动。主要是协助学校缮写公文、表册、油印讲义等。

（六）炊事劳动。主要是学生轮流到厨房烧水做饭，打扫饭厅卫生，管理从西门坡半坡用竹管引到校园的"自来水"（导水组）。所谓导水，就是改变建校初期每天安排几十名学生下河挑水的现状，用楠竹管从西门坡半坡把清澈的山泉引到学校生活区，每天安排学生管护导水设施，确保正常供水。

（七）治安劳动。主要负责夜间治安巡夜、日常消防用水、宿舍卫生、冲洗厕所等。

（八）固定劳动。全校食堂柴火全由学生供给，星期天每人砍柴 100 斤或割草 200 斤；新生报考必挖地整地 1 块；在校生开学注册完成一定面积的挖地整地；放假前每生完成一定量的剥苞谷或挖地整土、耕田任务才发给成绩单。这类劳动是长期坚持的。

（九）临时劳动。如搬运木料、石灰、油米，组织学生到乡村教农民嫁接树苗、推广果蔬、农作物良种，为农民义务理发，帮助群众抢险救灾等。

三、劳动教育的基本做法

国师迁到榕江时，地方政府拨给荒山 20 余万亩，水田 150 亩（后发展到 400 余亩），旱地 278 亩，荒地 600 余亩，园地 12 亩，学校自建饲养场、林场、工场。这一切为国师实施劳动教育提供了便利条件。国师实施劳动教育的基本做法如下：

（一）把劳动作为招生考试的第一关。招生入学考试的第一份试卷就是劳动，这是必不可少的。规定每考生要亲自完成约 1 分地的铲草和开挖、整地，不及格不能参加笔试，经验收合格后方可参加文化考试。如曾有一国民政府官员女儿报考国立贵州师范，当叫她先考劳动时她不愿意，其父前来说情，但被校方拒绝，最后还是乖乖参加劳动考试。

（二）教学做合一。就是教学与生产劳动相结合，把工地作课堂，学生在生产劳动中互教互学，交流有关生产知识和技能、经验，增长劳动知识，实现"教、学、做"合一。在"做"中"学"、"做"中"教"；除了"做"以外，还要"学"、还要"教"；"教"是为了"学"，"学"是为了"做"；对事是"做"，对己是"学"。学生如此，老师亦如此。如在农工场的劳动教育，除农工场主任外，还设有实习指导主任，他们都是农工艺方面的技师和专家，但他们也在"教"中"学"，在"教"中创造，以实际的工作经验与理论，在生产劳动中指导学生学习生产技能和生产管理，农场主任段东久（负责全校农业课）的教学方法就是"书本与农场并重"。

（三）分组进行。即根据年级的不同分组劳动。如一年级为杂务，二年级为建校劳动，三年级为教学助理及社会活动。将全校学生根据其体质、专长与爱好等进行分组，分为教导助理、记录缮写、图书管理、会计助理、厨房炊事、用具管理、挑水做饭、农业农艺、植树栽花、修缮校舍、种菜、看护、理发、杂务等，每名学生指定选择参加一组。全校教职工分任各组指导，每组指定一人为组长，做到事有所归，人有其责，有条不紊。

（四）分类进行。学校劳动细分为前述9类，其实这9类又可囊括为校务劳动、工厂劳动、农场劳动3大类，各班级按工种分工。国师还结合女生人数少的实际及其生理特征，把全校女生编为1个中队，下分3个小队（住校生2个小队、走读生1个小队），劳动时女子中队独立，主要做手工等适合女生的轻便活，如装订本子、印刷表册、裁剪缝纫等。

（五）教育引导。劳动是学生的必修课，劳动有一套严格的管理制度。对于个别偷懒、企图逃避劳动的学生，学校既不姑息迁就，也不粗暴处理，而是说服教育，防微杜渐，使其认识到自己错误的严重性和危害性，从而改正错误，自觉参加劳动。如某日劳动课时，段东久老师发现教室里有两名同学在低声耳语，躲躲闪闪，去问他们为何不参加劳动时，两人吞吞吐吐，一个说头疼，一个说发烧。

段老师知道他俩都说了谎，于是故意伸手去摸他俩的额头，并半认真半开玩笑地说："好像是摆子发作了。"两同学不置可否地回答"嗯，嗯"。随后段老师又说："既然是这样，那跟我找药吃去吧。"一边说一边拉着他俩到农场去，每人递给一把锄头，并指着地里幽默地说："这里有阿司匹林（西药名），那里有金鸡纳霜（西药名），你俩用力挖一会儿摆子自然就好了。"说完，他自己先抢起锄头挖起来，两学生见罢啼笑皆非，只好老老实实跟老师和同学们一起挖地。挖地治摆子成了段老师教育偷懒学生的"灵丹妙药"，一时传为佳话。

（六）纳入考查。学校很重视对学生劳动情况的考查，考查实行平常考查与临时考查相结合，而且把劳动考查结果与品行、学业挂起钩来。每个学生由学校发给一本工作考勤簿，簿中列有组别、姓名、周次、日期、工作项目、工作地点、工作成绩等栏，由学生按日填写；"评语"栏由领导工作的导师填写，"导师签名"栏是每晚送给各年级组导师审核后填写。此外，每组的组长每天也要填一张报告表，送教导处核对，看是否与学生本人所填的符合。如发现成绩特别优良或特别恶劣的，在次日的"朝会"上予以表扬或批评，这是经常考查。临时考查，是由校长室或教导处派人实地去抽查，或举行各种生产比赛，将比赛成绩记录在案。根据平常考查和临时考查成绩，在期末作一总评，作为品行与学业的参考。由于实行劳动与品行学业挂钩，因此学生对生产教育的成绩十分关心，这一举措对学生的劳动教育促进极大。

四、劳动教育的基本特点

纵观国师十年劳动教育，综合起来有以下几个特点：

（一）贯串教育全过程。表现为三个方面：1. 十年不间断。从首任校长黄质夫，到第五任（最后一任）校长史介民、代校长段东久，劳动教育从不间断。而且除"事业活动"课外，在每学期放寒暑假离校前，每生必须做一次劳动（挖地、锄草等），经验收合格方能离校。2. 覆盖各班级。从高师部（3年制）、简师部（有4年制和5年制之分）、边师部，到初中部、工读班、补习班，各年级各班均有劳动课，且每名学生都要参加。3. 排入总课表。学生李仄（原名李应庚，榕江人，简师科第5届毕业生，曾任榕江二中教师）在回忆文章中说：国师的生产劳动（称为"事业活动"）纳入教学计划，每天下午两小时，列为正课，排入课程表内，风雨无阻，雷打不动，每天由校长亲自分派，班级导师即率领学生去执行。

（二）渗透各类教育。学校除办有高师科、简师科、边师科、初中科外，还开办工读班、附属小学、村寨教育实验区和山寨小学，各类教育无不渗透劳动教育。如工读班（入学考试达不到录取线，但与录取线相差不大的考生，纳入工读班，作为简师科生源，学制半年至一年，免费提供食宿、文具）学生白天劳动，晚上学习；国师附小（1940年秋创办）同样设有"事业活动"（劳动课），只是劳动时间短些，如铲草、整地、追肥、栽树、修路、粉刷教室、美化环境等；车寨教育实验区有菜地，第一学期通过师生劳动，即取得全校人均生产蔬菜36斤的成绩；月寨山寨小学主任张新豪按学生年龄大小编成象、狮、虎、豹、兔5个队，每队20—30名，定期在每周三、周六下午开展劳动比赛，比赛内容是植树、种菜、种瓜豆、红薯、花生等；高文山寨小学也开有劳作课；黎平分校办有农场，也实行且耕且读，师生同样亲下田地栽、插、薅、收。

（三）半工半读。就是开展勤工俭学，勤工俭学是国立贵州师范学校办学的突出特色。劳动生产是国师学生必须接受的一种教育方式，同时也是学校经费的重要来源之一。从建校劳动，到常规劳动，无不是本着勤俭节约、以劳创收的宗旨，帮助学校渡过难关，资助困难学生完成学业。新生从进校编班起，就参与有计划的勤工俭学活动，直至毕业，通过劳动自食其力解决衣食住行。如黄质夫申请开办5年制简师时，就提出这样的方案：学生在校时的制服、书籍、膳杂等费用，都在各生产项目中扣除，如在校生产不及偿还在校消费，则延长其毕业时间，留校继续服务，直至还清为止。实践证明这种方案是可行的，学生是完全接受的。又如放寒暑假时，有少数路途遥远不愿回家的学生，学校提供食宿，但把看管农场和农场生产的任务交给他们，除了半天劳动和晚自习外，其余时间才由留守生自行支配。学校勤工俭学取得明显成绩，加之厉行节约，所以在抗战的艰苦岁月里，学校实现自给自足，菜足饭饱，生活安稳，还支持了抗战，这确实是一种奇迹。为了支援前线的抗日战士，学校还将一笔不小的伙食节余款寄往湘北前线，慰劳抗日功臣。

（四）师生并肩作战。师生共同劳动是这所学校的优良传统。黄质夫经常强调，"师生要同在一起劳动，同上食堂吃饭，和学生一起能穿草鞋"。他作为校长不但亲自安排劳动，而且身体力行带头劳动，全校教师都参加劳动。由于校长、中层干部和所有教师都参加劳动，为学生树立了榜样，所以带动学生自觉劳动、乐意劳动、热爱劳动。师生共同劳动既使"教学做合一"落到实处，又融洽了师生关系，增进了师生感情。

（五）劳动与体质互补。国师对学生体育锻炼非常重视。黄质夫曾提出"向世界最优良人种之体格与体力渐进"的目标，当时由于体育健身器械基本来自国外，价格高昂，一时无力购买，造成有的体育项目无法开展。黄质夫常鼓励学生通过劳动使学生增强体质。

（六）形成劳动文化。劳动是这所学校办学实践的重要组成部分，而且劳动在国立贵州师范学校已是蔚然成风。劳动在国立贵州师范学校形成了一种文化现象，表现在众多的校歌、对联、警句、格言上。歌曲日日唱，对联天天看。如："披荆斩棘，吾校基础奠；树人树木且耕且读，教育上新贡献"（《国师校歌》），"能工能农能商，能教学，能生产……我们有万能的双手，负重的两肩，热血满胸膛，现在下了最大决心来开发边疆"（《国师学生怎样》），"要享乐，先流汗，教学即生活，生活要生产……衣食住行，师生合作分工干，管教养卫，我们同学都能担。扛起了镰刀锄头，拿起了笔杆枪杆，建设自己，建设国师，建设边疆，保卫大西南"（《劳动建校歌》），"我们不怕苦，没有难，钢筋铁骨靠锻炼，荷锄弄斧成习惯，衣食住行靠流汗，抗战建国一肩担，四体勤，五谷分，士人作风今改换"（《学生劳动歌》）等，这些校园歌词都旗帜鲜明地肯定劳动、赞美劳动。国立贵州师范校园到处张贴着有劳动元素的对联、警句、格言。如："与马牛羊鸡犬豕做朋友，对稻菽麦黍稷下功夫""教学做合一，德智体并重""耐得千锤百炼，才能任重致远""耕读一堂得天下英才而教，弦歌四野树黔南文化之基""自己动手丰衣足食，劳动成果汗水铸成""谁知盘中餐，粒粒皆辛苦"等。通过这些载体，宣传劳动的意义，营造劳动的氛围，形成一种浓郁的劳动文化，在耳濡目染中潜移默化，从而深化了广大学生对劳动价值与意义的认识。

五、劳动教育的收获成果

国立贵州师范将生产劳动教育的目的明确表述为，"培养边地学生生产技术的能力，陶冶刻苦耐劳的精神，求其手脑并用自给自足，并进而将其所能推广于地方，贡献于社会"。为实现这一培养目标，以黄质夫为代表的历任校长率先垂范，脱掉长袍大褂、西装革履，亲自参加劳动，带头劳动，带动师生共同劳动，使生产劳动蔚然成风。1945年，本学校编印的《国立贵州师范概况》曾这样描述师生劳动的生动情景："每于曜日西斜，风卷麦浪之际，绿野田畴，辄闻歌声笑声与器具动作之声工作声遥相呼应，清音缭绕，俨若天籁。"当时学校劳动教育取得了丰硕的成果，劳动教育成绩斐然，得到了社会的广泛认可，曾多次获教育部、教育厅表彰。

（一）实现生产自救、自给自足。时值抗战时期，国家经济困难，政府拨给学校的经费很有限，师生生活十分艰苦，为加快学校建设，优化教学环境，学校采取"且耕且读"的办法开展生产自救，从而减轻了国家负担。如：1941年，师生自己动手，烧石灰、烧砖瓦、抬木料，只花少量的钱（雇技术工人做指导），就建起了一栋8间教室的木制教学楼；1945年8月13日，榕江遭受特大水灾，学校房屋财产几乎被洗劫一空，损失惨重。在这种特殊情况下，新任校长梁瓯第不悲观失望，而是动员号召全校师生重建学校，除了恢复校舍及各种设备外，还带领学生深入灾后农场，使一度荒废的数百亩田土得以及时清理恢复并抢时耕种，因而当年年底仍取得较好收成。学校的生产劳动，由于目的明确，劳有所得，所以在经济生活上，做到了自给自足，解决了学校建设和师生生活的实际需要，劳动收入用于满足教学和师生生活需要，蔬菜、肉食品基本实现自给（每星期改善一次伙食，每桌猪肉2斤，有时还杀牛宰羊打牙祭），教学用的粉笔、学生作业本完全自产，从而使学校有限的经费（师范部、简师部学生全部享受公费），在通货恶性膨胀、物价扶摇直上的情况下，学生生活依然有所保障，依然保持一日三餐，维护了正常的教学和生活秩序。

（二）创造物质财富，产生经济效益。学校大规模的生产劳动，创造了大量的物质财富。如迁校的头一年，就实现了"全校师生所吃的蔬菜，完全取之于农场"（《中等学校劳动生产训练》. 教育部训育委员会编. 1944 年 10 月），仅农产品产值就高达 1.4 万多元，相当于全年经费的 59%。以 1940 年、1941 年的农场劳动为例，1940 年收获稻谷 544 石、糯谷 124 石、玉米 25.4 石、棉花 400 斤、蔬菜 260 担，种桐油树 3.5 万株，育树苗 1.338 万株，栽乌桕、旱莲 5 万株；1941 年养牛 13 头、猪 85 头、山羊 28 只、鸡鸭鹅 100 只、鲤鱼 1 万余尾，种果树 640 余株，栽乌桕、旱莲 10 万余株。学校的劳动成果还体现在《中等学校劳动生产训练》中的《国立贵州师范工场劳动产品一览表》和《国立贵州师范学校概况》（国立贵州师范学校校长室编印/1946 年 5 月）中的《历年水稻收入统计表》《历年农场蔬菜肉类生产金额统计表》：

表 1-国立贵州师范工场劳动产品一览表（1940 年 9 至 11 月）

品　名	数　量	品　名	数量
白纸本	5050 本	农具	750 件
作文本	3947 本	小学教具	50 件
周记本	391 本	板刷	48 个
音乐本	410 本	麻线	15 斤
小学课本	3434 本	粪箕	100 个
信封	4353 个	麻绳	15 斤
信纸	9500 张	校具	300 件
蚊帐	300 顶	修屋	270 间
蚊帐布	70 匹	标语牌	240 块
制服	250 件	章戳	15 个
染衣	500 件	表格纸	540 张
造纸	50000 张	竹篮	40 个

说明：短短 3 个月就生产出了当时市值 5000 元以上的成品。产品除满足本校需要外，还供应社会，且受到市场欢迎。

表2-历年水稻收入统计表

年份	种类	产谷数量（斤）	经办人	备 注
1940	粘稻	50400	吴国栋、李玉标	
1941	同上	42862	潘家寿、何志辉	
1942	同上	42193	罗玉珍、蒲德昭	
1943	同上	40289	龙化南、向志祥	
1944	同上	33582	段东久、唐建德	
1945	同上	4975	同上	特大水灾
合计		214301		

表3-历年农场蔬菜肉类生产金额统计表

年份	产品收入	金额（元）	备 注
1940	蔬菜肉类	2790.11	初到榕江的头1年
1941	同上	12023.75	农场生产开始兴旺
1942	同上	55990.05	
1943	同上	166023.86	
1944	同上	653733.00	
1945	同上	637700.78	
合计		1528227.50	

（三）培养品格、增长才干。国立贵州师范学校的生产劳动不仅奠定了教和学的物质基础，而且增强了学生的体质，培养了吃苦耐劳的精神和热爱劳动、珍惜劳动成果的品德，促进学生"手脑并用"、全面发展。据老校友回忆，有一次，学校给劳动成绩优秀的学生授奖，奖给每人一个头笠、一双草鞋、一根扁担。黄质夫校长说这是"顶天立地，任重道远"，教育学生认识生产劳动教育与训练的重要意义。正如许绍桂校长所说："劳动教育之可贵，在于通过劳动锻炼，增强体质，手脑合作，改变知识分子贱视体力劳动的错误，培养学生刻苦耐劳、节俭朴实等优良品德，这是作为乡村文化教育工作者所应重视的。"

国立贵州师范学校在劳动中诞生，在劳动中成长，在劳动中发展。学校实行的教育与生产劳动相结合，不仅创造了大量物质财富，还扭转了知识分子鄙视体力劳动的错误观念，更培养了学生吃苦耐劳、勤劳勇敢、勤俭节约、热爱劳动、自强不息的品格，增长了知识和才干，锻炼了身体，增强了体质，促进了德、智、体、美、劳的全面发展。实践证明，国立贵州师范学校实行"教育与生产劳动相结合"的办学方针是完全正确的，通过劳动教育实践成功地实现了学校既定的育人目标。

第六节　学校的女生教育

国立贵州师范学校培养合格的乡村教师的任务，不仅是培养男教师，也要培养乡村的女教师，才能适应开发边疆教育的需要。但是，在 20 世纪 40 年代，国立贵州师范在榕江办学的十年间（包括黎平分校），学校的女学生的人数实在太少，与男生不成相应的比例。

根据 1943 年《国立贵州师范学校学生统计表》记载，当年国立贵州师范校本部有师范科学生 68 人，简易师范科学生 268 人，初中科学生 205 人，合计 541人，其中女学生只有 43 人，仅占学生总数的 7.1%。详见当年国立贵州师范校本部学生统计表：

科别	年级	人数		
		男	女	小计
师范科	一年级	38	1	39
	三年级	27	2	29
简师科（春）（秋）	一年级	62	5	67
	二年级	55	6	61
	二年级	44	8	52
	三年级	34	2	36
五年简师	一年级	52		52
初中科	一年级	72	11	83
	二年级	65	6	71
	三年级	49	2	51
合计		498	43	541

民国三十二年（1943年），国立贵州师范学校黎平分校有三个年级各一个班，学生共有146人，其中女生12人，占学生总数的8.2%。到民国三十四年（1945年），第二学期，黎平分校早已停办，校本部的初中也停止招收新生。当时校本部共有在校生327人，其中师范科49人，简师科211人，初中科25人，简师补习班42人，全校女学生有9人，占学生总人数的2.74%，比1943年的女生人数减少了。到民国三十八年（1949年），根据当年《国立贵州师范学校毕业生名单》资料统计，国立贵州师范学校在榕江办学10年，共有毕业生725人，其中毕业的女学生只有34人，仅占毕业生总数的5%。

综上所述，国立贵州师范学校在榕江办学期间，无论是各年的在校生，还是毕业生的总数，女学生人数实在太少了。国立贵州师范学校有的校友曾风趣地说，有的班只有几个女生，称为"插花班"；有的班只有一个女生，称"独姑娘班"；有的班一个女生都没有，称为"和尚班"。国立贵州师范学校培养出来的女教师少了，势必适应不了乡村学校教育发展对女教师的需要。

国立贵州师范学校的女学生人数少，究其原因，一是在半殖民地半封建社会的旧中国贫穷落后，社会经济文化落后，特别是在广大的边疆的贫困乡村，没有多少所学校，高小学校更少，适龄的少年儿童入学率是很低的，读到高小毕业的人不多，高小毕业的女学生少之又少，更谈不上小学教育的普及，这是根本原因；二是许多家庭经济困难，难以支持小孩上学读书；三是在过去"女子无才便是德"以及重男轻女的旧的传统封建伦理的桎梏下，也影响到女子入学；四是无论城市或乡村学校女教师奇缺，对于发动和吸引女生入学也多少受到影响。由于小学阶段女学生少，就没有或少有女生就读完小学后升入中等学校。就榕江车寨村为例，车寨与县城仅一江之隔，于民国初年办了初小直到 1943 年才办高小，在校生 130 多人，女学生不到 30 人，1945 年车寨小学第一届高小学毕业生 12 人，没有一个女生。1945 年秋，国立贵州师范学校在车寨创办村寨教育实验区，学生一直不到 200 人，到 1949 年，学生已增到近 400 人，历届高小毕业的女学生合计也不到 30 人。国立贵州师范学校在村寨教育实验区内附设一个简师科的补习班 46 人毕业，竟没有一个女学生，更何况边境边远的乡村小学校。在当时黔湘桂边境诸县的乡村学校都在不同程度上存在女生偏少的现象。所以，国立贵州师范学校在榕江办学时，每年录取的新生中女生人数不多，这是受到当时的社会经济文化落后的历史环境的制约和影响的。就是在当时的社会环境下，国立贵州师范学校还能培养出数十名"女秀才"，成为乡村的合格教师，这也是难能可贵的。

当年国立贵州师范学校的领导者和教师们，承担着培养边疆乡村教师的重任，更看到了培养女教师的任务艰难。因此，学校在推进边疆师范教育事业中，对在校的女师范生的教育，不但给予足够的重视，而且有切实的措施。

第一，学校把招收和培养女学生列入教育发展之中，并逐步付诸实施。例如，在每年的招生简章中，都作了"男女兼收"的规定，这就为女生入学敞开了大门，提供了政策保证。

第二，在学校生产劳动教育与训练上，在具体劳动的项目上，注意和照顾女生的力所能及与生理状况，分给她们适当的活，使她们乐于从事力所能及的劳动，培养劳动习惯、增强劳动观念和学到一些生产劳动知识与技能，也得到劳动的实际锻炼。国立贵州师范学校第二届简师科毕业生卢凤兰在《国师女子中队》

一文中回忆说，"国师对参加生产劳动非常重视，女学生也无一人例外，男女一样劳动"，"全校女生都安排到学校工场的一些适合女生的轻便活路，如装订练习本、印刷表格、缝纫裁剪衣服、纺纱织布等"，"每天下午劳动的钟声响了，全体师生都奔赴各自的劳动岗位，寂静的工场农场沸腾起来了，到处热气腾腾，生机勃勃"，"女生在学校的几年间，从劳动生产中我们学到一些技能，享受了劳动的成果和劳动的欢乐，同时使我们的身心也得到了锻炼"。

第三，学校对女生严格管理和热情关怀。黄质夫校长说，"男女有别，不能授受不亲"。学校对男女生的教育与管理同样严格，女学生的作息、考勤、作业、考试、升留级、补考和毕业等，都一视同仁，从不马虎。学校将全校女生编为一个中队，但凡集合、升降旗或是早操，女学生都要集中列队站成一队或整齐地坐在一起，上课回到各班教室，晚上自习与作业。学校女生统一住校。为了照顾女生，专设女生指导员，由女教职员担任，专门管理女生的生活问题。女生宿舍与男生宿舍保持相当的距离，互不干扰。女生指导员住女生宿舍内，既能与女生融洽感情，又便于管理，维护女生的安全，发现问题，及时处理解决。国立贵州师范学校的领导和教师对女学生严格教育与管理，是为着让女学生在校专心学习，把她们培养成合格的教师，严格是为了关爱和教育。这里举两个关爱女学生的动人事例：

1943年3月，学校有一位女学生叫梅素，在缺医少药的艰苦年代，因患肺结核未能治愈而病故。梅素是江苏砀山人，在抗日战争的烽火年代，只身来到榕江就读国立贵州师范学校，她死后葬西门坡的卧龙岗上。学校的校长和师生们为梅素的去世都感到悲痛。为了纪念这位女师范生，后来学校为她立碑时，黄质夫撰写悼词刻在她的墓碑上。他在悼词中说，"梅素，是江苏砀山人，刚毅木讷，蔼然可亲，为师友所敬爱。抗战军兴，义不受辱，只身西迁，辗转入本校肄业。以所遭横逆特甚，忧伤憔悴，致患痨瘵，悬悷经年"，"君万里流亡，有恨未蠲，一棺坩体，赍志以殁，人生惨事"，"君生于苏而葬于斯，离故乡万里矣，胜利在望，东归有期，魂兮有知，当备脩佗归计之"。黄质夫校长对一位逝去的女师范生是多么的心悲和悯惜，学校的师生们都为之感动和深受教育。

1949年秋的一天，一个街上的青年妇女，接连五次到女生宿舍喊一位与她同一条街的女学生，谎称这位女生母亲叫她回家，这位女学生知道来喊者行为不轨，推辞不去。这件事引起了女生指导员纪德申老师的重视，次日，即叫那位被喊的女生写明情况，并叫同寝室的 5 位女生写出证明，她据实写了情况报告，一并报给时任校长史介民。史介民非常重视，立即以学校的名义，正式向当地政府发出公函，要求县政府认真查处那天晚上到女生宿舍企图哄骗女学生外出的那位妇女。国立贵州师范从严治校，对女学生的关心、爱护和负责的精神，由此可见一斑。

国立贵州师范学校在榕江办学的十年中，共输送了 34 名毕业的女学生，到乡村当了小学教师，她们为发展边疆乡村的教育事业都作出了贡献。若单从这个数字看，好似不值一提，但在当时的社会历史条件下，能为黔湘桂边境民族山区输送一批乡村的女教师，也是不容易的。从国立贵州师范学校毕业出去的这些女学生，有的后来又升入高等学校深造，1949 年后成为国家干部；有的在 1949 年初参加抗美援朝，而后转地方工作。根据榕江县编印的《国立贵州师范文集》中记载，榕江县第一位女大学生陈谨之，她就是国立贵州师范学校输送出去的女学生，后来就读贵阳师范学院外语系，1949 年后一直在中共贵州省委、省人民政府机关工作，曾任过贵州省人大常委会委员、省人民政府体制改革委员会副主任。国立贵州师范学校边师科榕江籍的陈继芬，1949 年后当上榕江县财政局局长。

国立贵州师范学校附属小学毕业出来的女学生中也涌现了不少人才，在机关和学校成为骨干力量，如下图表所示：

姓名	最后学历	工作单位	职务/职称
左全光	榕江中学高中部	青岛海军疗养院	主治医师、正团级
石云珍	贵阳师范学院	广西三江侗族自治县人民政府	副县长
胡智如	哈尔滨医科大学卫生管理进修班	贵州省黔南州计划局	副局长（正县级）

姓名	最后学历	工作单位	职务/职称
姚民英	贵州农学院	贵州省黔东南州农校	高级讲师、副校长（主持工作）
卫发源	贵阳工业学校	新疆钢铁设计院	总工程师
胡钟英	贵州省黔南州高等师范专科学校	贵阳中等专业学校	中学高级教师
陈德姿	贵阳师范学院	浙江瑞安市华桥中学	中学高级教师
杨宝珍	贵阳师范学院	贵州省榕江县第一中学	中学高级教师
左全珍	贵阳民族师范学校	榕江县城关一小	中学高级教师、校长
梁秀英	附小分校高文山寨小学	贵州省黔东南州妇联	副主任

附属小学毕业出来的女学生中，还有不少的人评上讲师、医师、工程师和小学高级教师等，她们在不同岗位上都成了骨干力量。

附：

梅素女士之墓

女士苏砀山人，刚毅木讷，蔼然可亲，为师友所敬爱。抗战军兴，义不受辱，只身西迁，辗转入本校肄业。以所遭横逆特甚，忧伤憔悴，致患痨瘵，悬悬经年，困顿◎◎本年三月二十五日，匪陷榕城，竟以不起，年绕二十◎耳，呜呼痛哉。君万里流亡，有恨未蠲，一棺竮体，赉志以殁，人生惨事，当无逾此乱。平级友杨秀书义葬君于古州龙岗之阳，并树短碣，嘱余为◎人◎领◎◎呼。君生于苏而葬于斯，离故乡万里矣，胜利在望，东归有期，魂兮有知，当备脩佗归计之。

中华民国三十二年十二月，国立贵州师范学校校长黄质夫◎

参加儿童节归来

国立贵州师范学校附属小学参加儿童节归来

第五章　学校的教育参观与教育实习

　　教育实习是国立贵州师范学校的一门重要课程。每个学年末，学校都要组织师范毕业班的学生到小学去，让学生将所学过的文化专业知识和教育理论知识，运用于小学的课堂教学、班级教育管理和学校行政等方面的教育实践活动。师范生通过教育实习的实践锻炼，可以增强师范生热爱教育事业的感情，提高师范生服务教育的实践能力。

　　国立贵州师范学校在榕江办学的十年间，共输送三年制高师科七届毕业生205人，四年制简师科九届毕业生259人，四年制边疆师范科一届毕业生37人。每届师范毕业生到了最后学年学完所有课程以后，学校都要组织毕业班的学生到小学去，集中一个月的时间，进行教育实习活动。学校对师范生教育实习的要求十分严格，教育实习不及格的不准毕业。

　　学校怎样加强教育实习工作呢？

第一节　创建学校教育实习基地

　　国立贵州师范学校于1940年春从青岩迁到榕江办学时，就立即与当地县政府商定，将城里的男女分校改组成立了"国立贵州师范学校·榕江县政府联立小学"，到了是年秋，改为"国立贵州师范学校附属小学"，附属小学全部由国立贵州师范学校直接领导和管理。附属小学除设有教务、训导管理机构以外，还专门设立了教育研究组。教育研究组除了负责指导地方小学教育以外，还要负责接待、安排和指导师范毕业生每年来校开展教育实习活动。为了把附属小学创建成当地第一流小学，为承担接待和指导师范生教育实习任务，国立贵州师范学校为附属小学组建了一支精干的管理队伍和教师队伍。附属小学的教师绝大多数是从国立贵州师范学校历届优秀毕业生中遴选，附属小学的管理干部和教师都有献身边疆教育的精神，而且具有一定的文化专业知识、教学能力和教育理论的素养，他们不仅能胜任教学工作，还能辅导师范实习生的教育实习活动。

为了拓展边疆教育事业，探索边疆村寨教育发展新路，创建乡村学校教育实习基地，国立贵州师范学校于 1945 年和 1946 年，先后又在三宝侗乡的车寨村创办了村寨教育实验区和月寨村的山寨小学。1948 年又创建了高文山寨小学，山寨小学列为附属小学的分校，创建了以城里小学带动村寨小学发展的办学模式。1945 年秋以后，国立贵州师范学校的毕业班的师范生，不仅到附属小学实习，也到村寨教育实验区进行教育实习。例如，1946 年秋毕业的国立贵州师范四年制简师科第六届毕业生 29 人，1949 年秋毕业的国立贵州师范四年制边疆师范科第一届毕业生 37 人，都是到村寨教育实验区进行参观和实习的。实习生到村寨教育实验区进行实习，可以学到乡村小学的教育教学的实践经验，有助于师范生从事乡村学校工作。

国立贵州师范学校所创建的附属小学和村寨教育实验区，从教育管理、师资配备、教学设备、教学质量和办学经验等方面，都优于当地的一般小学，所以能胜任指导实习生进行教育实习工作，也能达到教育实习的好效果，并逐年总结和积累教育实习的工作经验，使之真正成为师范实习生的教育实习基地。教育实习不仅是教学的实习，还包括学校教育行政的教务与训导管理、班级教育工作、学生课外活动和学生家访等方面的实习活动，就当时榕江县境的小学情况看，也只有国立贵州师范学校所创建的附属小学和村寨教育实验区，才能具备辅导师范实习生全面系统地完成实习任务的条件。

第二节　做好实习前准备工作

师范学校的教育实习，是一项培养合格师范生的重要教育与训练的实践活动。

因此，国立贵州师范学校十分重视做好教育实习之前的准备工作。

一、学校对本届实习生进行实习的动员。学校领导或指导实习的教师，在动员会上，讲明师范生教育实习的目的、意义、任务和要求，宣布实习活动的日程安排，划分实习小组，明确带队的指导教师的职责，宣布教育实习的纪律制度，鼓励学生努力做好教育实习工作，获得好的实习成绩。

二、实习前的业务培训。重点是讲述实习生如何上好一堂课，提高课堂教学质量的教学业务问题。例如。如何钻研教材，如何确定教学的目的、任务，如何编写教案，如何选择适当的教学方法，如何使用教具，如何提高板书质量，如何提高课堂的语言表达能力，如何评价一堂课等，使实习生从思想上和业务上，做好实习的充分准备。

三、实习学校召开教师与全体实习生参加的见面会。学校负责人介绍实习学校的基本情况，发放实习生须知，宣布各项实习安排，落实实习生的各自实习任务。会后，由实习学生与实习学校教师交谈，让实习生心中有数，便于开展教育实习活动。

四、举行欢迎实习生仪式和欢迎晚会。实习生正式进入实习学校时，实习学校的领导和师生，早已列队在校门的一旁迎接实习生。师范学校的指导教师，带领穿着整齐服装的实习生队伍，列队站在学校大门外一旁。实习生队伍在师生热烈欢迎的掌声中，唱起了《我是师范生》（详见本书第十章《国立贵州师范校园歌曲（选载）》）。

接着，师范实习生和学生合唱一首《献金》：

（学生唱）：

诸位师范生，

是我们最敬佩的先生，

诸位是儿童园地的灌溉者。

传播文化给人们。

我愿献金，

献金，

献金，

聊表我们敬佩的挚诚。

（实习教师唱）：

我是师范生，

我们知道教育的神圣，

我们愿从事教育的事业，

在我们的终身。

感谢诸位的美意，

更加强我们服务的热忱。

（齐唱）：

教育！

神圣！

我愿从事（接受）教育，

在我们的终身。

在欢迎仪式上，所唱的《我是师范生》和《献金》的这两首歌的歌词，都是黄质夫先生撰写的，敖克成老师谱的曲。这两首歌均列入国立贵州师范学校校园歌曲之内。

实习生进校的当天，实习学校的师生举行欢迎实习生的晚会。开幕之前，先由学生代表致欢迎词，然后是实习生代表讲话，表示对学校师生的谢意，并表示努力做好实习工作，接着表演文艺节目。这样的欢迎晚会，可以提高实习生的实习兴趣，激发实习生的服务热忱，还可以加强学校师生与实习生的亲密关系，树立尊师爱生的风气，坚定实习生献身教育的志向和决心。

第三节 教育实习内容与步骤

国立贵州师范学校教育实习的内容包括参观、见习和实习三个相互联系的发展阶段。

第一阶段是参观。参观除了熟悉学校环境以外，以参观教学为主，也粗略了解学校行政和课外活动。参观教学有两种方式：一是参观示范教学。由实习学校安排有教学经验的教师分科进行示范教学，全体实习生和学校教师现场听课。担任示范教学的教师，事先编出了详细教案，由指导教师辅导实习生对教案认真研究，上课时对照教案听课和记笔记。示范课教学结束之后，对教学过程和教学效果进行研究讨论，实习生根据自己的体会，自由发表意见，肯定优点，指出缺点，谈论自己对课的评价。通过这样的听课和讨论，使实习生从感性认识提高到理性认识，可作为下一步实习教学的借鉴。二是分班参观教学。这时把实习生分成几个小组，按参观的日程到各班参观教学。参观之前，实习生与原任教师联系，共同熟悉教材和领会教案，到班里听课时，同样记好笔记。听课结束后，教师与实习生一起研讨，原任课教师对讨论中提出的问题作解答或与之商榷。

第二阶段是见习。参观只是在一旁观看别人怎么做，见习则是一边看一边做部分工作。如教学见习，在科任教师指导下，熟悉教材，收集教学参考资料，一同研究如何编写教案，参与批改学生的部分作业，深入课堂听课。在班级工作见习方面，实习生可了解班级的基本情况，参与班级学生的课外活动，或随同班主任进行学生家访，参与解决学生中临时发生的问题等。其他方面的见习，如在负责教务工作的教师指导下，学习编排总课表，协助体育教师布置体育活动场地等。经过为期不长的见习以后，即转入实习阶段。

第三阶段是实习。实习是教育实习的主要阶段，也是实习的最后阶段。在这个阶段，每个实习生按照实习规程的要求，都要进行教学实习，部分学生还要实习教务、训导和班级工作。在实习阶段，实习学校的行政、教务、训导、活动等，全由师范学校的实习生分工负责组织实施。一是教学实习。教学实习是教育实习的重要任务，每个实习生通过教学实习的实践锻炼，使自己成为能胜任教学的合格教师。教学实习也包括复式教学的实习。实习生按照实习学校分配给实习生到各班上课的日程，认真钻研教材，备好课，明确课的教学目的任务、教学的重点、教学步骤方法，编制好教案，于上课前一天把教案送交到原任课教师审阅签字以后，实习生方可按编写的教案准时上课。原任教师和本组实习生都到教室后排听课，并做好笔记。下课后，研评课座谈会，由实习生先自我评价，大家发表评议，然后原任教师提出指导性的意见，作为评估实习生的教学实习成绩的依据。二是教育行政工作实习。学校教育行政的实习，主要是实习教务和训导工作。例如，编制实习阶段的总课表、各班级课表和各科教师每周教学的时间表，召开教务或训导会议，讨论决定有关工作问题，布置课外活动，安排家庭访问，抽查学生的作业，处理学生临时发生的问题，填写教务、训导日志，等等。这些实习内容都是在原负责教务、训导的教师指导下进行。三是班级工作实习。在实习阶段，有些实习生还要实习班级教育管理的工作。实习生在原级任导师（现在称班主任）的指导下，由实习生接管班级工作，开展班级教育活动。例如，调查班级学生状况，健全班干队伍，安排班的课外活动，督促学生参加学校活动，找个别学生谈话，主持班会活动，指导学生编排班级刊物或墙报，对个别学生进行家访等。

第四节　对实习生实习成绩评定

实习生的实习成绩，是由师范学校带队教师与实习学校的教师共同给予评定。根据实习生所担负的实习项目任务，先是分项成绩评定，然后作综合评定，最后表彰优秀实习生。

一、各学科教学成绩评定。在每一课或每一单元教学实习结束时，实习学校原任课教师对实习生的课前准备、教案的编制、课堂教学艺术和效果，以及课后处理等情况，评定每堂课教学实习成绩。若是又上别班其他学科教学实习结束，同样如此对实习课进行评定。

二、班级工作实习结束后，对实习生在实习班级工作期间所做的工作，如了解学生、个别谈话、学生家访、开展班级活动、召开班会效果等方面，由实习学校原班级任导师给予评定成绩。

三、对学校行政工作实习的成绩，由原负责教务、训导的教师，按实习生所做的工作，逐项评定，然后总评定。

对实习生的各项实习评定和总评定，采取优等、良好、及格和不及格四个等级评定，取得优等成绩的授予优秀实习生的称号，并给予表彰。实习成绩不及格者不准毕业，待到下一学年教育实习活动进行时，可以再参加实习一次，具有实习"补考"的性质，实习补考合格者补发毕业证书。国立贵州师范学校把"教育实习"列为重要学科，对学生的实习要求严格，其目的是从理论与实践的结合上，为边疆乡村教育培养合格的乡村教师。

第五节 组织师范毕业生到外地参观教育

师范学校所编课程中设有"实习"与"参观"，这在师范学校的教学上也是一样重要的。实习是把在学校学到的知识与技能用于教学实践，通过试教取得实际教学实践经验，今后从教时不至于临时彷徨茫然无绪。但若仅凭在学校所学的课本知识与技能还是不够的，不能坐井观天，还必须到教育实践中去参观、考察，使学生拓宽视野、增长见识，增进实际的教学实践经验，作为将来服务国民教育之借鉴。所以国立贵州师范学校每年除了组织师范毕业生在当地小学进行参观、见习和实习以外，每年还要组织师范毕业生赴外地参观教育。这里仅举两例述之。

根据国立贵州师范学校《新贵师》第二期记载，1946 年 11 月 25 日，学校组织本校师范科第六届毕业生教育参观团到贵阳参观和考察教育，徒步行程九天，到达贵阳休息两天，即开始参观。这次到贵阳"参观的对象是以小学为目标，以小学设施及教学为主题，故贵阳有名之小学都一一前往参观"。如贵阳师范附属小学、国立贵阳师范学院附属小学、贵阳女师附属小学、市立实验小学、正谊小学、省立国民教育实验区、市北小学、省立贵阳幼儿园等。此次在贵阳还参观了贵阳师范学院、贵州大学、贵阳医学院、省立贵阳师范学校、贵阳师范学院附中、省立贵阳中学、省立贵阳女子师范、私立清华中学、国立贵州中学等学校。这次在贵阳参观时，原在国立贵州师范毕业相继离校数年在贵阳的校友 40 余人，今闻母校同学来参观，都热忱到住地看望，并聚会联欢，大家"亲热得如兄弟姊妹一样"，心感悦慰。学生参观回校后都写了参观考察报告或心得体会，石邦垠（湖南会同人）同学写的《本校师范科第六届毕业生参观贵阳教育报告》刊载在《新贵师》第三期上。当年就读国立贵州师范的学生，大多数都生活在山区，居处山乡，现代常识无疑是十分缺乏的。这次到贵阳观光，确也增长见识。许绍桂在《我对国师的回忆》一文中，讲到这次组织学生赴贵阳参观途中一个有趣的小故事。他说，这一年师范毕业生到贵阳观光，当"他们行到都匀火车站，第一次见机车时，非常惊奇，有几位学生，20多岁了，高兴得不顾一切地爬上去抚摸，不忍释手，待回程时，特意坐了最短途的火车，从都匀到独山，然后步行返校，学生孩子般的天真，实令人发笑，国师学生就在这种环境下生长的。"（见榕江县教育局等编的《国立贵州师范文集》第215页）

又根据《新贵师》第三期记载，本校简师科第八届毕业班毕业考试结束后，学校组织教育参观团，于12月中下旬"在冷酷的冬天，冰天雪地之下，由榕江步行出发，不怕艰苦，向前迈进"，先后到黎平、锦屏、天柱三个县进行教育参观考察。他们不仅考察了中小学，也考察了社会民众教育馆，听取三县教育科领导介绍各县教育发展状况，使学生在参观过程中都学到了许多的实际教育实践经验，学生回校后，都写了参观教育的心得或考察报告，学校择优刊载在《新贵师》校刊上。这里将简师第八届毕业生，剑河人蒋运良的《教育参观报告》一文附后，从中可以了解到当时参观教育的活动情况，了解到当年的简师毕业生的文化水平不低，以及他们热心边疆教育事业的精神。

附 1：

教育参观团报告

简　四　蒋运良

毕业考试完竣后，我们为要求增进实际的经验，特组织教育参观团，赴黔东各县参观，以收观摩之益，藉作将来服务国民教育之借镜。在冷酷的冬天，冰天雪地之下，由榕江步行出发，不怕艰苦，向前迈进，终于在 12 月 19 日抵达黎平。

我们放下行李，从事准备工作，分别与有关机关洽商，订定参观日程，兹将分述如次：

（一）黎平县教育概况

一、县政府教育科：据龙科长的报告：黎平的小学在量的方面已达到一乡一所中心国民学校的规定，一保一所国民学校之标准，惟在质的方面，因种种困难，距离理想尚远，不合格的教师仍占全数 80%，这是质的不良的最大因素。

二、德凤镇第一中心国民学校：该校校舍，为孔子庙改造，昔为男小，后改今名，全校以男生居多，女生寥寥无几，教员多是过去的秀才，教学活动的空气，尚称浓厚，处处均足表现学不厌教不倦之精神，这是该校一大优点，倘能延聘优良教师，充分利用校舍设备，则该学校规模较大。

三、德凤镇第二中心国民学校：该校位于公共体育场之旁边，校舍尚称适用，在过去是女小，因此以女生占多。全校学生，亦甚活泼，教师多数为老头子，这些老当益壮的夫子，颇能适应本性天真活泼儿童。我们去参观教学的时候，适值黎平简师实习生试教，对于教学历程之处理，尚缺乏经验，不过三年的简师训练，能有如此的教学成绩，总算是不错了。

四、黎平县立中学：我们整队入大礼堂后，彭校长对我们讲话，给我们很多指示和鼓励。因中学不是参观的对象，故对于教学方面，只是走马观花地看了一遍。就外表看，该校校舍是新建的楼房相当宏大，整个环境，焕然一新。

五、黎平县立民教馆：民众教育馆是综合性的社会教育机关，负担教育民众的重要工作，该馆除应办的社教工作外，尚设民教班一班，招集边胞 18 岁至 25 岁之失学女子，施以 4 个月的短期训练，专教国语、算术、音乐及卫生知识。在这短短的 4 个月当中，全班边胞女生会说普通话，汉字也认识不少，尤其是音乐，他们教唱得很好，我们到那里的时候，她们唱歌来欢迎，心中觉得非常兴奋。由此看来，这种民众教育是有相当的价值，是值得提倡的。该馆的图书设备，也很完善，可以说是最标准的民众教育馆了。

（二）锦屏县教育概况

一、县政府教育科：该县近年来，对于教育的推行，可说是不遗余力，从三十七年起，提高教师待遇，聘请合格教师，被誉为黔东模范县。

二、三江镇中心国民学校：该校环境优美，图书仪器教具等设备也很完善，布置整齐美观，学生 200 余人，教师不以待遇菲薄而懒怠，能以不屈不挠的精神克服困难，发挥服务精神，实令人钦佩。

三、实验小学：过去是女子小学，因此女生特多，一切设施也不亚于标小，全校学生 6 班、共 200 余人，学生的手工成绩很好，尤其女生的刺绣，可说是一般小学不易见到的。

四、县立中学：校舍非常堂皇，图书仪器，都应有尽有，尤其是学生自绘挂图，是锦中的特点，但限于经济困难，无法延聘优良教师，教学成绩未能满意。

五、民众教育馆：馆内图书极多，时时有人到馆阅览，甚合民众教育之本意，设有民教班，招收当地妇女，利用空闲时间授课，成绩良好，尤以女红特为重视，馆内设有收音机，逐日广播时事更为难得。

（三）天柱县教育概况

我们到天柱后，因时间短促，仅仅参观县政府教育科。天柱为黔东文化发源地，全县学校林立，一保一校制及一乡镇一所中心国民学校制，早已完成，并且有数乡设有中心学校两所，这是国民教育之大概。此外更有历史悠久的天柱县立中学，现在已办到 36 期，校中共 15 班，校舍极为宏大。不过我们到天柱时正值元旦，各学校已放假，不能作详细的参观，这是一点遗憾。

附 2：

教学参考笔录

李实英　简　四

学校名称：国师附小

教师姓名：钟显治

教授科目：图画

教授时间：11 月 29 日上午 8∶40 至 9∶10

教授班次：一上二下合级复式教学

甲　教学情形

上课钟响了，同学们都跑到教室来，但是尚未坐好，所以老师就走到教室外面来，并且向教室内的同学说，你们坐得好，并且不要说话，我就进来上课，否则我就不上你们这班的课了，学生听到老师在室外如此说，一个个都坐到自己的位子，并且很静肃地、端正地坐着，这是教室秩序的管理有方。

教师：你们都坐好了，我来上你们的课，走进教室来，眼睛看着各个儿
　　　童，并且施行他的教学方法。

学生：发出立正口令，大家都站了起来，很有精神。

教师：我看哪个还站不好的话，我就不答礼，任你们站。

学生：都很规矩而注意地站好。

教师：回答过礼，说道，我看哪一行坐得最好，我送他一个星，哪行坐不好，我就给他半个星，再坐不好的，我就不给他的星，若是哪行缺人，又坐不好的，我就请他那一行站起来画，如果还有更坏的，我便请他那一行跪着画，现在就请大家注意，我来给星。

学生：因为好胜心切，所以每个人都极力争取星的到来，他们是何等的注意。

教师：第一行得一个星，第二行少一个角，第三行也得一个，第四行又少一个角，第五行的也少一个角，第六行的缺少两个角，只得三个角了。

学生：失败的一行很焦急。

教师：你们的图画课，原来是哪一位老师上？

学生：我们的图画课，原来是江老师上。

教师：因为今天江老师有病，特地要我来代课，并且我听江老师说，你们这班图画，画得很好，可说是比六年级还要好。（这种引起学生对于图画与兴趣的方法，很合适）

学生：听到了老师的赞美，很为高兴。

教师：江老师说，你们这班的同学，画也画得好，记忆力也很好，所以我今天特地来考验考验你们看，是否如此？

学生：更表现着紧张的神情（这是一般儿童的向上心）。

教师：现在我们来试画，我拿一张图画来给你们，限两分钟内看好，并且各自拿出一张白纸来，待我把图画收藏了之后，你们就马上在白纸上，画上所看过的图画，画好后，就立刻举起手来，我就来看谁画得最好最快。

学生：都忙着向抽屉取白纸。

教师：每个都已看过了，现在开始来画，不要多说话了。

学生：用心画着。

教师：哪个画好的，请举手，但是仍须坐在自己的位置上，不要过位，待我来看他的画稿。

学生：有画好的立刻就举手来了。

教师：立刻走到他的位置上来看，并且收下他的画稿，持到讲台上，向大家提出他的名字，用鼓励的口吻赞扬他，画得很好，且又快。

学生：画起的先后举手不一。

教师：看他们先后有人举手，便问道："你们都画好了没有？"

学生：画好了。

教师：大家都画好了，现在我们就来正式的画（随手拿出图画稿子来），请各位拿出图画本来，开始动作。

学生：向抽屉取出图画本，并瞧着老师在黑板上正式画。

教师：正式画的时候，应先看我如何着手，然后再在自己的画本上画，并且要认真地画，不要随便乱画，如果哪个画得最快最好，我就送他这幅画。

学生：有的说，没有白纸，有的说，没有本子。

教师：不得我的许可，不许任意说话，如果哪个再要问的话，我就扣他那一行的星角，大家注意看我画。

学生：又有人说，我拿单页白纸来画，好不好老师？（老师不回答，只管在黑板上画着）。

教师：注意于黑板上的画。

学生：再有的说，我没有图画本，拿单页白纸来画好不好老师？

教师：没有本子的，可以拿纸替代，画的时候，首先应以铅笔来打影后再用墨笔填上，一步一步地画着。

学生：开始在自己的位子上起稿了。

教师：第二步是画叶子，第三步是画线条。

学生：都静心坐在位子上画。

教师：巡视各个小朋友的画稿，有不好的，立刻加以指导和纠正（下课钟响了）。学生：都忙着加紧画。

教师：画好的，由最后一个传下来，越快越好，看哪一行传的快。

学生：从老师说了之后，大家又忙着传本子。

教师：第三行的得第一，第四行得第二，第二行得第三，以后的均陆续传上。

学生：静坐在位子上。

教师：本子传好了，下课。

学生：发出立正口令。

教师：待我将你们的图画本子看好后，看哪个画得最好，我就送他这幅图
画——胡萝卜，回答了礼，走出教室去了。

学生：都纷纷走出教室（秩序尚好）。

乙　参观意见

（A）　教室方面：

（a）优点：

1. 布置简单，意义深长，恰到好处。

2. 地板清洁，垃圾处理得当。

3. 光线充足，空气流通，颇适宜儿童的学习。

（b）缺点：

1. 教室面积太窄不能容纳两级儿童，故强为安置座位，而行间与距离都不够
宽，儿童行动颇感不便。

2. 一上儿童与二下儿童合级，而所坐的桌子相同，有碍于一上儿童。

（B）　教授方面：

（a）优点：

1. 关于秩序方面，维持得很好，例如：能利用五个星角来计算每行的秩序成
绩，若哪一行讲话或不遵守秩序或有缺席者，则将他这一行的星角减少，而鼓励
每行都能得到圆满的五星角。

2. 教学方面，能启发儿童的兴趣和记忆力，例如：在未正式画以前，老师先
教儿童记忆画一个与老师相仿的草稿，然后再行正式地看着老师所画的来画。

3. 教师能激起儿童画画的兴趣，例如：老师叫儿童正式画的时候，就说谁画
得好，画得快，我将我这幅画送给他。

（b）缺点：

1. 教师对于儿童说话太啰嗦，有碍儿童学习的进度。

2. 教材不适于儿童的程度，画的胡萝卜，而一上儿童则不能画。

（C） 学生方面：

（a）优点：

1. 很能听老师的指挥。

2. 很遵守秩序，一点不说话，除了发问之外，全级静寂无声。

（b）缺点：

1. 少数同学不能自己画，要依赖其他同学帮忙。

2. 少数儿童无画本，只呆坐于位子上，不发问，亦不参加画。

（注：附1附2摘自国立贵州师范学校编印：《新贵师》第三卷，民国三十七年三月一日出版）

第六章 学校教师队伍建设与从严治校

第一节 教师队伍建设与奉献精神

振兴经济的希望在教育，振兴教育的希望在教师。教学问题，也主要是教师问题。国立贵州师范学校之所以办得好，其声誉远播省内外，而且80多年后，人们对这所学校的印象仍然那么深刻，其中一个重要原因，就是得益于这所学校拥有一支学识高、品德好、有过硬教学本领和奉献边疆教育事业精神的精湛教师队伍。这也是当年国立贵州师范学校的一大亮点。那么，当年国立贵州师范学校这支教师队伍怎么组成？学校在办学中如何发挥教师的作用？

一、学校选聘教师的标准

国立贵州师范学校的首任校长黄质夫，凭借他多年创办乡村教育的经验，认为办教育的关键是要有一个好的校长，有一批优秀的教师。他提出要"由第一流的人当校长，聘第一流的人当导师。创第一流的乡村师范，培养出第一流的乡村教师和献身国家民族的栋梁之才"。他从创办江苏界首乡村师范、南京栖霞乡村师范、浙江湘湖乡村师范到国立贵州师范，都坚持这一办学准则。黄质夫提出，办好乡村师范学校，必须"慎选"那些"才能胜任，德能感人"即德才兼备的人来当教师。他说，"中国近代学校教育，实有偏重知识之嫌，——教师之善良与否，仅视其教学之能否胜任，而置其人格之如何于不顾"，如果教师"身之不修，教于何有"，应"宜加慎选"教师，"而能以身作则为尚"。他还说，"谨依平素经历所感，以为乡村师范选择导师之标准，除应具优良之学识外，尤宜具有下列条件"：（一）有许身乡教宏愿，改造乡村决心；（二）厉行俭朴，重视劳作，为学生倡导；（三）遵守学校纪律，努力为学生表率；（四）努力进修，力求深造；（五）师生共同生活，不自居于例外；（六）精选教材，恳切指导，务使学生学有所用；（七）有劳而不怨、诲人不倦精神；（八）爱惜公物，共体时艰；（九）见利思义，见危授命，示学生以楷模；（十）爱学生如子弟，视学校如家庭，认乡教为终身事业。

黄质夫说，"以上十条，皆为今日普通教师之不尽具，而对乡村师范之导师求其必有者"。[①] 黄质夫于 1939 年 10 月至 1944 年秋，在国立贵州师范学校任职和开拓边疆师范教育事业期间，他坚持了上述选聘教师的标准，以此达到了他创办的国立贵州师范学校聘一流师资、创一流学校之目的。后来，学校的几位继任校长，也是遵照黄质夫提出选聘教师的原则和标准，不断调整和充实国立贵州师范学校的教师队伍，使学校各项教育教学与生产劳动训练等任务，得以稳定与发展。

国立贵州师范学校所属几所小学的干部和教师的选聘，同样遵循黄质夫提出选聘教师的基本原则。根据曾任附属小学主任的张一德回忆：当时附属小学教师的选聘坚持了四个基本条件，一是必须是受过师范教育；二是树立愿为边疆教育事业服务的思想；三是精力充沛，具有一定的教学经验与工作能力；四是必须是品学兼优的国师毕业生或者有同等学历者。[②] 由于附属小学有了一支精湛的教师队伍，不论从学校管理和教育质量，都成了当时榕江小学教育的一面旗帜。

二、学校教师的来源与发展

国立贵州师范学校在创建中，按照黄质夫关于选聘教师的原则与条件，面向贵州省内外招聘教师的工作，是伴随着这所学校办学的全过程。若是按时间划分，大致经历着两个发展阶段。

---

① 王文岭，黄飞. 黄质夫乡村教育文集 [M]. 南京：东南大学出版社，2017：229—231.
② 政协榕江县文史研究委员会编. 榕江文史资料第一辑 [M]. 1985：109.

（一）黄质夫校长的任职阶段

这个阶段是从 1939 年 10 月，国民政府教育部任命黄质夫为国立贵州师范学校校长，到 1944 年秋离任，共 5 年多的历程。这个阶段，是国立贵州师范学校在抗日战争艰苦岁月的社会环境里办学，也是学校由贵阳市郊的青岩迁到黔省东南边远的榕江办学，重新开辟学校拓展边疆教育新天地的艰苦创业历程。为了打造一流学校、一流教师的格局，黄质夫从两个渠道为学校选聘了一大批骨干教师和服务边疆师范教育的人才。

1. 在迁校之初，从沦陷区的江苏省立南京栖霞乡村师范学校聘来了一批骨干教师和教学服务人员，这是黄质夫在南京栖霞乡村师范时的一部分教师班底。如下表名录所述：

姓名	原校职务	在国立贵州师范职务
汪经略	教务主任	教务主任
吉长瑞	教务主任	第二任教务主任
李西涛	教务主任	第三任教务主任
陈木斋	训导主任	第四任教务主任
徐达哉	教师	第五任教务主任
袁子高	教师	第六任教务主任
刘寿康	教师	第七任教务主任
赵峻山	美工教师	工场主任、代校长
张耀南	附属小学主任	教师、附属小学主任
徐石樵	附属小学主任	黎平分校教导主任（主持工作）
李绍良	推广部主任	推广部主任、校长室主任兼级导师
甘逸杰	会计	会计室主任兼级导师
敖克成	美术、音乐教师	美术、音乐教师
符镇殿	栖霞乡师优秀毕业生	地方教育辅导员
李大洪	同上	童子军教练
杨维新	同上	学校文书
王佐坤	同上	教务员
庄茂山	同上	教务员
陈彭寿	同上	教务员
程 准	同上	教务员

姓名	原校职务	在国立贵州师范职务
栾金波	教师	会计事务

黄质夫在南京栖霞乡村师范时，这所乡村师范教育已是闻名全国。黄质夫来到贵州榕江创办的国立贵州师范学校，从栖霞乡师聘来了一批教师，大多是在国立贵州师范学校办学前几年的教师。由于有了这批来自栖霞乡师的教师，使黄质夫在榕江办的国立贵州师范学校，有利于吸取栖霞乡师的办学理念、办学经验和艰苦办学精神，并得以在民族地区逐步实践与发展。

2. 黄质夫根据学校教育发展的需要，通过登报和学校设在贵阳、桂林的办事处，在苏、浙、鄂、川、湘、桂、黔、滇等省招聘了一批骨干教师。时值抗日战火纷飞的年代，沦陷区许多难民逃往西南大后方，其中许多爱国知识分子、教师等也想往西南大后方寻找到比较稳定的工作环境和报国之门。因此，在抗战胜利之前的几年间，有一批教师从省内外应聘到边远的榕江，愿意献身于国立贵州边疆师范的教育事业，当时应聘来的各科教师，如下表名录所述：[①]

学科	所聘教师
国文	詹行锋、阮肖达、赵学烺、夏乃炎、沈颜闵、刘延廉、赵依侬、裴维纲、戴澧、张维刚
数学	顾调笙、朱正清、刘梦平、庄传训、苏崇智、李西涛
教育理论课	张一德、杨德琨、张耀南、张新豪（地方教育指导员）
史地	夏尔康、吴天锡、杨腾、徐达哉、陈木斋、李德和
生物	李录奇、万振南
农业	吴国栋、段东久、邹树椿
物理	刘仁厚
化学	黄桂秋
体育	朱程表、丁天逸、程绂

---

① 榕江县教育局，榕江县民族事务委员会，政协、榕江文史研究委员会. 国立贵州师范文集［M］. 凯里：黔东南州彩色印刷厂印刷，1995：20—21.

学科	所聘教师
工艺	赵峻山
美术	敖克成、郑汝晋
音乐	敖克成、王克明

黄质夫先后聘来的这两批教师，教育管理和教学水平较高，从而推动学校班级的发展和教学质量的提高。1943年，国立贵州师范学校（包括黎平分校、附属小学）学生达1100多人，教职工100余人，是学校发展的最兴盛时期，成为当时贵州规模最大的一所师范学校。

（二）梁瓯第及以后几任校长的办学阶段

这个阶段是黄质夫校长离校之后，先是工场主任赵峻山为临时的代理校长，基本上维持办学现状。

1945年7月，国民政府教育部任命梁瓯第为国立贵州师范学校的第二任校长，是年8月28日，梁瓯第到榕江就任校长。由于抗日战争胜利后时局的变化，原来黄质夫从栖霞乡师和沦陷区聘来的教师中，有些教师先后返回了原籍或到其他城市，造成了学校教师的一时流动现象。另一方面，梁瓯第到任之前的8月13日，榕江遭到了特大的洪灾之祸，全城淹没，校舍几乎全部崩圮，设备已荡然无存，这种状况，也导致了学校人事的不安和生徒星散。梁瓯第一边给原校的教师做思想工作，挽留了部分教师；一边呈报国民政府教育部拨款，修整校舍，购置仪器、图书、资料和卫生室的药品，清洗校园被洪水留下的污泥浊水，为大水后复课创设了校园环境。与此同时，梁瓯第按照学校选聘教师的标准，再次通过设在贵阳、桂林的办事处和在报上登出招聘广告，从省内外招聘了一批新教师，当时许绍桂是学校教务主任（后为第三任校长），协助梁校长抓校园的修建和教师的招聘等工作。当时学校新招聘来的教师，如下表名录所述：

姓　名	职务
许绍桂	教务主任、第三任校长

姓　名	职务
林云程	教务主任
黄修阳	生物教师
陈渭渠	农业课教师
纪德申	英语兼女生指导教师
邢协麟	教育理论教师
胡仁任	历史教师训导主任
吴绍裘	化学教师
刘志飞	化学教师
覃　魁	国文教师
熊生华	数学教师
杨守明	美术教师
朱素强	地理教师
吴效庄	教学法教师
黄学珠	英语、农林经济教师
郑　栩	国文、历史教师
纪　堂	国文、历史教师

（因资料缺乏，有些教师未能写在其中）

　　梁瓯第校长依靠全体教师的努力工作，使学校于1945年秋季招收新生和正式全面复课，恢复学校在洪灾之前的教育秩序，校园里充满了书声、歌声、笑声，生机盎然。1946年秋至1948年，许绍桂接任校长，学校教师队伍基本稳定。

1948 年秋，王守论接任校长时，又从贵阳聘任教务主任马光举、音乐教师张宇维等。1949 年秋，史介民接任校长时，又从外省聘来了国文教师汪昕、数学教师董兆钧等。总之，国立贵州师范学校教师的聘任和建设，是伴随着学校在榕江办学的全部发展过程。

三、学校学者云集，名师荟萃

国立贵州师范学校遵照黄质夫提出的"一流学校、一流教师"的选聘教师的原则，在办学过程中，面向贵州省内外广揽人才，使这所学校学者云集，名师荟萃，教师阵容整齐，质量上乘，品德高尚，深得学生们的崇敬，也受到社会的称赞。

（一）教师学历普遍高，有不少人来自名校。如下表名录所述：

姓　名	籍贯	毕业学校
黄质夫	江苏	南京东南大学
甘逸杰	江苏	南京东南大学
梁瓯第	福建	厦门大学毕业、中山大学教育研究生
许绍桂	广东	中山大学文学院教育系
刘念民	广东	中山大学土木工程系
胡仁任	江西	中山大学政治系
陈渭渠	广东	南京金陵大学
纪德申	广东	南京金陵大学
夏乃炎	湖南	暨南大学
杨守明	广东	国立浙江大学
吴效庄	湖南	上海大夏大学
黄学珠	广东	国立广西大学
郑　栩	广西	国立广西大学
段东久	江苏	南京东南大学

姓　名	籍贯	毕业学校
刘延廉	安徽	上海光华大学
庄传训	山东	河南大学
董兆钧	河南	燕京大学
张一德	江苏	上海大夏大学
吉长瑞	江苏	上海大夏大学
袁子高	江苏	上海大夏大学
夏尔康	湖南	上海大夏大学
王守论	贵州	上海大夏大学
熊生华	四川	四川大学
刘志飞	贵州	广西大学
吴绍裘	广西	广东省立文理学院
覃　魁	广西	广西大学
黄修阳	广西	广西大学
朱素强	广西	广西大学
马光举	贵州	贵阳师范学院
邢协麟	湖南	贵阳师范学院
赵峻山	江苏	国立中央大学教育学院艺术专修科、画家徐悲鸿入室弟子
敖克成	江苏	上海美术专科学校、美术大师刘海粟的弟子。

（注：因年代已久，资料缺乏，这里只记录部分毕业于名校的教师，还有许多毕业名校的未能记录其中）

（二）国立贵州师范学校教师中也有人留学国外，如下表名录所述：

姓名	留学国外情况
黄质夫	曾率领参观团到日本考察教育
梁瓯第	曾留学美国，考察美国红种人的社会文化状况

姓名	留学国外情况
赵学烺	日本明治大学毕业
史介民	毕业于日本帝国大学
夏乃炎	曾留学日本

（三）教师队伍中，曾在高等学校任教，并具有高等学校职称的，有下列教师：

姓名	任教的学校与职称
史介民	天津法商学院教授
梁瓯第	中山大学广东乐昌学院讲师、大夏大学兼职教授
许绍桂	中山大学师范学院讲师、重庆华侨教育研究所副研究员兼乡村教育学院讲师
陈渭渠	金陵大学留校助教
李西涛	湖南南田师范学院讲师

（四）国立贵州师范学校教师中，有不少是学者型和专家型的教师。他们有的从事学术研究与著书立说；有的把教育实践与教育科研结合起来，或撰写论著，或发表论文，使教育实践与教育科研相互结合及相互促进发展。

首任校长黄质夫，是我国著名的一位乡村教育家。原中国工程院院士、国家教育部副部长韦钰称黄质夫"不仅是一位乡村教育的理论家，更重要的是一位实干家"。[①] 他"也是以一个学贯中西的农学家、教育家的身份，系统论述并用乡村师范教育切身经历讲话的第一人。"[②] 黄质夫在他从事多年的乡村教育实践中，撰写不少的论文、论著，后人为他编辑出版了《乡村教育先驱黄质夫》《黄质夫教育文选》等书。他在任国立贵州师范校长期间，与学校办公室秘书王治范合著的《中等学校劳动生产训练》，1944 年由正中书局出版发行，1945 年再版，被国民政

---

① 杨秀明，安永新等. 黄质夫教育文选［M］. 贵阳：贵州教育出版，2001：1.
② 肖云慧. 黄质夫乡村教育思想研究［M］. 贵阳：贵州民族出版社，2003：13.

府教育部推广到全国的中等学校。

第二任校长梁瓯第，是一位民族学专家，也是一位边疆教育专家。在他的工作实践中曾发表许多文章和出版过论著，如《非常时期中国教育哲学的趋向》《近代中国女子教育》（与人合著）、《战时的大学》《边疆教育导论》《川康边民之社会及其教育》《我怎样通过大小凉山》等。他到国立贵州师范学校就任后，撰写了《车寨社区调查》《苗山见闻》《贵州苗区的征生制》和新编《国立贵州师范学校概况》等调查论文和资料专辑。

第三任校长许绍桂著有《越南华侨教育经验谈》、与邓峻壁合译美国教育家帕克的《普通教学法》、与姚德润合译《最近各国的历史教学》等著作。

学校教务主任吉长瑞著有《孔孟教育学说与近代教育思潮比较观》《民族教育与遗族教育》《小学毕业指导的理论与实践》等著作。

学校推广部主任李绍良著有《各地乡运消息及状况》《苗族生活漫谈》和《榕江乡土教材》等文章与著作。

美音教师敖克成，早在就读上海美专教育图音系专业时，就已经在上海举办了个人画展。他在榕江担任国立贵州师范学校的美术音乐教师时，于1943年刊印两集《国本诗画》，他以唐诗为题材所作近60幅画，至今他的女儿仍然保存一个特制的光碟。1944年2月，敖克成在榕江举办《敖克成画展》，在榕江教育界影响深远。他的画展及画本画册，乃是他的学术研究成果，使他成了一位美术教育的名师。

学校还有些教师把教学实践与教学研究结合起来，撰写教育科研论文。如胡仁任的《训导纪要》、林云程的《教务概况》、张一德的《山寨小学教育》、邢协麟的《师范生如何上进》等等。这些论文都刊载在《新贵师》刊物上。

（五）教师不仅学识渊博，而且一专多能，适应各科教学的需要。黄质夫不仅长于办学，而且熟悉农业生产，还兼上国文教学；陈渭渠不仅熟悉农业知识，且英语教学水平高；庄传训不仅能上好数学课，而且能教好物理课；甘逸杰不仅上好历史课，更是熟悉财务，肩负学校会计室主任重任，是学校的理财好手；张宇维是音乐教师，还上体育课，篮球运动是他的特长；敖克成不仅能教美术课，不仅擅长素描、国画、油画，而且熟悉各种西洋管弦乐器，上音乐课时，他一个人能同时操作口琴、胡琴和敲锣鼓等多种乐器，使音乐课堂生动活泼。他还能导演话剧，为学校的校园歌词谱曲教唱。学校创建的几所小学的教师，都是校本部的骨干教师和师范学校的优秀毕业生，每个都可以上一门至二三门课程。

此外，应聘到国立贵州师范学校的教师中，有些教师曾在苏、浙、皖等省的名牌中学或师范从事过教学工作，有多年的教学经历和丰富的教学经验。

四、教师的管理

国立贵州师范学校根据从严治校的教育原则，加强对教师队伍的管理，对教师既严格要求，又关心和爱护教师，激发教师的工作热情，调动教师工作的积极性，使学校圆满完成各项教育任务。这里仅从几个方面加以简述：

（一）鼓励教师乐于边疆教育

国立贵州师范学校担负着开发边疆教育的艰巨任务，而学校又在艰苦环境中办学，任重道远，而办学的困难也是较多的。当时的艰苦环境大致如下：

1. 这所学校创办于抗日战争的艰苦年代，国家也是物力维艰，学校办学上的困难较多。抗日战争胜利后，由于南京国民政府的日益腐败，蒋介石挑起了新的内战，使抗日战争胜利后的全国欢腾又笼罩上乌云，货币贬值，物价上涨。国民党当局常作"不速之客"，他们以"参观"为名，到学校监视有没有"异党分子活动"，政治上的雾霾直接威胁着学校的教育秩序和师生安全。1944年，新任榕江县县长对国立贵州师范学校进行刁难，先是克扣学校的粮食，并将供应地点改至离学校百里以外的边远地区，造成了运输的困难。在这种政治经济不安定的社会环境下办学，其困难是很多的。

2. 学校所在地榕江，是黔省东南边缘的贫困山区，交通不便。如学校的膳食费通常到月底由国库拨到贵阳银行，再从贵阳银行提现金到榕江，至少要一个月，当地没有国家银行一次可借几百万的现款，只有靠学校设法垫支。又由于交通不便，路途遥远，外地教师在假期不能回家或到外地休假。诚如许绍桂校长所说的，做教师最大的"便宴"，就是一年三个月的假期，在这里假期失去了意义。由于交通不便，学生从家里来学校，远的要花10天之多，往返则20天，还要花去路费，所以每到放假，许多远道的学生，宁愿不回家，留在学校，一边勤工俭学，一边学习，直到读到毕业才返家。

3. 榕江因气候的原因，过去虐蚊繁衍，加上当地医疗条件差，每到夏秋之交疟疾盛行。当地流行顺口溜："榕江三条江，不打摆子（疟疾）就生疮（皮肤病）。"尽管身体如何强壮，一进榕江来一定要受到疟疾的"洗礼"。许绍桂校长回忆说："每年学校学生曾患疟疾的占二分之一，经常因病请假缺课的占十分之一"，"本县到外面聘请教师，一提到榕江的'摆子'，什么优待条件，不易使他动心"。① 这一困难有待于整个环境卫生的改善和以科学方法清除疾病的威胁，保障人们的身体健康。

4. 1945 年 8 月 13 日，榕江遭到特大水灾，全城淹没，校舍冲坏，校具荡然无存，使学校办学又遇到了新困难。梁瓯第校长呈报国民政府教育部拨款，经过修整和购置设备，师生甘苦共尝，战胜灾情，才又迅速复课，恢复了学校正常的教育秩序。

由于国立贵州师范学校创办于艰难的社会环境及艰难的自然环境之中，所以国立贵州师范学校的校长常给教师们做思想工作。黄质夫校长说，边疆教育是一个开创的事业，任重而道远，愿我校教师们现在要"下最大的决心，来开发边疆"，"只有耐得千锤百炼，才能任重致远"。他鼓励教师们说，我们担负着"救百万村寨的穷，化万万农工之愚"的历史使命。"愿我全体师生，为摆脱困境、追求理想、开拓前程、恢宏志气、展鸿鹄高翔羽翼，作有胆识之创举"，实现学校"以培养大量人才，开发和建设山区之经济、文化"的办学宗旨。② 由于学校的教育和鼓励，学校虽创办于艰难环境之中，教师们却不畏艰难意志坚，恒念物力维艰，能安心下来在榕江办学，乐于献身边疆教育事业，这实在是难能可贵。

（二）建立规章，严而有格

黄质夫说：学校"没有严格的规章制度，没有严格的合理要求，不仅学生学不好，教师教不好，而且学校也办不好"。因此，学校以教学与生产劳动训练为中心，建立了一整套的规章制度，使各部门各司其职，责任到人。这些规章制

---

① 国立贵州师范学校. 新贵师（第二卷）［M］. 1947：6.
② 杨书明，安永新. 黄质夫教育文选［M］. 贵阳：贵州教育出版社，2001：102—103.

度，就是对师生严格要求的具体内容，使管理做到严而有格。例如，在教学上，教务处制定备课、上课、辅导、批改作业、成绩考查、教师听课、评课及业务学习等制度，都有明确的规定，学校定期或随时抽查教师教案，查看教师出勤、上课、批改作业和填写教学日志的情况。梁瓯第任校长时，提出了"三完、三自、三声"的学生管理与教学要求。其中的"三完"，就是要求教师每学期必须把课本教完，把学生作业批改完，把考试考完。这"三完"确保各科教学任务的全面完成，提高了教学质量，使教师"三完"成了学校教学的常态化。

（三）要求教师关爱学生

国立贵州师范学校担负着为边疆教育培养合格乡村教师、振兴乡村教育和改变边疆乡村贫困落后的重任。而这所学校的学生绝大多数是来自黔湘桂边地的山区农村，勤劳质朴，怀着无限的热诚，对文化知识的渴望，有许多学生从数百里外徒步艰辛到学校求学，他们在师范学校毕业后，就是开发边地教育的生力军。因此，黄质夫及几任校长，都要求教职员不仅要热心边疆事业，而且更应当以满腔热情关爱边胞子弟的成长，对边胞学生的教育要耐心启发引导，切忌歧视学生，更不许打骂自己的学生，并以此作为一条纪律来约束教师自己。当时广大教师都能关爱学生，努力教好学生。学校形成了尊师爱生、师生同甘苦、互教互学的良好风尚。

但是，在学校教育教学的活动中，仍有个别教师打骂学生的现象。这里有一个实例，有一次某国文教师在师范部一个班上课，他要求每个学生都要背诵韩愈的《师说》，这是教师对学生学习的要求，属于教学的正常现象。但是在这个班的学生学习水平是参差不齐的，学习态度也不会一样。当时课堂上有个叫徐志平的同学，他从内心是反对死读书和死记硬背，自己也未能按时背出。他写了一张"吾爱吾师，吾尤爱真理"的字条递给某老师，课堂上学生们都望着教师。某老师看后，不是耐心地启发教育，而是大发雷霆，并拔出支撑窗子的一根木棍往徐志平身上打了一下，厉声说道："我看你不能背书有何真理？"此时，黄质夫正在教室走廊巡视班级上课秩序，看到某老师打骂学生，是严重违反学校不准体罚学生的规定。黄质夫为了维护学校的纪律和关爱学生，对某老师进行了批评教育。

某老师不服，事后与黄质夫争吵辞离学校。① 此事，说明了黄质夫深入了解教学活动状况，关爱学生的身心健康，严格执行学校的纪律，从而维护了学校的正常教育秩序。

梁瓯第于 1945 年 8 月接任国立贵州师范校长之后，继承黄质夫从严治校的精神，全面了解学校的教育状况，他还针对学校过去尚存在个别教师打骂学生的现象，决心革除旧教育遗留下的这一陋习，学校专门作出了废除打骂教育的决定，要求教师一定要关爱学生和教育好学生，并以此作为一条纪律，从校本部到所属小学的教师，人人都要遵守规定，并严格执行。他叫音乐教师印发和教唱《打骂教育最不好》这首歌曲，向学校教师发出了"打不好，骂不好，打骂教育要打倒"的呼声。从此，学校民主和谐的教育秩序更加生机盎然。

（四）关心教师，爱护人才

国立贵州师范学校在榕江办学的十年间，从黄质夫到以后几任校长，都保持尊重教师、关心教师和爱护人才这一优良作风，尤其是黄质夫、梁瓯第两位校长任期内更是如此，其主要表现有以下几个方面：

1. 进行尊师重道的教育。榕江是地处偏僻的黔省东南边远地方，是少数民族聚居的县份，经济贫困，文化落后，交通不便。学校聘来的教师，大多是外省籍的人士，他们需要较多的时间，辗转跋涉，不顾路途的艰难险阻，才来到边远的榕江。黄质夫校长觉得学校这些教师来之不易，人才可贵。他常教育学生说，"教师们是不远千里而来，日夜辛劳，为边疆教育呕心沥血，我们每个人都必须尊师重教。"他还说，"不敬师长，天诛地灭。"在国立贵州师范学校里，若学生中有对教师不礼貌或顶撞者，将视其情况，轻者记过，重者开除学籍。根据一些教师和学生在回忆文章中的记载，当年黄质夫校长为对学生进行尊师重教的教育，他亲自谱写了一首《尊师重道歌》，从校本部到所属的小学由音乐教师教唱，并传唱到当时榕江许多学校。歌曲唱到：

> 巍巍吾师，
> 安贫乐道，

---

① 杨书明，安永新．黄质夫教育文选［M］．贵阳：贵州教育出版社，2001：268．

夙夜匪懈，

辛勤劬劳。

暮暮朝朝，

舌疲唇焦，

严父慈母恩同天高。

文化赖指导，

品德赖敦陶，

不厌不倦，

任怨任劳，

身心憔悴为吾曹。

饮水思源，

有德必报，

严父慈母恩同天高。

黄质夫在学校开展"尊师重教"的教育，对师生和社会的影响是深远的。可以说，当时师道在国立贵州师范学校是"神圣不可侵犯的"。教师在国立贵州师范学校受到前所未有的尊敬，的确稳住了教师从事边疆教育之心，激发教师为发展边疆教育而努力工作。

2. 努力改善教师的待遇。在抗日战争时期，物力维艰，物价上涨，教职工生活下降。为使教师生活有保障，安心于边疆教育事业，1942年，黄质夫校长以书面报告国民政府教育部和贵州省教育厅，汇报教师生活艰苦情况，请求政府提高教师的待遇。

3. 为改善教师生活福利，学校决定从劳动收入中补贴教师。根据最后一届教务主任马光举回忆："当时老师的伙食是实行免费制。由于市场物价不稳定，民众的生活较苦，几乎全国各地公教人员都在'枵腹从公'的日子里生活和工作，国师的教师能享受这个待遇，这的确算是很幸运的事。"①

4. 走访慰问教师。马光举在回忆文章中说，每逢过节，校长、主任都要到每

---

① 榕江县教育局等. 国立贵州师范文集［M］. 凯里：黔东南州彩色印刷厂印刷，1995：242.

个教职员工家走访，特别是那些远离故乡、身居边疆的教师们，感到十分温暖，大家安心在学校工作，愿为边疆教育事业奉献自己的知识与才能。[②]例如农场主任段东久、数学教师庄传训两家人，伴随学校在榕江近 10 年之久，教育学教师、附属小学主任张一德在学校工作也达 8 年之久。

5. 挽留人才。这里有一个实例，1943 年，榕江县遇大旱，主旱区锡利乡，粮食更是剧减，农民因交不起公粮、税款等，被官差捆绑吊打，锡利乡受苦大众不满官府的暴政，被迫举行暴动，周边乡村农民积极响应，农民暴动队伍攻占县政府衙门，夺走县印，打开监牢。此事，对国立贵州师范学校师生影响不小。加上有的教师耐不住清苦，办了离职手续，卷起行装登船欲走。当时刚出差回校的黄质夫得知情况，迅速赶到岸边，当着众人之面，重重一跪："老师们，我代表全校师生，恳请你们留下吧……"黄质夫为开拓边疆教育的爱才之心，感动这几位教师，他们又下船跟着黄质夫回校工作。

这件事在学校内外引起了积极的反响，黄质夫这种尊师重教、爱才之心，不仅激励着全校的师生，也受到社会各界的敬重。

（五）鼓励教师多作贡献

国立贵州师范学校由于有了这支实力雄厚的师资队伍，使学校办学业绩声誉远播。学校领导对努力工作、成绩显著的教师，给予表扬和鼓励，对于优秀的骨干教师，鼓励他们承担重任，为教育事业多作奉献。1942 年，贵州省教育厅长欧元怀曾带人到榕江视察国立贵州师范学校的办学情况，对学校的办学精神和办学业绩给予肯定和赞扬。他看到教师们在艰苦条件下，为边疆教育做出了贡献而感到高兴。为了发展贵州省的中等教育，他与黄质夫校长商议，想选聘国立贵州师范学校一些骨干教师去担任省立中学和师范学校的领导职务。黄质夫为了发展边疆教育，不囿于榕江办学的环境，他积极支持配合，让一些骨干教师去承担重任，为贵州的中等教育作贡献。当时调出去任职的教师如下表名录所述：

姓　　名	在原校职务	调任贵州省立学校职务
汪经略	教务主任	贵州省立贵阳师范校长
吉长瑞	教务主任	贵州省立思南中学校长兼省教育厅督学

姓　名	在原校职务	调任贵州省立学校职务
徐达哉	教务组长	贵州省立都匀师范、铜仁师范校长
阮肖达	教师、黎平分校教务组长	贵州省立兴仁中学、锦屏森林学校校长
顾调笙	训导主任	贵州省立桐梓中学校长
杨　腾	地方教育辅导员、附属小学主任	贵州省立江口农业学校校长
刘梦平	数学骨干教师	贵州省立黄平中学校长

由于这些教师出任贵州一些省立中学和师范校长职务，使国立贵州师范学校的办学思想、办学经验和艰苦创业的精神，随之在这些学校传播与实践。国立贵州师范学校教务主任、后调贵州省立思南中学校长吉长瑞在回忆文章中说到："有一次国立贵州师范校长黄质夫，曾偕同乡村教育家操震球（陶行知创办南京晓庄乡村师范时的学生）来贵州考察教育，操震球一行来到思南中学考察，他笑称思南中学'这是没有挂牌的国师分店'。"当时思南中学一切设施，很多效法国立贵州师范学校，还从国立贵州师范学校请来了庄茂山等4位老师、毕业生王兴诚等3人。由于国立贵州师范学校办学思想、办学精神在贵州一些中学和师范的传播，使国立贵州师范的教育，不仅仅是"树黔南文化之基"，而且已是贵州全省教育的一面旗帜。因此，衡量国立贵州师范学校的教育质量及其成就，也就不局限于设在榕江的国立贵州师范的学校本部，[①] 而应当考虑到这所学校的办学思想、办学精神和办学经验对黔省乃至黔湘桂边境地区所产生的积极影响。

五、不畏艰难，敬业奉献

国立贵州师范学校培养乡村合格教师，主要是通过教学以及劳动生产的教育与训练来实现的，教育与生产劳动相结合是国立贵州师范学校培育人才的教育基本形式。在这些教育活动中，教师们都以育人为重，不怕艰难，敬业奉献。这里

---

① 榕江县教育局等. 国立贵州师范文集［M］. 凯里：黔东南州彩色印刷厂印刷，1995：22.

仅从几个方面简述教师爱岗敬业、献身边疆教育的业绩。

（一）深入农村调查，促进学校教育发展

黄质夫校长热爱边胞，走访边胞。1941 年，他邀请苗胞来校吹芦笙，使全校师生看到了可观的吹芦笙跳舞的生动场面，激起师生热爱边胞的思想感情。1942 年的暑假，黄质夫校长组织师生走访寨蒿侗寨和八开苗寨。对抗日战争的军人家属，每户送盐 3~4 斤，对穷苦的人家，每户送盐 1~2 斤，被慰问的人家，都感激得流下了热泪。他在请进或走访边胞之前，特别强调不许对边胞有任何轻视行为，要尊重他们的习俗，生活我们自理，不能打扰边胞，倘边胞有意请我们时，必须把情谊放在面前。黄质夫校长对边胞是真诚的、热爱的。他通过到边胞村寨调查，常以边胞农民艰苦生活的真实情况，教育学生要努力为改变边疆的贫困落后面貌作出贡献。

梁瓯第校长，到附近民族村寨做过多次调查，写了《车寨社区调查》《苗山见闻》等调查专论，为探索民族村寨小学发展的新路，创办了村寨教育实验区和山寨小学，开创了国立贵州师范学校民族教育的新局面。

农场主任段东久，除了办好农场，完成农业课教学以外，利用可能的机会，带领通晓苗、侗语言的"边胞"学生，跋山涉水，冒寒风顶烈日，深入车江侗村、高文苗寨和高兴水族寨，考察各地"边胞"的经济文化、宗教信仰、风土人情以及生活情况，写了调查报告，对于改进学校的民族教育，改进农业课的教学，都有参考价值。更值得一提的是，他与边师科一位苗族学生石德兴，到榕江大河口一带调查船民家庭生活，这些船民多半来自他乡，为了谋生迁居于此地。当他看到船民的困苦状况，他也苦在心头。经过校长同意，黄质夫把 8 户船民作为学校的"特约农家"，到学校农场耕作分成，既发展农场生产，也解决了这些"特约农家"家庭生活之难，使这些"特约农家"无不感到亲切温暖。[①]

历史教师李绍良，为了改进教学，使教学能联系实际，他深入到榕江农村做社会调查的基础上，1943 年编写了一本有价值的《榕江乡土教材》。

（二）关爱学生，视生如子

---

① 榕江县教育局等. 国立贵州师范文集［M］. 凯里：黔东南州彩色印刷厂印刷，1995：375—376，382—383.

爱是教育的出发点，是教育的基础。学生爱教师，是尊师，是重道。教师爱学生是关爱学生的成长，是教师对国家和民族未来的责任担当。师爱生，是一种以情感人的"情教"，它可以激发学生内在的学习动力。在国立贵州师范学校的教育园地里，尊师爱生已是形成了一种良好的风尚。这里主要叙述教师视学生如子弟，关心学生成长的典型事例。

例一，农场主任段东久老师。校友许仕仁的回忆文章记载：1946年秋，他到榕江报考国立贵州师范学校师范部，要通过劳动考试。负责考试的段东久老师态度和蔼地指着一片荒芜的土地，对许仕仁说："请你先把杂草铲干净，然后再把土挖好、拍碎、整平，等会儿我再来验收。"没多久，段老师朝着土地查看，带着微笑满意地说："很好！很好！"就在许仕仁的名字后面写上了"合格"两字。他看到许仕仁劳动考试出色，语重心长地说："看见你的穿着，我认定你是来自农村的'边胞'子弟。""'边胞'就是勤劳勇敢嘛……不过，他们的生活实在太苦啦！"许仕仁感到既亲切，又难过。段老师又对许仕仁说："我们学校就是为了发展边疆教育和改善'边胞'生活才开办起来的啊！作为边疆师范的一名教师，我怎能不关心'边胞'的过去、现在和将来呢？"① 此事给许仕仁留下了终生难忘的印象。随后，许仕仁通过三年的课堂教学、事业活动及平时的接触，对段老师有了进一步的了解，从而加深了对段老师的崇敬，他自己也更加勤奋学习。1949年后，许仕仁当上了人民教师，后来成了黔东南州民族局的副研究员和黔东南师范专科学校的一名兼职教师。

例二，历史教师甘逸杰。他在抗日战争的艰苦年代，满怀着育人救国之志，从沦陷区的苏北来到边远的贵州榕江，把抗日救国的炽热之心用在边疆教育事业上，期望国家民族振兴。他俨如严父慈母，爱生如子，循循善诱，关爱有加。他耐心引导和教育学生如何学习、如何做人，深受学生的敬重。师范科第四届毕业生洪嘉荣（洪业）在回忆文章中说："在一个炎热的夏天的一次师生劳动时，口渴得直冒青烟。当凉开水送到时，有同学争抢先饮，甘老师发觉后立即制止。申言：'要关心集体，沙漠中遇清泉，有福同享嘛！'他言简动情，抢饮顿

---

① 榕江县教育局等. 国立贵州师范文集［M］. 凯里：黔东南州彩色印刷厂印刷，1995：375—376，382—383.

止，转而相互礼让，依次而饮，同学们深受教育。""甘老师平时对班上每个同学的读书学习、做人处事、就业前途等，经常在其观察、思考和关心中，他鼓励每个同学将来都能成为国家社会有用之才。"洪业还说道，甘老师上历史课，他启迪学生"学历史，要懂得历代兴亡盛衰之理，掌握社会发展的规律；对人物评价，要公正客观，具有对是非、善恶、忠良、奸邪的爱憎分明的胆识"，他要求学生"应立志做真正的人"。洪业说，"1942年秋，得甘老师的指点，教我扬起学海之舟的风帆，起程至战时陪都——重庆市，考取了国立边疆学校五年制文科专业就读，……甘老师的谆谆教诲，我一生受益匪浅。春风化雨，师宜难忘，甘老师的师德风范，光照后人。"① 洪业从学校毕业后，一直从事教育工作。1949年后，他曾担任铜仁地区玉屏县人大常委会副主任，直到退休。

例三，1948年到1949年间，在全国"反内战、反饥饿""争自由、争平等"的浪潮影响下，学校的教师和学生的思想意识都有了很大变化，师生对国民党独裁专制及贪污腐化诸弊政日益不满，不满国民党反动统治的革命的进步歌曲，如《跌倒算什么》《山那边是好地方》《茶馆小调》《薪水是个大活宝》等都在师生中传唱，随时都有罢教、罢课的可能，如何顺应潮流引导自己的学生，已成为时任训导主任的段东久老师刻不容缓的任务。校友许仕仁回忆："当时国民党特务已布满了县城，稍微不慎就会遭到敌人的暗算"。所以，他（段东久老师）"既要循循善诱，使他们（学生）走上自由光明的道路；又要劝阻他们，让他们尽量克制自己的'冲动'"，一再提醒学生"冷静！冷静！再冷静！"让师生"'平安无事'地度过了那阴霾重重的艰苦岁月"。②

例四，数学教师庄传训。抗日战争时期，他从沦陷区来到贵州从事中学教学。后来，应黄质夫校长之聘到国立贵州师范学校担任数学教师。他认真教学，关心每个学生的学习进步，视生如子。他是一位教学艺术水平高，对学生既严格要求，而又十分关爱学生的教师，他在学生中威信高，深受学生们的爱戴。根据师范科第七届毕业生蒋玉琨（当时是学校篮球队员）生前回忆：那是1949年秋的一个星期六，榕江县保警队的篮球队邀约国立贵州师范学校篮球队在下午五点之

---

① 榕江县教育局等. 国立贵州师范文集［M］. 凯里：黔东南州彩色印刷厂印刷，1995：387—389.
② 榕江县教育局等. 国立贵州师范文集［M］. 凯里：黔东南州彩色印刷厂印刷，1995：378.

后，举行篮球比赛，地点在县里的篮球场（今榕江县委大楼前），在街上贴出了海报。到比赛时，球场边站满了观众，其中有保警兵，也有不少国立贵州师范学校的学生。在比赛进行中，学校球队连连进球，保警的球队实难追上，心里不服，保警队有的球员按捺不住自己的"痞"性，违反规则，横蛮碰捶，似有以武压学生之势，围观群众也为之鸣不平。在赛场边观赛的不少本校学生，气在心头，撸起衣袖，给学校的球员助威奋力拼搏，弄不好将会演变成流血事件。庄传训老师闻信，从学校急速跑到赛场劝说学生："同学们回校去，不再比赛了。"庄老师发自肺腑之言的两句话，所有学生有秩序地迅速回校，避免学生遭到不幸，保护了学生的安全。此事，充分体现了庄传训老师爱护学生和见危受命的高贵品质。因此，他更加受到师生的尊敬。

（三）以身作则，树立楷模

在国立贵州师范学校里，从校长到教师都能以身作则，言传身教，堪为学生的楷模。当时，学校里的办公室写有"以教人者教己，以育己者育人"的警句，凡要求学生做到的，学校教师先做到，从校长到行政业务管理人员到教师都要给学生以示范，以巩固学生从事教育事业的专业思想，增强学生专心学习兴趣与能力。这就是"示之以范，以范化人"的身教。在这方面，黄质夫校长以身作则成为全校教师榜样之人。黄质夫这方面的感人事迹，已在"从严治校"的章节有过叙述。这里就教师以身作则，行以示范作一简述。学校简师科第五届毕业生李应庚（李仄）回忆："国师的老师来自四面八方，有不少是知名人士。他们有一个共同点，就是非常注重以身作则，言传身教，全身心地投入教学工作。在他们的身上，可以看到高尚的师德、师品和师风"，他们"不远千里，深入这边远贫困山乡，吃糙米饭，穿粗布衣，蹬水草鞋，点桐油灯，有些一住就是七八年，只是为了实现教书育人的愿望和事业"。① 他们"这种安贫乐道、淡泊名利的精神，令人敬佩"。"教师们许身乡村教育的宏愿和改造农村的决心，不是一句空话，都是落实在行动上。"

（四）爱岗敬业，乐于奉献

在国立贵州师范学校里，教师们都是以校为家，把各项工作当成自己分内的

---

① 榕江县教育局等. 国立贵州师范文集［M］. 凯里：黔东南州彩色印刷厂印刷，1995：257—258.

事去办，爱岗敬业，乐于奉献。学校办学出色，不仅是黄质夫、梁瓯第等校长的治校有方，还与教师们的辛勤尽责分不开。

例如，教务主任汪经略，他协助黄质夫校长奠定了学校教育的基础，规划了学校边疆教育的发展宏图；第二至第四任教务主任吉长瑞、李西涛、陈木斋等，加强了教学管理，指导教师钻研业务，提高了教学质量，开创了使学生达到师范毕业水平的教育新格局；第五任教务主任徐达哉，他向黄质夫建议后，学校正确地调整了上课与生产劳动时间，把每天半天劳动改为每天两课时劳动，再到每周半天劳动，这样使学校在"教育与生产劳动相结合"的活动中，学生不仅学到文化专业知识，也获得了一些生产劳动的知识与技能，受到了生产劳动的教育与训练；训导主任顾调笙、李录奇、胡仁任等，加强了对学生的品德教育，把学校的内外教育活动，布置得当有序地进行；农场主任吴国栋、林场主任段东久（后又任农场主任）、工场主任赵峻山，都发挥了各自的专长，发展学校的农工林业生产，为学校开辟了生产劳动教育与训练的场地，也为学校创造了物质财富，减轻学校办学经费的困难，改善了师生的食堂伙食；总务处会计室主任甘逸杰勤俭理财，为学校后勤服务。还有如沈碧沉（女）、黄桂秋（女）、夏乃炎、夏尔康、张一德、刘梦平、庄传训、刘延廉、敖克成、袁子高、纪堂、李德和、张新豪、朱正清，以及后到校任教的陈渭渠、刑协麟、刘志飞、吴绍裘、熊生华等教师，都具有丰富的学识、良好的师德和较高的教学水平，教学质量上乘，他们都为同学们所爱戴与崇敬。还有的教师在教学之余，乐为学校做些公益事业。这里举一个生动事例，许绍桂校长回忆："那是1947年秋，当时学校要购买粮单或实物，不可避免要和当地军政人物打交道，这使我很头痛。幸而有一位女教师（湖南人），很有胆量，也有酒量。她同情我的困难，经常代我应付交际宴会（我不能饮酒，每饮必病），帮助我解决一些困难。然而天下事有利有弊，她毕竟是中年的女教师，过于抛头露面，给那位县警大队长盯住了，继而对她想入非非，使她十分懊恼。我了解后，心想她帮助我而陷入困境，而我却不能公开为她解围。无可奈何，在寒假期间，委托她代表学校到外地聘请教师，让她悄然离开了榕江。如此，又少了一位助手。"[①]

---

① 政协榕江县文史研究委员会. 榕江文史资料第一辑［M］. 1985：71—72.

综上所述，表明了国立贵州师范学校教育工作出色，教学质量在当时西南各地中很有名气，这与学校校长治校有方和全体教师敬业奉献是分不开的。诚如校友廖成鹏在回忆文章中所比喻的那样："如果说国立贵州师范学校在发展边地文化教育上，黄校长是红花的话，那么这些教师就是衬托红花的绿叶。"这话表达了学生们对学校校长和教师们的如实评价和崇敬。由于国立贵州师范学校有了像黄质夫、梁瓯第、许绍桂这样的一流校长，有了一支精湛的教师队伍。在那艰苦年代里办学，培养出来的毕业生大多数都到贵州、湖南、广西少数民族地区从事乡村教育，为黔、湘、桂边境诸县输送了一大批合格的乡村教师，为开拓边疆事业作出了贡献，使这所学校成为当时边疆师范学校中的一朵奇葩。当年国立贵州师范学校的教师们为开拓边疆教育事业付出了大量的精力和心血，他们这些边疆教育的拓荒者所建树的业绩已载入了当地的教育史册。

当年，国立贵州师范学校有一位校友以微尘的笔名写了一首诗《拓荒者之歌》，曾满怀激情赞颂边疆教育的拓荒者——当年国立贵州师范学校教师们为开发边疆教育的历史意义。诗云：

> 莫轻看了这荒芜的土地，
> ——它蕴蓄无量的宝藏，
> 孕育着中国的新生力量，
> 它是使人向往的天堂，
> 不是那谈虎色变的边疆！
> 在这里绿绿的山峰，
> 围绕着缓缓的溪流，
> 和煦的阳光似含笑的女郎，
> 没有毒蛇没有猛兽……
> 只要你肯辛勤，
> 将会得到无限的报酬！
>
> 破衣赤脚，
> 我们别引为羞辱，

粗茶淡饭，

更不必灰心！

我们的赤裸裸的心，

早已献给国家，

精神寄托在若干年后，

荒地变成了乐园，

树苗做成了栋梁，

矿苗炼成了铁钢，

那时节：

雷声般的赞赏，

当会飞到这些拓荒者的身上！①

第二节　教师中的社会进步活动

在国立贵州师范学校的教师队伍中，有的教师受到进步的和革命的思想影响，他们一边教学，一边从事社会的进步活动，与社会的恶势力斗争。有的是中共地下党员，参加当地农民的反暴政斗争，成为国立贵州师范校园的革命火种。这里记载教师从事进步活动的几个实例。

一、黄质夫支持师生与恶势力的斗争

抗战时期，国立贵州师范学校在榕江办学期间，奉国民政府教育部令，在邻近的黎平县办了分校，成为黔湘桂边境一些县份学子到黎平分校就读的初级中学。分校的教师多数是从江浙一带来的，除了办初中班以外，还办了小学师训班，为当地培训小学教师。这些从江浙文化发达地区聘来的教师，为黎平分校引进了新

---

① 国立贵州师范学校. 新贵师（第二期）［M］. 1948：24.

的文化、新的思想，引进了鲁迅、茅盾、巴金等名人的优秀作品，以及艾思奇的《大众哲学》和《唯物史观》等哲学著作。教师在学生中传播新文化、新思想，激发学生民族意识和民主思想的觉悟。1942 年，黎平分校教师们指导学生在黎平县城公演歌剧《兄妹开荒》，把延安革命文艺引到了边远的民族山区。黎平当局的三青团伙同警察局、保警队到演出现场寻衅闹事，追捕和殴打进步学生，引起社会群众和师生的公愤，黎平分校的师生们不向恶势力低头，学校全面罢课进行声讨和抗议，并电告榕江校本部。黄质夫得知情况后，他非常气愤，为关爱和维护学生的安全，立即电告当时黎平县县长，要求黎平县政府当局必须严惩肇事者和打人凶手，释放被捕学生，否则"榕江校本部亦将罢课声援"。黎平县政府当局迫于黄质夫声援黎平分校师生们的电话，被迫释放被捕的学生，县长带着警察局长到学校赔礼道歉。

校友廖成鹏在回忆文章中记载：1944 年夏天，贵州省独山行政专员张策安来黎平、榕江视察，先到榕江。县长刘仰方通知县属机关、法团、学校和部队前往大河口欢迎。国立贵州师范学校照常上课而不前往，刘仰方认为黄质夫校长对他如此傲慢、藐视，因此心怀敌意，借机报复。同年 7 月，刘仰方授意榕江县田赋粮食管理处将国立贵州师范的粮食拨到距县城 90 里的寨蒿，造成学校运输困难，学生往返运粮也影响正常教学。学生运来的粮食，经过复秤，约少 300 斤，黄质夫带着师生代表到县政府要求刘仰方追查舞弊责任，并且要求当众校斗。校斗事件发生以后，刘仰方更加切齿痛恨黄质夫，便利用职权指使特务中队深夜潜入校园，冲进办公室和黄质夫的宿舍，进行威胁恐吓。学生们自动组织巡逻维护校园的安全。在人身得不到保障的情况下，黄质夫仍坚持抗争，不向恶势力低头。后来国民政府教育部派工场主任赵峻山为代理校长，并派专人护送黄质夫离开了榕江。①

二、张新豪从事进步的社会活动

张新豪（生卒年龄不详），系福建省闽侯市人，南京三育大学教育系毕业。

---

① 政协榕江县文史研究委员会. 榕江文史资料第一辑 [M]. 1985：97.

他曾先后在江西泰和协助儿童教育家陈鹤琴创办的生活教育和在大厦西华矿山员工子弟学校任教。后来他从《大公报》看到国立贵州师范学校招聘教师，他毅然千里徒步跋涉，一路艰辛，于1943年3月5日到了贵州榕江，受聘为国立贵州师范学校的一名教师，兼任学校的地方教育辅导员，常下农村指导小学教育，之后，又在榕江县立初级中学兼教英语。

张新豪是一位思想进步的教师，他到国立贵州师范学校任教之后，一边教学，一边从事社会的进步活动。他刚到榕江不久，1943年3月25日，榕江县锡利乡的农民不满地方贪官污吏的敲诈勒索，官逼民反，在吴文钊等人的率领下举行了暴动，农民起义的队伍攻入了当时榕江县政府，烧毁公文，砍监劫牢，夺走了县政府的大印，然后撤回农村。榕江县县长刘汉昌从外地回县城，计划用烧杀掠抢的高压手段来镇压这场农民暴动。当时国立贵州师范学校学生们心忧农民遭受迫害与镇压，竭力反对县长军事围剿起义的农民。张新豪积极鼓动侯祝荣同学串联各民族的师范学生向反动的县政府提出反对用军事手段去镇压起义的农民。第二天，侯祝荣组织20多名青年学生向县长刘汉昌请愿。刘汉昌知道侯祝荣是雷公山善战民团团长、丹寨县参议重要人物侯祝贤的胞弟，只好顺口许诺用"政治解决"。第三天，侯祝荣又带领20多人的一支宣传调查队，在李绍良老师的指导下，到出事地点锡利乡调查，张新豪也随后前往。他们看到的尽是被火焚烧的断墙残垣，是县保安队得到刘汉昌县长的指示之所为，附近村寨的牛、羊、猪、鸡被抢走一空。学生们说："这次调查胜读千卷书，究竟谁是杀人放火，我们今天算是明白了。"由于局势的复杂性，侯祝荣带着张新豪悄然离开榕江到丹寨的乌洛（今雷山永乐）一家苗族家里。后来，黄质夫连续给张新豪写了三封信，诚劝张新豪返回国立贵州师范学校。1944年8月，张新豪由乌洛回到榕江，仍在国立贵州师范学校任教师。

1946年8月和1948年春，国立贵州师范学校附属小学派张新豪带着几位附小教师，先后到月寨侗村、高文苗寨创办山寨小学，属于附属小学的一、二分校，探索村寨小学教育发展的新路。他在办山寨小学的过程中，常深入村寨农户访贫问苦，从事农村社会调查，对因病缺药的贫困人家，他常买药送上门去。他在月寨村时，到了春节，自己掏钱买了大肥猪，请人宰杀分割一块块的送贫苦的农民过好年。他与农民关系密切，也引起了榕江县当局注意，并派人监视他。

抗日战争胜利后，蒋介石一面积极挑起内战，企图消灭中国共产党及其领导的八路军和新四军；一面加强法西斯统治，将全国置于他的独裁专制之下，国内的政治斗争非常尖锐复杂。为使一些进步书刊能在榕江发售，让青少年们和群众有接触进步思想的机会，对历史的发展和社会的进步有一个比较正确的认识。张新豪与附属小学主任、进步教师张一德商定按入股投资拟在榕江县城创办一个文化书店，当时得到许多教师的赞同。

1946 年春，附小教师张一德、张新豪、黎耀光、张士良、李应庚、孙俊仁、钟显治、包志超、石邦垠、邰昌厚、庄传训（校本部教师）等人，在附小楼上教室里召开股东会议，成立理事会，选举张新豪为理事会主任，庄传训、黎耀光等人为理事，张一德为监事主任，李应庚等人为监事，黎耀光为专职人员，负责财务和经营业务。会上确定书店的名称为"榕江文化服务社"，书店经营的宗旨：一是以出售进步书刊为主，经营学生用书，其他低俗的书只是搞一点在书架上作装饰，概不借阅和出售；二是不赚钱也不要紧，力争不亏本。书店办在附属小学的斜对面，靠练家屋面西侧的一间小木屋，门上挂了"榕江文化服务社"牌名。当时除了在榕江城内办了书店外，在黔湘桂边境有的中心学校也设联络点。根据张新豪在《五进五出国师的经过与见闻》一文记载，"文化服务社开办后，得到生活·读书·新知三联书店大力支持，他们把大量进步书刊寄来，有时还夹着《新华日报》和《群众》刊物等。"当时书店出售的书籍有艾思奇《大众哲学》《唯物史观》，还有高尔基、奥斯特洛夫斯基、郭沫若、肖红、茅盾、老舍、田汉、夏衍等人的小说或剧本。还有很多当时流行的进步歌曲活页，如《山那边好地方》（原名为《1949 年区好地方》，当时在"国统区"是不许唱的）、《农家乐》《插秧谣》《跌倒算什么》《茶馆小调》《你这个坏东西》《朱大嫂送鸡蛋》《古怪歌》等歌曲。如《古怪歌》的歌词里说的："往年古怪少，今年古怪多，四脚板凳爬上墙，灯草打破锅。半夜三更里，看见狗咬人，只准黑狗汪汪叫，不准人吭声……"这是对当时国民党反动派的黑暗统治作了深刻的揭露和讽刺。这些进步的歌曲活页一到，就直接卖给国立贵州师范和附属小学教师与学生，音乐教师将这些歌曲作为音乐教材在学校教学生唱，从学校传唱到社会。张新豪在回忆文章中说，他还定期给联络点寄去《民主报》《观察》《世界知识》《文摘》甚至有《群众》刊物。由于进步书刊和歌曲活页给人们灌输与传播民主思想，引起了国民党统治当局派人监视，以查禁禁售书刊为借口，于 1946 年冬，榕江文化服务社被封闭。张新豪和黎耀光也尽快离开了榕江。1984 年 7 月，张新豪应邀来榕江参加榕江县党史县史座谈会，他写了《五进五出国师的经过与见闻》，回忆上述的社会活动历史。

三、李德和老师从事农民运动

李德和是国立贵州师范学校的一名教师，他是一位从事革命工作的中共地下党员，他一边从事教学，一边从事革命活动，在当时榕江的民族山区播下了革命火种。

李德和是云南省景东县人，1929 年 11 月入党的早期中共党员，在党的领导下长期从事革命活动。1941 年，李德和在广西时，曾与八路军驻桂林办事处取得联系，要求去延安，后因皖南事变交通受阻，未能成行。这时，适逢贵州榕江缺乏教师，他应邀到榕江国立贵州师范学校当教员。李德和老师利用空余时间，深入到榕江八开地区的高山苗寨进行社会调查，为了取得苗民的信任，便于做好农村调查研究工作，他曾与苗民头人吃生鸡血酒结为兄弟。李德和根据调查搜集到的资料撰写了《榕江乡土教材》，是榕江一份可贵的文史资料。

榕江是少数民族聚居的山区县。由于官府横征暴敛，地主豪绅敲骨吸髓，各族人民过着贫困悲惨的生活。在一个赶场天，县政府派人在街上抓兵，打死了一名"壮丁"，死者父母妻儿沿街啼哭，十分凄惨。官逼民反，不久，成千上万的少数民族群众蜂拥下山，冲进县衙，砸开监狱放走被关押的囚犯，烧毁卷宗粮册，夺取了县印，赶走了县官。那时八开的山区苗族村寨的受苦群众也纷纷响应，准备揭竿起义。第三天，学校师训班学生田茂荣到学校找到李德和说："老师，你是维护受苦大众的，平时教导我们要反对贪官污吏，现在我们已经行动起来了！山上的父老让我来请您上山为我们出主意。"第二天，在田茂荣的陪同下，李德和应邀上山到了腊有乡摆柳村——起义指挥中心，与起义群众见面，受到起义民众的热烈欢迎，并尊称他为"国师"（国立贵州师范的老师或军师之意）。田茂荣的祖父是当地群众公认的"老秀才"，这位老秀才主张同本乡拥有一定武装力量的陈炳昆、蒋某二人联合起来，同官府干到底。第二天，由"老秀才"主持，李德和与陈、蒋二人"端红杯"（歃血为盟）结拜为兄弟，共举大事。陈、蒋二人让各自的小儿子拜李德和为"干爹"。接着各村寨分别派人到指挥中心"破铜"——将一节竹子破成两半，各执一半作为兵符。这时，"老秀才"充满信心地对李德和说："国师，这下放心了，请您拿出主意来，大事可成矣！"李德和对众人讲了四点意见：一是邀请各寨头人开会，正式成立起义总指挥部，各寨成立战斗队；二是明确战斗目标；三是派人前往桂林请八路军办事处派人来加强领导及到湘西与中共游击队取得联系；四是虽然乡保长逃跑了，但还须严防内奸破坏。众人点头同意，分头进行工作。

　　鉴于当时民族矛盾高于阶级矛盾，李德和心里打算说服各寨头人，把"民变"引向抗日，将起义部队拉上雷公山，在那里建立抗日游击根据地。各村寨的战斗队很快就组织起来，可是有的村战斗队同来犯的国民党军队开了火，派去找八路军的人准备出发时，国民党的大部队和各县的地方武装，已向榕江扑来，飞机在天空轰鸣盘旋，起义群众分头迎战来犯之敌，不到几天的时间，由于双方力量悬殊，一场惊天动地的农民武装起义失败。李德和速回榕江县城向昆明转移。临行前，国立贵州师范教师赵依依亲自制一方"久经风雨磨英骨，天下无人不识君"的印章相赠。这方印章，李德和一直珍藏着。1949 年前后，他一直为党工作。他跟随党艰苦奋斗了几十年，享受老红军、副厅级离休干部待遇。[①] 70 多年前发生在榕江腊有乡摆柳村的农民起义，为榕江的革命斗争史增添了光辉的一页。

---

　　① 《忠于共产主义的坚强战士——记云南早期党员李德和》，中共昆明市党史研究室编：《昆明党史》将 1995 年出版的第 3 期。1997 年 5 月 10 日，89 岁高龄的李德和同志，将这篇文章寄给榕江县党史研究室，并附言："本文《四、山民的国师》内，谈到榕江一段史实，谨提供参考。"并在附言条上盖了章。

第三节　学校的从严治校

国立贵州师范学校从严治校，加强对学生的纪律教育与训练，这是黄质夫为创办一流学校的一项重要举措。从黄质夫到历任校长都坚持从严治校的办学传统，并以其独具成效，而闻名于省内外，对当地群众的影响是深刻的，因而也受到社会各界的称赞。

一、严格纪律，人人平等

在黄质夫初创国立贵州师范学校的前五年，他在严格治校的管理上，其主要特点，是重在严于制度、严于计划、严于律己、严于把关四个方面。严就是要求，格就是标准，为了从严治校，制定了学校各项工作计划和规章制度，明确各个部门和学校各项任务与职责。凡是学校已定的事，必须遵照执行，说话算数，决不朝令夕改，严格遵照计划或制度实施，黄质夫从严检查把关，做到人有其事、事有其人、责任明确、分工合作、各负其责，在纪律与制度面前，人人平等，任何人都不能特殊例外。这里举一个执行考试纪律的事例。

国立贵州师范学校在招收新生考试上有一项规定，即凡是报考国立贵州师范学校的新生，首先要接受劳动考试（如锄草、割草、挖地等），经监考教师分配劳动考试项目，并检验合格者，签发劳动考试合格的凭据，才有资格参加文化科的考试。根据过去有的校友回忆，有一年学校秋季招生时，榕江有一位县官的女儿要报考国立贵州师范学校。由于过去的县官女儿从不劳动，害怕劳动，于是这位县官派人到学校说情，要求免除劳动考试或派人为他女儿代考劳动。主持考试的教师将情况向黄质夫作了汇报，黄质夫严于执纪、严于把关，公然严词拒绝："谁报考谁就要亲自参加劳动考试，并取得劳动考试合格者，才能参加文化考试。"这位县官的女儿只得同其他考生一样参加劳动考试，弄得汗流浃背，手也磨出了血泡，她初次尝到了劳动的艰苦。这件事在学校师生和社会引起了强烈的反响。学校的师生们和社会群众称赞黄质夫对县官也不讲情面，不畏权势，办事公道，在"试途"上人人平等，立校育人，真是难能可贵。这件事之后，黄质夫和他主持的国立贵州师范学校在社会上的声望更高了，师生们也为能在这所学校工作和读书而感到自豪。

二、校长严于律己、行以示范

国立贵州师范学校从严治校的一个重要特点，就是从校长到教师都是严于律己、言传身教。在这方面，黄质夫则是一位典范之人。首先，他严于律己、行以示范，凡事他都以身作则，带头在前，他要求他人做到的，自己首先做到，总是身先士卒，身体力行，为师生做表率。他每天天未亮，起床号尚未吹响，校园还是万籁俱寂，而他办公室的灯早已通明，他已提着马灯在校园四处巡视了，发现问题或建议，就在早读时的教职工的朝会上讲明或布置。他这种早晨巡视检查，偶尔有之，不足说道，而黄质夫则几乎天天如此，直至他离开学校，这种精神真是难能可贵的。每天起床号吹响了，他早已到操场的升旗台前等着师生集合、排队举行升旗仪式。之后，他又为食堂挑了三担水，巡视教室后才进入校长室。平时，他常顶烈日冒寒风，带领学生开辟校园，开荒种地、开山造林、架枧引山冲水进校园。当时曾任学校教导主任的吉长瑞说："不管寒风凛冽，抑或艳阳似火，总是看他光着头，在山腰，在田间地里忙着。"每天下午师生的事业活动（生产劳动）的号角、哨声吹响了，他和全校师生一起有序地奔忙在田间、农场、畜牧场、林场或工场里，学校所有的劳动场地都留下了他的足迹。学校新建校舍，他同学生一起到河边扛木头，并抢着扛大的木头。他与学生同学习、同劳动、同食堂就餐，从来不搞特殊化。他爱校如家，很多事他都亲力亲办。黄质夫整天总是不停地工作，不知疲倦地奔忙，很少看他有片刻的休息，但他的精神还是那样朝气蓬勃。张一德曾称赞说："黄质夫先生有金戈铁马、气吞山河的魄力，更有苦干实干的精神，在他身上，总是保持着旺盛的精力和蓬勃的朝气。"当时学校师生都称赞他像"使不完气力的牛""固执的牛"和"倔强的牛"一样，有无比大的气力，使不完的干劲。黄质夫听到之后，曾在一次会上自谦地说："把我比作牛，自愧不如"。1992 年，著名画家、原国立贵州师范学校美术教师、代理校长赵峻山，曾在南京为黄质夫的纪念册作了一幅生动形象的《愧不如牛图》，图上题写了"功高不居，劳而无怨，生前享受不多，死后捐躯为人"20 个字，表达了赵峻山对黄质夫献身教育的崇高品质的真诚的赞颂与敬仰。

黄质夫这种吃苦耐劳、身体力行的实干苦干精神，在师生中起到潜移默化的积极作用，因此，师生对他也十分敬重。当时的学校教师们，都以黄质夫校长为楷模，在学校的各项工作中，也都严于律己、言传身教，都能规范自己的教育行为，在教师办公室内写着"以教人者教己，以育己者育人"的名言，耳濡目染。教师们与学生同作息、同劳动，言行举止都表现着对学校和对学生的热爱。在教学上认真备课，上好课、做好学生的作业批改和辅导，工作一丝不苟，都为学生做表率，激发学生热爱师范教育的专业思想，增强学生学习的自觉性，提高学生学习的水平。这可以说是示之以范，以范化人的身教。

三、从严治校，一以贯之

学校从严治校，从黄质夫开创从严治校的校风到历任校长都是坚持从严治校的办学传统，在严于执纪上都是一以贯之，都收到好的教育效果。这里列举维护校园环境的纪律的实例。

学校的历任校长都重视校园环境建设和维护学校的教育秩序。学校为了营造一个美丽、净洁、舒雅与和谐的校园环境和秩序，把校园的绿化、美化、清洁卫生区都划片到各个班级管理，从室内到室外以致道路与活动场地，都是整洁、干净，未见杂草、废纸、果皮和一点渣滓，更没有随地吐痰的现象。张一德老师曾回忆说：当时"国师的清洁卫生做得很好，一进入学校，就给人以整洁、清新、舒畅的感觉，深受社会人士的称赞"。学校每天都有学生执勤，维护校园的环境卫生和秩序，这已是学校从严治校的一种管理常态。1949 年秋的一天下午，学校正在上课，学校的校园秩序井然，忽然社会上爱惹事的几个无理之徒，闯进了校园，一边走，一边乱丢吃的果皮，乱喊乱叫。执勤的学生上前去劝说，上课时间不要随便进入校园，让他们把丢在地上的果皮扔进垃圾箱。他们横蛮不讲理，与执勤学生吵起来，并摆出要打人的架势。这时下课的号声吹响，许多学生走到操场，把这几个人团团围住，叫这伙人把果皮扔进垃圾箱后离开校园。时任校长史介民将这次扰乱校园秩序的情况，以书面报告榕江县当局，县当局令带头闹事者的家长亲自带着他儿子到学校放炮赔礼道歉。学校的从严治校再次受到当地社会群众的好评，群众为国立贵州师范学校和榕江县当局能制服这伙在社会常闹事的人，而拍手称快。

四、严格纪律，蓬勃生机

国立贵州师范学校在从严治校中，对学生的纪律教育与训练是很严格的。学校对学生采取半军事化的管理方式。学校在低年级（初中部及简师1—3年级）各班建立童子军中队，实行童子军训练与管理；高年级（简师四年级及高师部）各班建立军事训练中队，实行军事训练与管理。各班设级任导师制，对学生进行日常生活、学习的教育与管理。女学生专设女生指导员，对女学生的生活进行专门的指导与管理。这样，学生入校后，便生活在严密的组织与管理之中。

学校的作息时间安排也是十分紧凑的。清晨5：30起床，6：00到操场集合升旗，由值日教师训话，7：00早读，7：30早餐，8：00到11：50上4节课，12：00中餐，中午休息。下午14：00到15：50上两节课，16：00至17：40各班参加生产劳动，18：00到操场举行降旗仪式，由值日教师训话，下午18：30晚餐，20：00至21：30各班在教室上晚自习，下晚自习后各班排队进寝室，22：00熄灯就寝，一天紧张的学习、劳动、生活才算是结束，大家方可进入甜蜜的梦乡。

当年学校的生活、学习、劳动既是紧张又是有序的。指挥全校师生行动的则是以军号为准，号声就是命令，全体师生员工闻号声而动，各就各位，各司其职，井然有序。学校对学生集体生活的要求也是严格的。例如，要求学生的教室与宿舍要整齐清洁，桌凳床铺要摆设有序，每天起床后要整理内务，被子叠成方块形。学生入餐厅用餐须列队入室，到橱柜架取自己的碗筷并盛好饭到固定的席位，听到值日进餐的口令才能进餐，听不到餐厅里任何的话语声和敲打碗筷的声音，饭后洗净碗筷放回原处，碗底朝上，盖好筷子，然后自由出餐厅。学生晚自习结束后，都要整队进入寝室。经军训教官或童军教练，或值日教师点名训话后，方能就寝。这些严格的训练，使学生增强整体观念，养成一种遵守纪律的良好行为习惯。当时的校园有一句响亮的口号："集合一分钟，工读莫放松，迟到与缺席，都要累大众。"这也是师生重要的生活准则。学校对学生的成绩考查、升留级都有严格的要求。学校对不尊敬师长、谈恋爱、酗酒、赌博、盗窃、打架斗殴、吸烟等，都在严禁之列，如果违纪，一经发现，轻则训斥、记过、留校察看，重则开除学籍，勒令离开学校。学校的整个生活的确是严肃紧张，而且也是十分俭朴与欢乐。学校各种活动有声有色，人们都看到了学校在严格的纪律下的蓬勃生机。

当年国立贵州师范学校的从严治校和培养学生遵守纪律的校风，不仅维护了学校的教育秩序，保证学校教育教学任务的实施，也受到社会人士的赞扬。曾在国立贵州师范任教的张新豪老师在《国师办学新路浅议》的回忆文章中说：有一次他带领一些学生"集体到桂林投考（西南联大），在西南联大餐厅进餐，考生仍与在校一样，也是整队鱼贯而入。用膳毕，唯国师考生每人把鱼骨等剩渣拢集碗内，摆好餐具，而后离席，有秩序地退出餐厅。西南联大招考人员惊问其故，答云：'我们国师老师一贯教导学生这样做，'也有的答：'我们已经习惯了。'发榜时，前十名是国师学生。西南联大及附近学校师生夸赞：'贵州国师办学是成功的。'"①

黄质夫开创的、历任校长继承的国立贵州师范学校从严治校的优良传统，对于加强学生的纪律教育与训练，对于维护和保障学校正常生活教育秩序，促进学校边疆师范教育事业的发展，作了应有的贡献。这是这所学校留下的一份宝贵的办学传统和办学经验，也是这所学校办学的一大亮点。也因为从严治校成绩显著，使学校的声誉远播。

但是，由于历史的局限性，以及教育者个人品格素养的影响，国立贵州师范学校在从严治校的过程中，也存在一些问题。一是在执行学校的纪律教育上，还存在管压多和简单、生硬的现象，缺乏更细微的说服教育。学校有些教师和学生在写回忆母校教育时，都说到这个问题。例如，黄质夫校长要求每个男教师和男学生一进校都要剃光头，有的师生一时难以接受。黄校长说剃光头是为了响应"蒋总裁"新

---

① 榕江县教育局等. 国立贵州师范文集［M］. 凯里：黔东南州彩色印刷厂印刷，1995：40.

生活运动的号召。学生即使思想不通，为了能在校读书学习，只有把头剃光。有位男教师进校一个月以后还没有剃光头，黄质夫校长在集会上就点名指责，还说"蒋总裁"都剃了光头，大家都要剃光头。这位教师说，我信奉孙总理（孙中山），总理留头发，我也应留头发。因为与黄质夫校长发生争论离开了学校。这个事例，不仅反映在教育方法上的简单生硬，也反映学校还没有摆脱国民党的"效忠党国""效忠领袖"的政治思想的桎梏和影响。二是学校的打骂教育时有发生。梁瓯第于1945年8月任校长，继承黄质夫从严治校的办学好传统，但他针对学校存在时有打骂学生的现象，决心从校本部到附属小学和村寨教育实验区，宣布学校废除打骂教育，严禁体罚和变相体罚学生，要求教师一定要关爱学生，教好学生，并以此作为一条师德纪律约束教师。在1945年秋的一次学生集会上，对毕业生作临别赠言时，其中提出"你们学生毕业出去当教师，一定要关爱学生，打骂学生的人，我不承认他是我的学生。"梁校长的言简意赅给师生震动很大。在梁校长以及许绍桂校长的任期内，学校本部及所属的小学校，再没有出现打骂学生的现象，当时校本部和所属的小学校园都教唱《打骂教育最不好》这首歌，师生齐唱道："打不好，骂不好，打骂教育要打倒。"这首歌传唱到社会，曾产生了良好的影响。学校废除了打骂教育，学校的民主、和谐的风气更浓了，师生的关系更加密切了，校园也更加生机盎然。三是1948年秋至1949年王守论任校长时，在从严治校方面又出现了新的情况。1948年，时值解放战争时期，中国人民解放年军已大规模地打击和消灭国民党的反动军队，人民解放战争正向全国推进，国民党反动政权已处在风雨飘摇之中，全国人民反对国民党反动统治的革命斗争已是日益高涨。社会民主革命思潮，在国立贵州师范学校师生间得到了反响，根据校友向零（原名向廷先）在《国师校风》一文中回忆：1948年，是王守论校长任期内，这年冬的一天，学校边师科34（四）班，在下晚自习回到寝室之后，有一部分同学在寝室哼唱对现实不满的歌，如《古怪歌》《跌倒算什么》《薪水是个大法宝》《苦命的苗家》等，值班导师黄某悄悄进了寝室巡查，有的同学发现了值班导师就停止哼唱，而向零不知道值班导师的到来，仍在继续哼唱，被黄某发现。第二天，向零被王守论校长叫去训话。王守论说："现在是战乱时期，要遵守纪律，你昨晚胡闹，本应开除，姑念你年幼无知，给记大过处分，以观后效。"当天即书面公布"记大过一次"。此举，仅是杀一儆百而已，实属狐假虎威的劣迹，[①] 校方把学校的纪律作为维护国民党反动统治的工具和手段。又根据校友黎守愚在《重返榕江》一文中记载："1948 年下半年，我班因不满公民课教师对学生的谩骂，愤而罢他的课，后被王守论校长高压，集体每人记大过两次，并留校察看镇压下去，影响学业甚远。"当时校方在从严治校方面，对有的问题缺少正面教育，而是单纯的管压手段，动辄处分学生，挫伤学生学习的积极性。

国立贵州师范学校是当时国民政府教育部领导的一所国立边疆师范学校，囿于当时的社会政治历史环境，且受着学校领导的政治思想的制约与影响，因此，对这所学校从严治校、加强纪律教育方面，应历史地具体地分析，判断其是非曲直，应采取批判与继承的态度，对于正确的好的要肯定或继承，而对于错误的要否定与扬弃。

---

① 榕江县教育局等. 国立贵州师范文集［M］. 凯里：黔东南州彩色印刷厂印刷，1995：45.

第七章 学校创办边疆小学概况

小学教育是国民教育的基础，为了面向小学培养合格师资，开展小学教育的实践研究，国立贵州师范学校在榕江办学的十年间，先后创办了 4 所小学，为当地的小学教育作出了历史的贡献。

第一节 学校的附属小学

国立贵州师范学校在榕江创办的第一所小学是附属小学。国立贵州师范学校首任校长黄质夫，把学校迁到榕江之后，也立即着手筹建附属小学。1940 年春，经学校与当地县政府商定，把县城两所男、女小学合并成立了"国立贵州师范学校·榕江县政府联立小学"（简称"联立小学"），双方共同领导管理，互派管理干部和师资，办学经费各负担一半。是年秋，联立小学由国立贵州师范学校全部接管，改名为"国立贵州师范学校附属小学"（简称"附小"），地址设在清代的镇台衙门内（现今中国工农红七军纪念馆和红七军广场一带）。为了把附属小学办成当地小学校的典范，黄质夫亲自兼任附属小学校长，从校本部抽调那些具有"德能感人，才能胜任"的骨干教师去担任附属小学主任，主持附属小学日常工作。从国立贵州师范学校优秀毕业生中和社会上遴聘一支业务精湛、受过师范教育训练、学有专长和有志边疆教育的人，从事学校的教学工作。先后在附属小学担任主任的有 6 人、教师有 20 多人。

为了提高学校的教学质量，黄质夫把"教学做合一，德智体并重"作为附小的办学指导思想，并制定了附小管理规章，学校课程不分主科副科，努力全面完成各科教学任务。当时办学处于抗日战争的艰苦年代，物力维艰，附小三易其校址，校舍都是借用旧的校舍、旧的会馆、旧衙门整修为用。黄质夫鼓励附小教师们要吃苦耐劳，发扬艰苦奋斗精神，国难当头，要"恒念物力维艰"，"嚼得菜根则百事可为"。附小的全体教工，团结一致，任劳任怨，一心扑在教育事业上，争相为边疆教育事业作出贡献。1941 年，附小各年级学生已达 396 人[①]。1943 年附小各年级学生增加至 406 人[②]，已形成在当时榕江小学中规模较大的一所小学。在黄质夫任期的前五年，附属小学的教育质量一直位居全县小学的前列，也为后来几年附属小学的教育发展铺平了道路，打下了坚实的基础。

1945 年 8 月 13 日，榕江遭遇特大水灾，县城内外一片汪洋，校舍被洪水冲击，损坏甚多，教学设备、图书资料也漂流殆尽，校房校舍移动了位置，面对着校舍被洪水冲坏的惨状，学校教师不气馁，带领学生一道清理洪水过后留下的污泥浊水。8 月 28 日，梁瓯第到榕江继任国立贵州师范学校的第二任校长，呈报国民政府教育部拨款整修校舍，购置教学设备。经过一个多月的努力工作，附小于 9 月 16 日正式开学上课。由于校舍被洪水损坏，整修后的校舍不如原来宽敞，加上有不少学生家庭因遭受洪水之患，给经济生活带来了困难和影响，因洪水过后的 1946 年上半年附属小学学生人数减少到 224 人[③]。到 1948 年，附属小学由同善社（现今榕江县邮政局的南侧）迁到当时县内的中山公园（现今商业大楼、二商场、菜市一带），扩大了校舍和活动场地，附小的在校生又增加到 400 余人，使学校又得到了发展。到了 1949 年底，随着国民党反动政权的垮台，国立贵州师范学校办学经费来源断绝，学校已停办，附小也难以维持下去，附小的几百名学生将出现失学的现象。为了不让附小学生失学，原在国立贵州师范学校毕业的榕江籍校友和住榕江的外地校友，众推朱永祥为校长，校友们不要工资，自愿尽义务教学，一直支撑到 1950 年 10 月榕江县第二次解放，附小由榕江人民政府接管。1951 年春，榕江县人民政府将附属小学与原来的县立中正小学、私立忠烈小学合并成立"榕江县五榕小学"，从而结束了附小的办学历史。

---

① 王文岭，黄飞. 黄质夫乡村教育文集 ［M］. 南京：东南大学出版社，2017：48.

② 榕江县教育局等. 国立贵州师范文集 ［M］. 凯里：黔东南州彩色印刷厂印刷，1995：434.

③ 杨秀明，安永新. 黄质夫教育文选 ［M］. 贵阳：贵州教育出版社出版，2001：307.

附属小学在榕江办学的 11 年间，共培养了 15 届毕业生，学生 600 多人，他们有不少人升学就业，1949 年以后，在中国共产党的领导下，他们中的许多人都走上了不同的工作岗位，有的成了国家的建设骨干，有的成了教授专家、学者，有的当上人民教师和医务工作者，他们都为我国社会主义现代化建设事业作出了贡献。

附属小学历任主任名录

历任	姓名	籍贯	聘任年 \ \ 季	备注
第一任	张耀南	江苏	1940 年秋	
第二任	杨 腾	江苏	1941 年秋	
第三任	袁子高	江苏	1942 年秋	
第四任	张耀南	江苏	1943 年春	
第五任	文蔚朝	锦屏	1944 年秋	
第六任	张一德	江苏	1945 年秋	
第七任	文蔚朝	锦屏	1949 年春	
第八任	李文继	雷山	1949 年秋	

附属小学教师名录

姓　名	性别	籍　贯	毕业学校
杨本娴	女	江苏东海	江苏省立东海师范
饶立三	女	湖南长沙	江西法学院
杨凤英	女	江苏省	江苏省立师范
吴达正	女	湖南湘潭	湖南省第十二师范
胡政修	女	贵州榕江	国立贵州师范高师部
江智雄	女	广东梅县	广西省立南宁高中
吴道成	男	贵州麻江	国立贵州师范简师部
黎耀光	男	广西北流	国立贵州师范简师部
张新豪	男	福建闽侯	南京三育大学教育系
张士良	男	贵州榕江	国立贵州师范简师部
黄秀松	男	贵州荔波	国立贵州师范简师部
卢凤兰	女	贵州榕江	国立贵州师范简师部

姓　　名	性别	籍　贯	毕业学校
徐镕昌	男	贵州荔波	国立贵州师范简师部
孙俊仁	男	湖南会同	国立贵州师范简师部
滕中宜	男	江苏镇江	国立戏剧专科学校
文宏懋	男	贵州锦屏	国立贵州师范高师部
曾丽英	女	贵州榕江	国立贵州师范高师部
杨世芳	男	贵州榕江	贵州省立贵阳乡村师范
杨昌权	男	贵州锦屏	国立贵州师范高师部
龙世杰	男	贵州锦屏	国立贵州师范简师部
徐志平	男	贵州遵义	国立贵州师范高师部
李应庚（李立）	男	贵州榕江	国立贵州师范简师部
彭朝喜	男	广西玉林	国立贵州师范高师部
邰昌厚	男	贵州台江	国立贵州师范高师部
石邦垠	男	湖南会同	国立贵州师范高师部
李应辛	男	贵州榕江	国立贵州师范高师部
钟显治	男	湖南武岗	国立贵州师范初中部
包志超	男	贵州三都	国立贵州师范高师部

附属小学毕业生中担任县（处）级以上职务和高级职称的部分名录

姓　　名	民族	性别	最后毕业学校	退休前工作单位	职务/职称
吴德燊	汉	男	榕江县立中学高中部	部队转地方到贵州省司法厅	正处级
杨昌运（杨景堂）	侗	男	国立贵州师范简师部	政协贵州省黔东南州委员会	副主席
胡智如	汉	女	哈尔滨医科大学卫生管理进修班	贵州省黔南州计划局	副局长（正县级）

姓　名	民族	性别	最后毕业学校	退休前工作单位	职务/职称
向廷先	侗	男	中央民族学院	贵州省民族研究所	所长 副研究员
罗时法	汉	男	贵州省社会科学院	贵州省黔南州师范专科学校	校长、教授
姚民英	汉	女	贵州农学院	贵州省黔东南州农业学校	副校长（主持工作）高级讲师
左全光	汉	女	榕江县立中学高中部	青岛海军疗养院	正团级 主治医师
刘子陵	汉	男	贵阳师范学院	贵州省冶金工业学校	副校长 高级讲师
杨光禄	侗	男	中央民族学院	榕江县人民政府	副县长
石云珍	汉	女	贵阳师范学院	广西三江侗族自治县人民政府	副县长
刘延林	汉	男	贵阳师范学院	贵州省黔南州教育局纪检组	组长（副县级）
杨占科（杨碧芽）	侗	男	国立贵州师范简师部	政协榕江县委员会	副主席
吴汉祥	汉	男	财政部西北财政学校	政协榕江县委员会	副主席
段大明	汉	男	花溪中学高中部	政协黎平县委员会	副主席
张士崑	侗	男	中央民族学院	贵州省民族研究所	副所长 副研究员
吴汉良	侗	男	贵州大学	中共贵州大学党委	党委副书记 副教授
杨成典（杨林）	侗	男	国立汉民中学	黔东南州歌舞团	团长 二级作曲
杨成文	侗	男	国立贵州师范边疆师范科	四川省富顺县人民武装部	政委
石德兴	苗	男	国立贵州师范边疆师范科	总后勤部驻广西凭祥办事处	作战参谋（副团级）

姓　名	民族	性别	最后毕业学校	退休前工作单位	职务/职称
蒋永康	汉	男	贵阳师范学院	贵州省安顺地区教科所	所长 副研究员
徐玉文	汉	男	国立贵州师范高师部	贵州省黔东南州外事办	副主任
杨威群	汉	男	贵阳师范学院	政协榕江县委员会、榕江一中	副主席、校长中教高级
王强模	汉	男	贵阳师范学院	贵州教育学院	教务处长 教授
张先钟	汉	男	贵州工学院	云南电力管理局设计处	高级工程师（教授级）
刘子臣	汉	男	唐山铁道学院		高级工程师
段大正	汉	男	四川化工学院	四川长寿化工厂	高级工程师
欧阳华	汉	男	贵阳师范学院	中共贵州省委党校	教授
陈昌槐	汉	男	贵州省社会科学院	贵州省黔南职业技术学院	教授
邹兆奎	汉	男	贵州工学院	昆明水电勘察设计院	教授 高级工程师
李逢甫	汉	男	贵阳师范学院	贵州省黔东南师范专科学校	副教授
姚民材	汉	男	贵州省都匀师范学校	贵州省黎平县第二中学	教务主任 中学高级教师
赵品泽	汉	男	贵阳医学院	贵州省安顺地区卫生学校	副校长 高级讲师
姚绍基	汉	男	成都工学院	四川大学测试技术与控制工程系	党总支书记
练朝钟	汉	男	重庆大学	四川水利勘测设计院	总工程师
卫发源	汉	女	贵阳工业学校	新疆钢铁设计院	高级工程师
肖　华	汉	男	贵阳医学院	贵阳市乌当医院	副主任医师
石定才	汉	男	贵州工学院	华北冶金公司218地质队	高级工程师
郭玉明	汉	男	贵州农学院	贵州省黔东南州林科所	高级工程师

姓　名	民族	性别	最后毕业学校	退休前工作单位	职务/职称
何惠忠	汉	男	贵阳医学院	贵州省榕江县人民医院	院长 外科主任医师
胡钟英	汉	女	贵州省黔南州高等师范专科学校	贵阳中等专业学校	中学高级教师
胡政恺	汉	男	贵阳师范学院	凯里市第一中	中学高级教师
左全珍	汉	女	贵阳民族师范学校	贵州省榕江县第一小学	校长、小学里的中学高级教师
杨宝珍	汉	女	贵阳师范学院	贵州省榕江县第一中学	中学高级教师
谢培洲	汉	男	贵阳师范学院	贵州省榕江县第一中学	中学高级教师
陈德姿	汉	女	贵阳师范学院	浙江瑞安市华侨中学	中学高级教师
席本祥	汉	男	贵阳师范学院	贵阳一中	中学高级教师

备注：因学校停办的年代已久，资料难寻，附属小学学生毕业之后，升学或就业的人数较多，这里只是担任县（处级）以上职务和评上高级职称当中的一部分名录。

第二节　学校附设村寨教育实验区

1945年7月，当时国民政府教育部任命梁瓯第为国立贵州师范学校的第二任校长，8月28日他到榕江接任校长职务。他到榕江之后，呈报教育部拨款，整修学校因在8月13日被洪水冲坏了的校舍，购置图书、仪器、药品和用具，招收新生，并于9月25日正式复课，重振国立贵州师范学校的校园秩序和校园的良好风貌。

梁瓯第是一位民族学专家和边疆教育的著名人士，他到榕江之后，十分重视边疆民族文化教育的研究，他在国立贵州师范学校增设了四年制边师科，主要招收边地少数民族学生，接受边疆师范教育。他在办好师范教育的同时，徒步到一些苗族、侗族和水族山村进行了社会调查，先后撰写了《车寨社区调查》《苗山见闻》《贵州苗区的征生制》等调查论文。他通过对少数民族山寨调查之后，了解到当地少数民族山寨经济文化落后的状况，深切感到发展边疆民族教育的责任殊重。1945年9月，他呈报国民政府教育部批准，先在榕江县三宝侗乡的车寨村创办了一所"国立贵州师范学校附设村寨教育实验区"（简称"村寨教育实验区"）的新型农村小学校。村寨教育实验区提出了"有教无类"，广开办学之门，学生实行免费入学，发给学习用品；以"教学做合一，德智体并重"为办学指导思想，实施全面发展教育；聘请侗族的教师用少数民族语言辅助教学；举办了为边民服务的实践项目，如创办了简师部补习班、村寨民众教育班、民族文化陈列室、民众医疗室；组织师生开展开辟校园运动场和农场，绿化校园，种植蔬菜等生产劳动教育活动。梁瓯第兼任村寨教育实验区主任，派有管理能力的人为总干事，主持日常工作，加强学校的管理，开展各项教学活动等等，使村寨教育实验区的教育卓有成效，成为当地边疆乡村学校中"有教无类"的办学典型。

村寨教育实验区以车寨侗村为中心，向周围村寨发展，在4年多的办学时间里，在校生从起初的130多人，到1949年底停办时，已发展到近400人，共输送了4届毕业生和一期简师部补习班，毕业人数200多人。1949年后，有80人升学就业，走上了不同的工作岗位。据调查了解，他们当中担任县（处）级干部的有8人，科级干部的有14人，评上各类高级职称的有10人。在中国共产党的领导下，他们为祖国社会主义现代化建设事业作出了应有的贡献。

国立贵州师范村寨教育实验区教师名录

姓名	民族	职务	学历	爱好特长
梁瓯第	汉	校长兼主任	国立中山大学研究院教育研究生	民族学家、教育家，从事边疆教育研究，发表过民族调查和边疆教育的著作
刘念民	汉	总干事	国立中山大学土木工程学系	土木工程和蔬菜栽培技术
文蔚朝	侗	总干事（第二任）	国立贵州师范学校高师部	小学教育管理

姓名	民族	职务	学历	爱好特长
胡政修（女）	汉	教师	国立贵州师范学校高师部	古典文学
周光耀	汉	教师	国立贵州师范学校高师部、国立广西大学肄业	数学、篮球、绘画
邝碧桃（女）	汉	教师	广东某女子师范学校	音乐、体操、舞蹈
包志超	水	教师	国立贵州师范学校高师部	乡土教材、音乐、民间文学
杨世芳	侗	教师	贵州省立贵阳乡村师范学校	民族语言研究
张士良	侗	教师	国立贵州师范学校简师部	民族语言研究
杨通裕	侗	教师	国立贵州师范学校简师部	书法
杨昌运	侗	教师	国立贵州师范学校简师部	三宝侗族琵琶歌
杨昌权	侗	总干事	国立贵州师范学校高师部	小学教育管理
蒋玉琨	侗	教师	国立贵州师范学校高师部	音乐、篮球、美术国画
张士崑	侗	教师	国立贵州师范学校高师部	音乐画花鸟
龙世杰	侗	教师	国立贵州师范学校简师部	
杨学忠	侗	教师	国立贵州师范学校简师部	三宝侗族琵琶歌
黎耀光	汉	教师	国立贵州师范学校简师部	班级管理语文

村寨教育实验区学生毕业后升学就业的学生名录

姓名	民族	性别	最后毕业学校	退休前工作单位	职称/职务
杨朝富	侗	男	沈阳师范学院	黔东南州教委	副主任主持工作（正县级）
杨继仁	侗	男	贵阳师范学院	贵州省水电学校	党委书记、高级讲师
杨占明	侗	男	沈阳师范学院	贵州民族学院干训部	党总支部书记、副教授
杨占贤	侗	男	中央民族学院	贵州省档案馆	副馆长、副研究员
杨昌本	侗	男	部队工程技术学校	1949年军某部	工程师（正团级）
杨继光（杨青）	侗	男	遵义农业专科学校	榕江县政协	副主席农艺师
陈光耀	侗	男	都匀师范	榕江县政协	副主席
杨广文	侗	男	贵阳师范学院	黔东南州榕江民族师范	副校长
杨成秀	侗	男	贵阳师范学院	凯里师范	教务科长、高级讲师
杨朝忠	侗	男	贵州省电视大学	黔东南州石油公司	党办主任、高级政工师
杨光彩	侗	男	西南民族学院	榕江县委统战部	部长
杨成敏	侗	男	贵阳医学院	榕江县医院	院长、副主任医师
石开顺	侗	男	成都地质学院	榕江县乡镇企业局	副局长（主持工作）
杨秀珠	侗	男	贵阳师范学院	榕江县职中	党支部书记、中学高级教师
彭正中	侗	男	榕江中学	榕江县政协	副秘书长
杨德高	侗	男	都匀师范学校（中师）	黔东南州榕江民族师范	党支部书记、讲师

姓名	民族	性别	最后毕业学校	退休前工作单位	职称/职务
杨秀斌	侗	男	都匀师范学校（中师）	榕江县民宗委	主任
陈裕光	侗	男	中央民族学院（武汉分院）	榕江县司法局	局长
石文焕	侗	男	贵州省医士学校	铜仁市原驻惠州办事处	副主任
杨占祥	侗	男	榕江中学	从江县法院	干部
杨世德	侗	男	参军	营级干部转地方工作	
杨培芳	侗	男	贵州省城建学校	贵阳市某派出所	干部
张光恒（张勇）	侗	男	都匀师范学校（中师）	榕江县文化馆	馆长、副研究员
杨兵	侗	男	贵州大学	榕江一中	中学高级教师
杨昌华	侗	男	都匀师范学校（初师）		高级经济师
杨光玉	侗	男	西南民族学院	榕江县农推站	农艺师
张士彬	侗	男	贵阳师范学院	榕江县中学	教师
王凤昌	侗	男	贵州民族学院	榕江县车民小学	校长
杨成玉	侗	男	都匀师范学校	黔东南州榕江民族师范	讲师
陈昌和	侗	男	遵义师范专科学校	榕江县忠诚中学	中教一级教师
成庆昌	侗	男	都匀师范初师部	榕江县车民小学	副校长、高级教师
杨兆魁	侗	男	都匀师范初师部	三都县小学	教师
杨通廷	侗	男	都匀师范初师部	榕江县小学	教师

姓名	民族	性别	最后毕业学校	退休前工作单位	职称/职务
杨秀福	侗	男	贵阳民族师范初师部	榕江县小学	教师（后务农）
杨广全	侗	男	贵阳民师初师部	榕江县小学	教师（后务农）
杨国刚	侗	男	贵定师范学校（中师）	榕江县小学	高级教师
杨作霖	侗	男	都匀师范学校（中师）	榕江县委党校	讲师
姚启康	侗	男	国师简师部	锦屏县平秋中学	校长
杨玉光	侗	男	都匀师范学校（中师）	榕江县小学	小学高级教师
向登明	侗	男	榕江中学	荔波县金融部门	干部
杨德鸿	侗	男	贵州省医士学校	榕江县医院	主治医师
杨秀昌	侗	男	榕江中学	榕江县车民小学	高级教师
杨通智	侗	男	国师补习班	榕江县法院	干部
杨光义	侗	男	参军	连级干部转地方工作	
陈光辉	侗	男	榕江中学	榕江县供销社	干部
吴士成	侗	男	榕江中学	贵阳市邮政局	干部
杨兆祥	侗	男	榕江中学	四川雅安地质	干部
杨兆禧	侗	男	榕江中学	榕江县林业局	干部
彭永华	侗	男	国师简师部	剑河县供销社	干部
王刚	侗	男	榕江中学	榕江县供销社	干部

姓名	民族	性别	最后毕业学校	退休前工作单位	职称/职务
杨成俊	侗	男	贵州中等邮政学校	榕江县邮政局	干部
杨胜光	侗	男	贵州工学院	榕江县科技局	干部
钟振声	侗	男	参军	榕江县物资局	干部
杨继忠	侗	男	榕江中学	榕江县机械厂	职员
杨国章	侗	男	参军	榕江县水电局	职工
杨莲花	侗	女	榕江中学	榕江县粮食局	职工
杨文宗	侗	男	参军	贵阳某工厂	职工
杨文烈	侗	男	参军	榕江县小学	小教一级
杨绪宗	侗	男	都匀水电培训班	从江县水电局	职工
杨昌中	侗	男	贵州省医士学校	榕江县职校	教师
杨光前	侗	男	贵州省医士学校	榕江县忠诚卫生院	医师
杨佩贤	侗	男	贵州省医士学校	从江县医院	医师
杨廷忠	侗	男	榕江中学	榕江县小学	教师
张克福	侗	男	国师简师部	锦屏县小学	教师
杨国义	侗	男	榕江中学	榕江县小学	教师
杨占云	侗	男	镇远师范学校	榕江县小学	教师
向廷和	侗	男	榕江中学	榕江县小学	教师
杨光清	侗	男	参军	榕江县小学	教师
杨占山	侗	男	高中	榕江县小学	教师
姚启佑	侗	男	国师简师部	锦屏县小学	教师

姓名	民族	性别	最后毕业学校	退休前工作单位	职称/职务
张光月	侗	女	都匀师范初师	贵定县老龄委	财务员
姚启敏	侗	男	国师简师部	锦屏县离休局	干部
赵良德	侗	男	榕江中学	榕江县水利技工	后回乡务农
向登廷	侗	男	榕江中学	榕江县小学教师	后回乡务农
杨成仁	侗	男	都匀水电培训班	从江县水电职工	后回乡务农
吴昌全	侗	男	榕江中学	榕江县小学教师	后回乡务农
谭俊银	侗	男	国师简师部	锦屏县小学教师	后回乡务农
杨继忠	侗	男	中央民族学院（武汉分院）	榕江县乡镇干部	后回乡务农
杨成刚	侗	男	国师简师部	平塘县金融部门干部	后回乡务农
杨兆庆	侗	男	榕江中学	榕江县干部	后回乡务农

第三节　创办附属小学分校——山寨小学

山寨小学，是指当年国立贵州师范学校在榕江县少数民族山村创办的小学校。为了推进边疆教育事业，促进当地小学教育发展，探索少数民族村寨办学的发展新路，为师范生创办山村学校教育实习基地，梁瓯第在车寨创办村寨教育实验区之后，于 1946 年又在月寨侗村创办了第一所山寨小学，1948 年春，许绍桂又在高文苗寨创办了第二所山寨小学，作为附属小学的分校。

一、月寨山寨小学

为了把国立贵州师范学校的小学教育的重点放到农村去，校长梁瓯第把附属小学"化整为零"，控制办学规模，把紧缩的教职工编制和办学经费，拿到少数民族山区去创办山寨小学，作为附属小学的分校，让少数民族山村的边胞子弟得到读书的机会。1946年，他派附属小学骨干教师张新豪带着国立贵州师范学校毕业生张士良（侗族）、李应庚两位教师，背着行李徒步到离县城15里的月寨侗村去筹办月寨山寨小学作为附属小学的第一分校。

当时月寨山寨小学的校址设在月寨南端的文昌古庙里，校舍十分简陋，他们在群众的支持下，一方面自己动手整修古庙的厢房，改成教室、办公室、宿舍，开辟了学校活动场地，自制了一些简易的运动器材，如秋千、跋杆、单双杠、跷跷板、跳高架、跳远沙坑等。另一方面，他们深入村寨宣传创办山寨小学的意义，动员村民送子女入学。筹备就绪以后，在学校的大门挂上了"国立贵州师范学校附属小学第一分校——月寨山寨小学"的校牌。由于当时一些村民对发展文化教育认识不多，还不够了解山寨小学办学的意义，招生广告贴出一周以后，只有4名学生来校报名，有的教师感到为难。张新豪鼓励两位教师说，当年陶行知从美国留学回来，也是带了几个人到农村去办学，校址也在古庙里，招生广告贴出了10天只收到3个学生，陶行知说就是只来一个学生，到时也要上课，充满办学的信心。我们一个礼拜收到了4个学生，叫大家不要灰心。于是他们继续到村寨宣传办学意义，到村民家庭调查访问，关心贫苦村民的生活。经过努力动员群众送子女入学，学生入学的人数达到了20多名，于当年9月1日正式开学上课。由于各年级学生人数少，采取分两个班进行复式教学。学校开齐小学课程，还编写乡村教材，侗族教师还用本民族语言辅助教学，自制简单教具（如识字卡片、认数卡片等），教师认真上课，耐心辅导学生作业练习，有时晚上到学习困难的学生家里辅导。

学校加强对学生爱家乡爱祖国、品德和纪律、学习目的等方面的教育，激发学生的学习积极性。学生参加县里乡村小学的统一考试，都取得了好成绩，受到社会的好评。

学校还利用周围的空旷荒地，开辟了学校的农场，把学生年龄分成小组开展劳动竞赛，种植小米、红薯、蔬菜，饲养鸡、鸭、兔等，使学生受到了生产劳动教育与训练，养成劳动习惯，学生放学回家也主动帮助做些家务劳动。家长看到学生的进步，也感到高兴，增加了送子女到学校读书的信心。

学校不收学生分文学费，还发给学生学习用品，学校对学生关爱和耐心教育，从不打骂学生。学校开办后的第二学期，二年级有一位学生突发疾病，张士良老师亲自背他回家，这事感动了家长和村里的群众，从此，家长对山寨小学更加信任，不仅送子女入学，还积极支持学校办学，使这所山寨小学的教育扎根在月寨侗族群众之中。

月寨山寨小学办学有 3 年多的时间，学校有了较快的发展。到 1949 年，学校学生增加到近 200 人，为当地培养了一大批小学毕业生。1949 年以后，从这所学校出来的学生中有 40 人继续升学和就业，其中高等学校毕业的有 4 人，评上高级职称的 2 人，担任地（州）级职务的 1 人，担任县（处）级职务的 2 人，担任科（局）级职务的 11 人。他们在不同的岗位为祖国的社会主义建设事业作出了自己的贡献。

月寨山寨小学毕业后升学就业的学生名录

姓名	民族	性别	最后毕业学校	退休前工作单位	职务/职称
杨广贤	侗	男	全国爱国基地培训中心	贵州省黔东南州人大常委会	副主任（副地级）
杨灿瑜	侗	男	中央轻工业盐务总局干部学校	贵州省黔南州人大常委会民族事务委员会	副主任（正县级）
石世群	侗	男	参军	贵州省地震局	副处长、办公室副主任（正处级）
李昌能	侗	男	贵阳师范学院化学系	黔南州都匀四中	校长、中教高级
杨光珍	侗	男		榕江县交通局	局长
杨远贵	侗	男	中央民族学院武汉分院	榕江县农牧局	局长
石灿莹	侗	男		榕江县民宗局	局长
杨灿琼	侗	男	参军	榕江县政协	副秘书长

姓名	民族	性别	最后毕业学校	退休前工作单位	职务/职称
石灿春	侗	男		榕江县忠诚区委	党委书记
杨光隆	侗	男	榕江县初中部	榕江县车江乡政府	乡长
文昌正	侗	男	榕江县党训班	榕江县计划委员会	主任
石剑中	侗	男	贵州农学院	榕江县农经委	主任
杨增义	侗	男	榕江县中学	榕江县防疫站	站长
杨昌泰	侗	男		榕江县人民法院	副院长
李树芳	侗	男	榕江中学初中部	贵阳中山西路派出所	原所长
杨正茂	侗	男	榕江初级中学	榕江县农业局	干部
李世高	侗	男	重庆地质学校	武汉市地质工作	干部
杨国钧	侗	男	参军	榕江康复病院	院长
李昌文	侗	男	参军	榕江县民族师范学校	临时负责人
杨正芳	侗	男		榕江县政府机关	干部
李昌昇	侗	男	贵阳政法干校	榕江县公安局预审股	股长
杨灿枝	侗	男		榕江县委	干部
王祥亨	侗	男	都匀师范初师部	榕江县教育局农教	干部
李国义	侗	男	贵州师范专科学校	榕江二中	高级教师
赖志修	侗	男	贵州卫生学校	榕江县忠诚卫生院	主治医师

姓名	民族	性别	最后毕业学校	退休前工作单位	职务/职称
杨福昌	侗	男	重庆地质学校	榕江县乡镇企业局	地质工程师
陆永安	侗	男	重庆地质学校	西康地质采矿	工程师
杨忠义	侗	男	参军	榕江县车江卫生院	院长
石开瑚	侗	男	参军	榕江县小学	校长
杨昌礼	侗	男	黔东南师范专科学校	榕江县小学	校长
石衡清	侗	男		榕江县忠诚区政府	干事
杨光前	侗	男	榕江中学初中部	榕江县电影公司	经理
李通顺	侗	男	贵州师范专科学校	榕江县职业中学	教师
王昌鸿	侗	男	榕江县初中	凯里华联厂	技工
杨文鸿	侗	男	参军	榕江县水利局	职工
杨远富	侗	男	贵州农学院	榕江县小学	教师
王光碧	侗	男	都匀师范学校初师部	榕江县小学	教师
杨文湘	侗	男	贵州卫生学校	榕江县小学	教师
周世文	侗	男		榕江县车江六佰塘村委	支部书记

二、高文山寨小学

附属小学创办的山寨小学还具有流动性的特点，即在一个村寨办了一所分校，经两三年之后，办出了成效以后，交给地方教育部门接管，再到另一个山村办一所新的分校。当时附属小学曾拟定办分校的顺序，先是在侗村，再到苗寨和水族村寨办学。

根据附属小学创办分校的发展计划，1948年，许绍桂把月寨山寨小学交给榕江县教育部门接管之后，再派张新豪到距县城20里远的高文苗寨去筹建高文分校。

高文村寨在1949年前有100多户人家，都是苗族边胞，主要是以农为业。但是这里山高坡陡，土地贫瘠，交通闭塞，大部分田地都是望天下雨，农作物产量低，有的山坡还有"刀耕火种"现象，而且这里的大量土地集中在地主和富人手里，广大的农民少地或无地，加上国民政府的抓兵派款和封建地主的剥削压迫，广大农民生活疾苦，有的还过着"半年糠菜半年粮"的生活。由于经济生活的贫困，使文化也落后，全寨大多数的青壮年是文盲，当时寨上的初等小学只有20多名学生，绝大多数的适龄儿童都没有入学。张新豪却选择到这里办学，他为开拓边疆教育的精神是难能可贵的。

张新豪到了高文以后，耐心向群众宣传办学的意义。筹备就绪后，于1948年春，把原高文小学校牌更换为"国立贵州师范学校附属小学第二分校——高文山寨小学"，教师增加到3人。由于对文化的重要性认识不足，加上种种原因，学生入学不多。张新豪亲自深入寨上群众家里，耐心讲明办山寨小学的意义，发动家长送子女入学，后来学生增加到40多人。更难能可贵的是，破天荒地有梁秀英、曾老爱、黎老小、王××4名苗族女生入学，这在高文苗寨是史无前例的。

高文分校设有一至四年级，由于教室少，都采取复式班的教学形式，按照小学的课程进行教学。

张新豪是外乡人，尽管语言不通，但他教学认真，耐心辅导学生，学生生病，他送药上门，心暖苗家人。张新豪常到农民家里走访，密切联系群众，他爱生如子，也感动这里的苗家人。由于当时社会环境的复杂性，为避免锋芒，后来他不得不离开榕江。张新豪老师的离去，这所山寨小学也逐渐消失。中华人民共和国成立后，曾就读高文山寨小学的学生们，在中国共产党的领导下，有些参加土地改革运动之后，走上了不同的岗位，有的成了社会主义国家建设的骨干。如李云祥当上了榕江县拖拉机站的站长，梁秀英从一名劳动妇女走上了榕江县妇联主任、县委副书记和黔东南自治州妇联副主任的岗位。1984年，张新豪应邀从福建来到榕江参加了榕江县党史县史座谈会，其间，他再次翻山越岭，重访高文苗寨，看望那里的苗族群众和学校的学生，他看到了 1949 年以后，在中国共产党的领导下，高文苗寨的经济文化发生了翻天覆地的变化，看到高文小学面貌焕然一新，朝气蓬勃，他感慨万千，热泪盈眶。

第八章 学校对边疆教育的贡献

第一节 国立贵州师范毕业生去向分布

国立贵州师范学校从 1940 年至 1949 年在榕江办学的 10 年间，担负着为边疆培养健全小学师资与基层人才的重任。学校在这 10 年间，不仅创办了高级师范部、简易师范部、初中部和黎平分校的初中，还在榕江城乡创办了附属小学、村寨教育实验区和两所山寨小学。这 10 年间，学校坚持教学做合一、教育与生产劳动相结合的教育与训练，实施全面的发展教育，共培养合格的师范生、简师生、初中生 725 人，其中师范部 215 人，简师部 328 人，初中部 184 人，为黔湘桂边境民族山区等地，输送了一大批开发边疆教育的有用之才。当年，这些毕业生的去向分布状况如下。

一、贵州籍毕业生的去向分布

在国立贵州师范学校毕业的贵州籍学生较多，共 511 人，占学校毕业生总数的 70.5%。其中，师范部 118 人，占师范部毕业总人数的 34.8%；简师部 228 人，占简师部毕业总数 60.9%；初中部 165 人，占初中毕业总人数 89%。这些贵州籍毕业的学生来自贵州的贵阳、贵筑、遵义、桐梓、湄潭、绥阳、仁怀、习水、赤水、毕节、水城、威宁、织金、郎岱、安顺、平坝、镇宁、普定、关岭、长顺、紫云、晴隆、安龙、册亨、独山、龙里，贵定、瓮安、平塘、荔波、三都、罗甸、印江、沿河、松桃、玉屏、榕江、从江、黎平、锦屏、三穗、镇远、剑河、台江、雷山、丹寨、麻江、炉山、黄平、施秉等 50 个县市。贵州籍毕业生中人数较多的有 8 个县，如下表所示。

县名	毕业生人数	其中		
		师范部	简师部	初中部
榕江	87	10	35	42
黎平	58	7	9	42
天柱	47	16	30	1
荔波	38	5	31	2
锦屏	33	7	23	3
三都	30	6	16	8
剑河	29	1	21	7
丹寨	13	5	6	2
合计	335	57	171	107

　　贵州籍的学生大多数回原籍从事乡村小学教育，也有些毕业生应本省边远贫困的县份之聘到这些县去开拓乡村小学教育。其中，榕江、从江两县外县籍的国立贵州师范的毕业生去那里的人较多。据不完全统计，曾先后到榕江从事小学教育的外县籍毕业生约 30 人；曾先后到从江县从事中小学教育的外县毕业生约 40 人，还有国立贵州师范学校在职的教师也到榕江与从江县初级中学任教，有的当教师，有的当教务主任或校长，为开拓边远县份的乡村教育作出了贡献。

　　在贵州籍的毕业生中，有些学生升入高等学校深造以后，在高等学校任教。如国立贵州师范学校高师部第二届毕业生易光培（湄潭县）、姚俊藩（天柱县侗族），在贵阳师范学院任教成为教授；国立贵州师范学校第一届初中毕业生梅宗乔，后来毕业于镇宁高中、贵阳师范学院教育系，曾任兴义师专讲师、贵州师范大学副教授；国立贵州师范学校第二届边疆简师科毕业生杨再模，锦屏县人，侗族，1949 年之后，毕业于都匀师范学校、贵阳师范学院中文系，任贵阳师范学院党委副书记、副教授。贵州籍毕业生中，有的学生在 1949 年前从事小学教育，1949 年后，升入高等院校深造，根据组织上的安排，从事民族历史研究。如国立贵州师范学校高师部第七届毕业生张士崑（改名张民），榕江县人，侗族，1949年前从事过小学教育，1949 年后，于中央民族学院毕业，任贵州省民族研究所副所长、副研究员；边疆简师部首届毕业生向廷先（改名向零），榕江县人，侗族，1949 年后，曾任中共榕江县委宣传部部长，于中央民族学院毕业，调任贵州省民族研究所所长、副研究员；国立贵州师范学校高师部第七届毕业生许仕仁（凯里苗族），1949 年后从事小学教育，后在贵州省黔东南自治州民宗局从事少数民族语文工作，副研究员兼黔东南州高等专科学校教师。

在贵州籍的学生中，在 1949 年以后，在党的教育和培养下，走上了地方各级领导岗位。国立贵州师范学校首届高师部毕业生蒙昭，荔波人，水族。1945 年毕业于贵阳师范学院国文系，曾在贵阳永初、导立私立中学和达德中学任教。1949年后，曾任贵州省民族事务委员会文教卫生处副处长；蒙明儒，荔波人，布依族。1949 年毕业于国立贵州师范学校第七届高师部，1949 年后，开始从事小学教育，任过荔波县和独山县的副县长、独山县政协副主席、荔波县科协主席、荔波县政协主席，直至退休。在退休之前，曾当选黔南州、贵州省和全国人大代表；韦佐臣，三都县人，水族。是国立贵州师范学校第一届简师部毕业生，曾到榕江、从江和三都从事过小学教育。1949 年后，先后担任过三都水族自治县都江区副区长、县文教科长、副县长和县人大常委副主任；姚源金，锦屏县人，侗族。1949年秋毕业于国立贵州师范第七届高师部，1950 年 3 月在锦屏参加工作。先后任过锦屏县的乡长、副县长、榕江县县长、黔东南州人民政府秘书长、中共黔东南州委常委、宣传部部长、黔东南州人民政府副州长，黔东南州高等师范专科学校校长和党委书记。退休后，任黔东南州侗学研究会会长；杨昌全，锦屏人，侗族。1946 年，国立贵州师范学校第五届高师部毕业生，曾在国立贵州师范学校的村寨教育实验区任总干事，后升入贵州大学深造。1949 年后参加工作，到贞丰县任过乡长、县商业局长和副县长等职务；杨锦堂（原名杨昌运），榕江县人，侗族。1945 年为国立贵州师范学校简师部第四届毕业生，曾从事多年的乡村小学教育。1951 年后先后任榕江县农林科长、副县长、县政协副主席和黔东南州政协副主席；杨占科（后改名杨碧芽），榕江县人，侗族，国立贵州师范第七届简师部毕业生，从事过小学教师工作。1950 年后，先后任过榕江县八开区长、县文教科长、县供销社主任和县政协副主席；杨光禄，榕江人，侗族，国立贵州师范学校第九届简师部毕业生，曾从事小学教师工作。1951 年后，曾任过榕江县副县长、黔东南州林业局局长、榕江县人大常委会副主任等职。

二、湖南籍毕业生的去向分布

根据资料记载，湖南籍学生在国立贵州师范毕业的共 147 人，其中高师部 69 人，简师部 73 人，初中部 5 人。这些毕业学生主要来自会同、靖县、绥宁、晃县、芷江、城步、邵阳、武冈、凤凰、辰溪、零陵、南县，衡阳、岳阳、长沙、常德 16 个县市，其中湖南省籍的国立贵州师范学校毕业生较多的有会同、绥宁、靖县 3 个县，如图表所示：

县名	共毕业人数	其中		
		师范部	简师部	初中部
会同	62	27	35	
绥宁	39	20	18	1
靖县	15	7	7	1
合计	116	54	60	2

根据湖南籍在国立贵州师范学校毕业的一些学生的回忆文章记载，湖南籍的国立贵州师范学校毕业生，除少数学生在外地从教以外，大多数都回湖南所在的县籍从事乡村教育，有不少人，在 1949 年以后，在中国共产党的领导下，一直从事人民教师工作，有的评上了中、高级职称，还当上了中小学的主任或校长，为我国社会主义教育事业作了贡献。例如，湖南省绥宁县籍的国立贵州师范毕业生杨凤嘧，他是 1946 年国立贵州师范学校高师部第六届的毕业生，这一届师范部毕业生共 26 人，绥宁县籍学生有 8 人，约占全班毕业生人数的 1/3。杨凤嘧等 8 人

从学校出来以后，他们回到本籍从事小学教育，新中国成立后，他们这班 8 个人，都曾任过中小学的行政领导。1979 年，县里调任杨凤喈去创办"乐安中学"，他在党的领导下，实行教育与生产劳动相结合，实施德智体美劳的全面发展教育，学校教学成果显著，1982 年，邵阳地区教育局带领 9 个县市的教育局局长，在乐安中学召开教学质量与办学模式现场会，受到省、市、县的奖励。之后，评上中学高级职称，任过绥宁县政协首届委员、县教研室协理员等职。

会同县籍的国立贵州师范学校毕业生共 62 人，是湖南省籍在国立贵州师范学校毕业学生中最多的县，在黔湘桂边区各县毕业学生人数中排名第二，仅次于榕江县。也是国立贵州师范学校高师部毕业人数中最多的县。会同县籍这些毕业生多数也是回原籍，承担开发本县乡村教育的重任，1949 年后，有不少人继续从事人民教师的工作，一直到退休，也有的毕业后在外县从事教育多年。例如，会同县籍学生黄杰，1944 年在国立贵州师范学校简师部毕业后，回会同任家乡村保国民小学教师。1946 年秋，考入国立贵州师范学校的高师部，1949 年 9 月毕业后，直到 1954 年，先后在榕江的国立贵州师范学校附属小学、五榕小学和平靖小学任教师，为发展榕江的小学教育作过贡献。1954 年至 1956 年就读贵阳师范学院，毕业后，分配到贵州黔东南州施秉县立中学任教多年。他在施秉中学工作期间，勤勤恳恳，任劳任怨。1978 年调回原籍会同县，先后任会同县一中和县若水初级中学任教师，他终身从教，一直至退休。会同县籍的国立贵州师范学校的毕业生中也有的人在贫困落后的县份执教多年，如会同县籍人孙俊仁是国立贵州师范学校简师部第五届的毕业生。从 1945 年 9 月至 1949 年 6 月，他先后在从江县标准小学和国立贵州师范学校附属小学执教多年，不怕艰难困苦，安贫乐教，给当地的社会群众、家长曾留下好的印象。1949 年 7 月，他回原籍会同之后，先后在会同一些小学任过校长和在会同县一中任教，直至 1980 年退休，他也是一位终身从教的教育工作者；会同籍的毕业生李一西（原名李显光），1949 年 9 月毕业于国立贵州师范学校的高师部，毕业后，曾任国立贵州师范学校附属小学的见习教员。1950 年 10 月榕江解放，他参加中国人民解放军 186 师 554 团的警卫连后调团政治处。1955 年 3 月转业回会同县，先后任会同县城关小学副校长、县干部文化补习学校的文化教员、会同县文化科、县报社和县广播站的干部，任过会同县委宣传部副部长和会同县民族宗教事务委员会主任，直到退休。

　　湖南靖县（现为靖州县）籍的国立贵州师范学校毕业生共13人，毕业后在靖县从事乡村教育，有的升学以后，仍回本县籍从事教育。如彭大恒是国立贵州师范学校高师部第七届毕业生，毕业后，回靖县从事小学教育，1954年毕业于湖南师范学院，仍回到原籍靖县一中任教，后来评上了中学高级教师职称；靖县人戈一心，1945年毕业国立贵州师范学校简师部，毕业后任教一年多，又考上国立贵州师范学校的高师部，1949年9月回原籍从事小学教育，1949年后调靖县二中任教，评上中学的高级教师。他们都是终身从事本县教育事业的人。

三、广西籍毕业生的去向分布

　　当年，在国立贵州师范学校毕业的广西籍学生共50人，其中师范部18人、简师部19人、初中部13人。根据有关资料记载，这些毕业生来自广西的平乐、柳城、滨阳、凤山、兴业、郁林、平南、河池、思恩、宜北、融县、三江、百寿、北流14个县。广西籍在国立贵州师范学校毕业生较多的是思恩县，共20人，其中师范部3人、简师部15人、初中部2人。根据有关资料记载，广西籍这些毕业生，除少数人改行以外，大多数都是服务广西本县籍的乡村教育，为开发广西民族山区教育作出贡献。以环江县（原思恩、宜北合并县）为例。韦庆才，环江水源乡人，壮族。1946年2月毕业于国立贵州师范学校高师部。从1946年秋到1958年，先后在水源中心学校任教师、南平学区（温平）中心学校校长、胜隆学区中心校（上南小学）校长，到过大安中心校、中涧小学、坡华小学任过教师，直到1958年7月退休；韦贵谷，广西原思恩县籍的学生，他是1947年国立贵州师范学校简师部第七届毕业生。与他同班的本县籍学生有覃昌、颜润焕、吴治等人，从学校毕业后，都回到广西宜北从事乡村教育，他们为发展思恩县的乡村教育作了贡献。

四、其他省籍毕业生去向分布

国立贵州师范学校还有 17 名毕业生，其中高师部 10 人，简师部 6 名，初中部 1 人，分别来自江苏的南京、宜兴、仪征、溧阳、江宁，浙江的临海、宁波，安徽的休县，江西的南昌、萍乡、临川，广东的南海、连县，福建的永定，四川的达县，陕西的凤翔。抗日战争胜利之前后，他们都各自回到原籍，大多是从事教育事业。

五、学校肄业生的状况

根据国立贵州师范学校毕业生中有些校友提供的资料和回忆，1949 年底，国立贵州师范学校停办之后，尚有未毕业的班级学生。其中高师部一、二年级各一班，学生 80 多人；边疆简师部一、二、三年级各一个班，学生约 120 人，共计 200 余人。这些学生都是来自黔湘桂边境各县，1949 年后，他们都回原籍，有的继续升学，有的参军，有的参加当地各部门工作，但大多数仍是从事人民教师工作，成为开发边疆教育的有用之才。

根据以上所述，当年国立贵州师范学校在榕江办学的 10 年间，确是为黔湘桂边境诸县的乡村培养了大批的健全小学教师和基层人才，为开发边疆教育事业作过历史的贡献。1949 年之后，他们仍有不少人走上了不同的岗位，而从事教育的仍然居多，在中国共产党的领导下，为我国社会主义现代化建设事业也作出了贡献。

第二节　学校对贵州少数民族人才培养的历史性突破

国立贵州师范学校是在抗日战争的年代，国民政府教育部于 1939 年 10 月在贵州创办的一所国立边疆师范学校。国立贵州师范学校在榕江办学的 10 年间，为黔湘桂边境培养了700多名合格小学教师和基层人才，为发展边疆教育作出了历史贡献。在这700多名毕业生中，贵州籍的学生达500多人，而且大部分是少数民族聚居的县份。从贵州民族教育的历史上看，这所学校是对贵州少数民族人才培养的又一次历史性的突破。

一、贵州少数民族人才培养的第一次历史性突破

历史上西南少数民族教育起步较晚，大多在明、清两代才开始开办学堂，对土著居民子弟进行教育。至于贵州，又稍晚于西南其他省份。尽管贵州远在唐代就有设置学校的记载，宋元两代书院学堂大增，但却丝毫没有少数民族接受教育的机会。直到明代，贵州建省，为了统治的需要，在"怀柔"政策下开始允许当地少数民族上层人物子弟上学读书，到了清代，苗族、侗族、布依族等少数民族经常爆发起义，为了加强朝廷在贵州的统治，不得不兴办"苗疆义学"，允许少数"贵州仲家苗民子弟一体入学肄业、考试、仕进。"① 可见，贵州的民族教育滥觞于清代的"苗疆义学"。但是，当时准允入学的，实际上仅限于土司和少数民族中任长官十三年以上的族属子弟及富裕人家子弟，少数民族中劳动人民的子弟能入学者毕竟很少，考试中举者更是凤毛麟角，寥若晨星。这种状态延续了很多年，直到清代康熙年间才开始有了变化。

清代康熙年间，湖广、四川、云南等省区，都已对少数民族一般人家的子弟开放了教育。时任贵州巡抚的于准（山西永宁人），深感贵州民族教育的落后，便于清康熙四十三年（1704年）以《苗民久入版图请开上进之途疏》为题奏朝廷，② 主张把开放少数民族教育的面扩大到一般人家子弟。他在奏章里陈述道：自清以来，设郡县，置学校，敷教化，遐荒天末，莫不仰沾德化，惟独苗民未沐钧陶。优念六合苍生尽属赤子，何分苗汉，岂有已入版图之苗民而忍令弃之化外耶？地方官吏不公且无能，官斯土者视苗如草芥，居斯地者掳苗为异类。既不鼓舞，又无教习，即间有一二苗民志切上进，又以土人不用流官之例，不准考试科

---

① 李廷贵，罗廷华. 贵州民族教育概论 ［M］. 贵阳：贵州人民出版社，1991.
② 李廷贵，罗廷华. 贵州民族教育概论 ［M］. 贵阳：贵州人民出版社，1991.

举，遂使若辈沉沦黑海，罔见天日。贵州苗民输粮贡赋，与汉民连井而居，应将土司族属人等，并选苗民之俊秀者，使之入学肄业，一体科举，一体廪贡。汉民生童不许阻抑苗民子弟，卷面不许分别苗汉，进取之额亦不必加增，惟衡文为去取。这样，汉民因有苗民之进取益加奋励，苗民以有一体科举之优渥莫不鼓舞，行之既久，苗民渐可变而为汉，苗俗渐可化而为淳，边末遐荒之地尽可变为中原文物之邦矣。倘若人文蔚起，乡试、岁试再请增额，以罗真才。倘若苗民子弟大批入学，教官何来？于准建议就地取材，任用苗民子弟学而优通者。

此疏上奏之后，[清康熙四十四年（1705 年）]朝廷议准"贵州苗民照湖广例，即以民籍应试，进额不必加增，卷面不必分别，土官土目子弟仍准一体考试"。又议准"贵州各府州县设义学；将土司承袭子弟送学肄业，以俟袭替其族属人等，并苗民子弟入学者亦令送学，各府州县复设训导躬亲教谕"。[①]

上述表明，于准《苗民久入版图请开上进之途疏》的奏请及批准在清代给贵州少数民族教育带来了生机。从此，贵州少数民族子弟一样有权利接受教育，有参加科举考试成为国家人才的仕途可走，有了培养自己成才的机会，实乃贵州建省以来培养少数民族人才的第一次历史性突破。

二、贵州少数民族人才培养的第二次历史性突破

国立贵州师范学校在榕江办学的 10 年间，从理论到实践以及办学的业绩，都显示了这所学校在贵州少数民族人才培养上是第二次历史性突破。

（一）办学理念上的创新。国立贵州师范学校在办学中从贵州民族地区的实际出发，对发展边疆民族师范教育，在治校理念和方略政策方面，都有过许多创新。关于乡村师范教育的重要问题，黄质夫早在《中国乡村的现状和乡村师范生的责任》一文中就说过，"我们改造乡村惟一的工具，就是教育"，"今后惟一的希望，全在乡村师范生。" 黄质夫在《实践的师范教育》一文中又说："国民教育为国家命脉所系，而师范教育乃为国民教育之母"，"优良师资之造就，则有赖于师范教育之培养。" 所以国立贵州师范学校的任务，就是培养合格的师范生，去服

---

① ［清］，《贵州通志》卷三十五《艺文志·疏》，于准：《苗民久入版图清开上进之途疏》。

务边疆的乡村教育，改变边疆的贫穷落后。

那么，什么样的师范生才是合格的师范生呢？这就是黄质夫在创办国立贵州师范学校中所写的《我是师范生》的歌词（歌词全文详见本书第十章《国立贵州师范校园歌曲（选载）》）。

当时国立贵州师范学校的一切教育，就是为了培养如此合格的师范生和人才，让他们扎根于边疆民族乡村，服务于边疆民族乡村教育事业，以求富民兴邦，改变边疆村寨的落后面貌，努力实现"救百万村寨的穷，化万万农工的愚，争整个民族的脸"的奋斗目标。

为了培养和造就合格的师范生，黄质夫提出要通过"教学做合一"的办学途径，实施全面发展教育，努力培养手脑并用，德智体美劳全面发展的和适应开发边疆需要的合格乡村师范人才。为此，黄质夫特呈报国民政府教育部批准《国立贵州师范学校生产劳动训练》的计划方案，学校实施了师范专业教育与生产劳动训练并重的边疆师范教育。从此，黄质夫及后任的校长们带领了全校师生，在"教学做合一""教育与生产劳动相结合"的教育活动中，输送了大批的合格乡村教师，这就是黄质夫在"校歌"中所说的："树人树木，且耕且读，教育上新贡献。"由于在教育理念的创新，从而开辟了边疆教育培养人才的新路，这是对贵州培养少数民族人才上最根本的突破。

（二）在招生政策上的突破。国立贵州师范学校在招生上，是以招收少数民族子弟为主，为边疆少数民族子弟打开了入学之门。学校每学年学期的招生都是根据国民政府教育部的《训令》，印发《国立贵州师范学校招生简章》，函送黔湘桂毗邻诸县政府，请其张贴与宣传。招生简章明确规定：招生是"以贵州东南及湘桂邻县土著学生为主"，使在校学生中的少数民族子弟占了大多数。1945年秋，梁瓯第呈报国民政府教育部批准，又增了边疆简师班和简师补习班，主要招收少数民族学生入学。当年秋季，在校的少数民族学生多达80%以上。1948年，国民政府教育部曾两次下达《训令》，5月《训令》强调"专收土著同胞子弟"不能动摇。7月《训令》又强调："倘当地确实有特殊情形（指生源匮乏），而须招收土著边胞以外之学生时，应以确有志边疆工作者为限，而其名额至多不超过 20%"。① 当时，在招生的年龄规定上，黄质夫从边疆缺乏教师的实际出发，经请示国民政府教育部，只规定考生最低年龄在 14 岁以上，不限制最高年龄，使许多超龄的边胞子弟可以入学，当时师范生中有的到毕业时年龄达 28 岁。当时国民政府教育部的招生《训令》和学校的特殊政策，确保了少数民族学生优先享受国立贵州师范学校教育权利的资格。如果说在清代康熙年间，于准的疏奏使贵州少数民族一般人家的子弟获得了接受教育的权利，那么，在民国年间的抗日战争时期，国民政府教育部给国立贵州师范学校的招生《训令》，则使黔湘桂毗邻地带诸县的少数民族子弟获得了优先享受教育权利的资格，并使少数民族学生占学校学生的绝大多数，这确是贵州少数民族教育史上的又一次历史性突破。

（三）对少数民族学生实行特殊照顾的优惠政策。如对国立贵州师范学校的师范专业学生一律免费入学和享受伙食公费，每年发给课本和一套校服，免除灯油费，18 岁以上的男生还免当壮丁。村寨教育实验区和山寨小学学生一律免费入学并发给课本，在低年级，还采用本民族语言辅助教学，在本地区开创了"双语教学"的先河。又如国立贵州师范学校为入学考试落榜的少数民族子弟，每年办一个"工读班"，白天劳动，晚上学习，一律免收费用并供应学生的伙食，升学考试优先录取。学校呈报国民政府教育部批准办了"简师补习班"，派骨干教师指导复习功课，免收补习费用，一律享受公费伙食。一年后，补习班的学生都考上本校的简师部和县立中学的初中。在当时战争年代，能筹措经费给少数民族莘莘学子优厚的助学待遇，培养少数民族人才，这是非常难能可贵的。

当时在国立贵州师范学校的少数民族学生中，他们大多数都是农村穷苦学生。许绍桂回忆："边疆师范学生可说是贫苦之中的贫苦，要是到过西南的山地，见过苗瑶边胞的实际生活，就明白这群学生的来路，他们的节俭寒酸，并不是努力修养的结果，而是真实生活的写照。"根据学校"1947 年统计，农家占 85%"，"这个比例十足代表中国农村社会的本来面目"，"他们入学校不单是为了受教育，简直是为了解决生活问题"，他们是"在万难中找到了一所完全公费的师范学校"。② 这就是说，国立贵州师范学校对黔湘桂毗邻一带的边胞子弟提供许多助学的优惠

---

① 杨秀明，安永新等. 黄质夫教育文选［M］. 贵阳：贵州教育出版社，2001：237.
② 榕江县教育局等. 国立贵州师范文集［M］. 凯里：黔东南州彩色印刷厂印刷，1995：213—214.

条件，既保证了土著子女在学校中占大多数，也使他们解除生活之困扰，确是为少数民族人才的培养创造优越条件。这些优惠的助学政策，在过去贵州民族教育史上也是前所未有的。

（四）办学的历史业绩。由于国立贵州师范学校办学理念创新，办学方向明确，有招生和助学的优惠政策，学校治学有方，校长以身作则，实干苦干，教师们的敬业奉献，学生们艰苦发奋。学校为黔湘桂毗邻地区培养了大批合格的乡村教师，也为当地培养了大批小学毕业生。其中有不少人后来成为当地少数民族人才精英。根据有关资料记载，作如下概述。

1. 学校的校本部教育。国立贵州师范在榕江办学 10 年，共培养了毕业生 725 名，如按学生住籍分布，贵州籍毕业生 511 人，湖南籍毕业生 147 名，广西籍毕业生 50 名。此外还有 17 名毕业生分布在江苏、浙江、安徽、江西、广东、福建、四川等省市有关少数县市。这些毕业生绝大多数是来自黔、湘、桂毗邻地带的少数民族子弟，他们中有不少人后来升学与就业实践锻炼，成为当地少数民族人才的精英。

2. 国立贵州师范的黎平分校。在 1940 年至 1944 年办学的 5 年间，共输送了四届毕业生 154 人，大多数都是少数民族学生，升学就业的学生占 90% 以上。

3. 国立贵州师范附属小学。附属小学办学 11 年，共毕业 15 届毕业生，有 600 多人。因附小办在城里，绝大多数是汉族子弟，从乡村进城读附小的少数民族学生很少，附小毕业的学生多数人升入榕江县立中学，也有一部分升入国立贵州师范。他们从学校毕业后，除了升学的以外，大多数也是从事小学教育，其中后来有许多成了专家学者、总工程师、副主任医师教授、中小学乃至大学的高级教师和校长。如王强模系贵州教育学院教务长、教授；罗时法系黔南师专党委书记、校长、教授；陈昌槐系黔南职业技术学院教授等，还有不少人担任县处级以上干部。

4. 国立贵州师范村寨教育实验区。这是 1945 年 9 月梁瓯第校长呈报教育部批准，在榕江县三宝侗乡车寨侗村创办的一所新型的、为探索边胞村寨小学教育发展新路的学校。在办学的 4 年中，共输送了近 200 名小学毕业生，也培养了不少少数民族人才精英。其中有：杨继仁系中共贵州省水电学校党委书记、高级讲师；杨继光（杨青）系榕江县人民政府副县长和榕江县政协副主席；陈光耀系榕江县人民政府副县长和政协副主席；杨昌本系参军在部队正团职务，凯里地方建设部门的工程师；杨广文系黔东南州榕江民族师范学校副校长；彭正中系榕江县人民检察院检察长；陈裕光系榕江县司法局局长；杨德高系黔东南州榕江民族师范学校党支部书记；杨成秀系黔东南州凯里民族师范学校教务科长、高级讲师；杨成敏系榕江县人民医院院长、副主任医师；石文焕系贵州省铜仁地区防疫站科长；杨朝忠系贵州省黔东南州石油公司党委办公室主任、高级政工师；杨光彩系中共榕江县统战部部长；张光恒（张勇）系榕江县文化馆馆长、副研究员，侗学专家；杨秀斌系中共榕江县委宣传部副部长、榕江县民委主任；杨秀珠系榕江县职业中学党支部书记、中学高级教师；姚启康系锦屏平秋中学校长等。

5. 月寨山寨小学。这是 1946 年秋，梁瓯第校长在三宝侗乡月寨侗村创办的第一所附属小学分校，开创了以城里小学带动乡村小学的办学模式。到 1949 年底停办时，学校共输送近 100 名的小学毕业生中，也有一些人成为少数民族人才精英。如杨广贤系贵州省黔东南州人大常委会副主任；杨灿瑜系贵州省黔东南州人大常委会民族事务委员会主任；石世群系贵州省地震局处长；杨光珍系榕江县交通局局长；杨远贵系榕江县农牧局局长；石灿莹系榕江县民委主任；石剑中系榕江县农经委主任；文昌正系榕江县计划委员会主任；杨昌泰系榕江县人民法院副院长；李昌能系都匀市第四中学校长、中学高级教师；杨灿琼系政协榕江县委员会副秘书长等。

6. 高文山寨小学。高文是苗族聚居的一个大寨，山高坡陡，交通闭塞，在旧社会这里经济文化十分落后。许绍桂校长于 1948 年派张新豪在这里创办附属小学的第二分校。学校到 1949 年学生有 40 多人，学校办的时间短，经过发动家长送子女入学，居然破天荒地有 4 名女学生上学，这是高文苗族村寨史无前例的。1949 年后，年龄偏大的学生参加当地的土地改革之后，走上了工作岗位，其中苗族女学生梁秀英后来当上了中共榕江县委副书记、黔东南州妇联副主任。

当年，国立贵州师范学校的毕业生大都是在少数民族地区执教，做民族人才培养的基础工作。1949 年后，有些少数民族学生升入高等学校，有的因工作需要，走出了基层，服务于更高层的民族教育工作。如国立贵州师范学校第七届师范部毕业生许仕仁在黔东南州民宗局从事少数民族语文工作、副研究员兼黔东南州高等师范专科学校教师；从村寨教育实验区毕业的杨朝富，任黔东南州教育委员会副主任（主持工作）兼黔东南州人民政府教育督导室主任和黔东南州电视大学校长。退休后，曾任贵州兼职教育督学，现任贵州原生态民族文化研究中心兼职研究员；从附属小学毕业的吴汉良，升入高一级学校毕业后，曾担任中共贵州大学党委副书记；国立贵州师范师范部第七届毕业生姚源金奉中共黔东南州委之命，于 1978 年创办了黔东南州第一所高等学校——黔东南民族师范高等专科学校（后改为凯里学院），并担任校长、党委书记。

在贵州民族教育史上乃至在中国民族教育史上，可以说，国立贵州师范学校首任校长黄质夫是第一个吃螃蟹的人，黄质夫将先进的办学思想理念与中国边疆少数民族的教育实践相结合，在多方面开拓创新的乡村教育家和实干家，称得上在培养少数民族人才方面是有历史性突破的先行者。

黄质夫校长与国立贵州师范学校的其他领导者和同仁们，在榕江办学的 10 年中，为培养边疆乡村少数民族人才，披荆斩棘，开拓进取，实干苦干，做出了卓越的贡献，取得了辉煌的业绩。他们献身边疆教育事业的精神和教育业绩通过他们的众多学生一直影响到现在黔湘桂边境的民族教育，还将会一直影响到将来。国立贵州师范学校成为我国边疆民族教育史上培养民族人才的一座不朽丰碑，将永远载入史册，流芳百世。

第三节　学校对榕江县教育的历史贡献

国立贵州师范学校在 20 世纪 40 年代，曾在榕江办学达 10 年之久，为开发边疆教育事业培养了一大批合格的师资，其声誉传遍了黔湘桂以至江南诸省地方，在这当中，榕江的教育受益最多。因为学校在榕江办学，不仅得到当地政府和群众的大力支持，也为榕江许多学生就地报考升入该校提供了方便，使这些学生接受国立贵州师范的教育与训练，为榕江县培养了大批的合格小学教师，充实到榕江县城乡的小学教师队伍。同时，国立贵州师范学校为榕江县立中学的创立与发展提供了一批业务精干的兼课师资，从而推动了当时榕江县中小学教育的发展。

一、为榕江县小学教育发展培养大批师资

根据国立贵州师范学校毕业生和肄业生有关史料记载，国立贵州师范在榕江办学的 10 年间，共为榕江培养的高师部、简师部和初中部毕业的总人数为 90 人，为当时经济文化落后的榕江培养了大批人才。根据这些毕业生走向调查了解到，这些毕业生绝大多数都在榕江城乡小学担任教师，有的担任学校的领导。1949 年后，他们大多数仍是在本县的教育工作岗位上作贡献。如下表所示：

1. 三年制高师毕业 10 人

姓名	毕业届次	性别	民族	毕业后去向
胡正修	二届	女	汉	1949 年前后从事小学教育
周光耀	三届	男	汉	1949 年前从事小学教育，任过县立中学体育教师
朱永祥	四届	男	侗	1949 年前从事小学教育，任过小学校长
兰永福	五届	男	汉	从事小学教育
杨再清	六届	男	汉	从事小学教育
曾丽英	六届	女	汉	1949 年前从事小学教育
李应辛	七届	男	汉	1949 年前从事小学教育。1949 年后，在县级机关工作
杨坤福	七届	男	汉	1949 年前从事小学教育
张士崑	七届	男	侗	1949 年前从事小学教育。1949 年后，从事民族研究，任贵州省民研所副所长、副研究员
蒋玉琨	七届	男	侗	1949 年后从事小学教育。1949 年后，曾任过榕江县初级师范教导主任

2、四年制简易师范毕业 25 人

姓名	毕业届次	性别	民族	毕业后去向
卢凤兰	二届	女	汉	1949 年前后从事小学教育
潘家骥	二届	男	汉	从事小学教育
罗基培	三届	男	汉	1949 年前后从事小学教育，具有音乐美术特长，1949 年前曾在县立初级中学任教
张士良	三届	男	侗	1949 年前后从事小学教育，任过小学校长。1949 年后兼职研究侗文，并到省民族学院和黔东南州民族干校讲授侗文
成汉光	四届	男	汉	1949 年前后从事小学教育，任过小学校长
杨通裕	四届	男	侗	1949 年前后从事小学教育
杨昌运	四届	男	侗	1949 年前从事小学教育。新中国成立后，任过榕江县政府副县长，政协黔东南州副主席
李应庚	五届	男	汉	1949 年前后都从事城乡小学教育（曾在附属小学、山寨小学任教），1949 年后在榕江二中退休
林顺祥	五届	男	汉	从事小学教育
邱家淮	六届	男	汉	
杨学忠	六届	男	侗	1949 年前后从事小学教育
李经海	七届	男	侗	1949 年前后从事小学教育
杨占科	七届	男	侗	1949 年前从事小学教育。1949 年后，曾任榕江县第五区区长、县民政教育科长，榕江县政协副主席
杨寿伍	七届	男	汉	1949 年前后从事小学教育
陈学恒	八届	男	汉	从事小学教育
王世刚	八届	男	汉	从事小学教育

姓名	毕业届次	性别	民族	毕业后去向
杨腾成	八届	男	汉	从事小学教育
杨昌熙	九届	男	侗	从事小学教育
杨世昌	九届	男	侗	1949年前从事小学教育。1949年后在关岭县机关工作
吴光益	九届	男	汉	从事小学教育
杨光禄	九届	男	侗	1949年前从事乡村小学教育。1949年后任榕江县政府副县长，榕江县人大副主任。到过中央民族学院进修班学习
向廷辉	九届	男	侗	1949年前从事小学教育。1949年后，毕业于都匀师范学校，仍从事小学教育，任过小学校长
梁国章	九届	男	侗	1949年前后从事小学教育
陈德明	九届	男	汉	
龙安清	九届	男	汉	

3. 四年制边疆简易师范第一届毕业生 12 人

姓名	性别	民族	毕业后去向
杨国裕	男	侗	1949年前后从事小学教育
林云开	男	汉	1949年前后从事小学教育。1949年后，任过小学校长、榕江县教育局副局长、黔东南州榕江民族师范副校长，高级讲师
杨坤寿	男	汉	从事小学教育
陈学钊	男	汉	1949年前后从事小学教育
吴琼芳	女	汉	1949年前后从事小学教育，后来改行
杨坤禄	男	汉	从事小学教育
欧隆荣	男	汉	
陈学圣	男	汉	从事小学教育

姓名	性别	民族	毕业后去向
张开发	男	苗	从事小学教育。1949 年后，曾任榕江县教育局副局长
石德兴	男	苗	1949 年后参军（副团级），后转业到贵阳铁路设计院
向廷先	男	侗	1949 年后，任榕江县委宣传部部长，后到中央民族学院深造，从事民族研究，任贵州省民族研究所所长、副研究员
杨文选	男	侗	1949 年前从事小学教育。1949 年后，为从江县农业局干部

4. 三年制初中毕业生 43 人

姓名	毕业届次	性别	民族	毕业后去向
朱永祥	一届	男	侗	初中毕业后，升入本校师范科，毕业后从事小学教育
周文照	一届	男	汉	
姚勤敏	一届	男	汉	
李德成	一届	男	汉	
李实超	一届	男	汉	
龙光沛	三届	男	汉	初中毕业后，升入汉民中学，毕业于贵州大学。1949 年后任贵州人民出版文艺编辑室副主任
陈明清	三届	男	汉	
周元良	三届	男	汉	1949 年前从事过小学教育
阚起培	三届	男	汉	升入本校师范部，毕业后从事过小学教育
杨再清	三届	男	汉	升入本校师范部毕业后，从事小学教育
杨光宗	三届	男	汉	

姓名	毕业届次	性别	民族	毕业后去向
石开仁	三届	男	侗	从事小学教育，任过村小学校长
周光奇	三届	男	汉	从事小学教育，在农村初中任过教师
赖家贤	三届	男		
黄透钊	三届	男	汉	
刘义云	三届	男	汉	
尹仕宦	四届	男	汉	升入贵阳高中，1949年前曾到县立初中任英语教师
王绍炎	四届	男	汉	
吴光斗	四届	男	汉	
宋纯义	四届	男	汉	都匀高中毕业后，升入贵州大学，1949年后参军空军大尉，四川广汉航空专科学校教务长
李应辛	四届	男	汉	升入本校师范部，毕业后从事过小学教育
林胜欣	四届	男	汉	
邱春泳	四届	男	汉	
张彦光	四届	男	汉	
陈光仪	四届	女	汉	后升入本校师范部肄业
陆安宅	四届	男	汉	
曾瑞文	四届	男	汉	
陈绍芳	四届	男	汉	1949年前后从事小学教育
黄开铭	四届	男	汉	
杨通智	四届	男	汉	从事过小学教育
邹文其	四届	男	汉	
蒋玉琨	四届	男	侗	升入本校师范部，毕业后从事过小学教育。任过县初级师范教务主任
卢家贤	四届	男	汉	1949年前后从事小学教育，任过小学校长
钟显治	四届	男	汉	1949年前从事小学教育，到过县立初中任过美术课教师

姓名	毕业届次	性别	民族	毕业后去向
岑忠祥	四届	男	汉	
何婵芳	五届	女	汉	从事过小学教育，中学教务主任
刘道坤	五届	男	汉	1949 年前后从事小学教育
关庆培	五届	男	汉	升入本校师范部从事过小学教育
张士崑	五届	男	侗	升入本校师范部，毕业后从事小学教育。1949 年后，从事民族研究，任贵州省民研所副所长、副研究员
杨坤福	五届	男	汉	升入本校师范部，毕业后从事过小学教育
杨文锦	六届	男	汉	1949 年前后从事小学教育，任过中学教师
张元兴	六届	男	苗	升入本校师范部肄业，从事小学教育
姚国兴	六届	男	汉	

注：表中"毕业去向"一栏空白的因缺乏史料未填写。

榕江籍有不少学生在国立贵州师范学校就读时，因为学校于 1949 年底停办，未受完学业期限，而成了学校的肄业生。据有关资料记载，当时有高师科肄业生 22 人，简师科肄业生 22 人，初中科肄业生 9 人，共计 53 人。中华人民共和国成立以后，除了有的继续升学或者参军及参加其他工作以外，他们多数人成了榕江县的人民教师，为发展榕江县的文化教育事业作出了贡献。

二、为榕江县小学教育发展的贡献

当年国立贵州师范为榕江县培养和输送大批合格的小学教师到县里广大农村去执教，推动着城乡（主要是农村）小学教育的发展。

榕江地处黔省之东的边陲，民族杂居，交通不便，文化落后。民国初年以来，榕江县的城乡也先后创立了新式小学校，但大多数小学都是一、二年级的初级小学，1934 年以前，除县办了男、女高初等小学以外，农村各乡基本上没有高级小学。除了经济落后和办学条件跟不上以外，主要还是缺乏大量的合格师资。到 1936 年，榕江县奉贵州省政府通知，拨款开办短期小学。从 1936 年至 1940 年夏短期小学为一年制，1940 年秋改为二年制，重点是放在农村，开展扫盲和普及文化。根据有关资料记载，当时月寨、王岭、高兴、绍洞、修文、计划、高洞、高定、八书、平阳、乐里、仁里、瑞里等许多村寨都创办了短期小学。短期小学校长由具有高小和初中毕业程度，并经过贵州省"短期小学师资训练班"培训后担任，办学经费由县教育科支付。后因法币大幅度贬值，工资长期得不到解决，教师生活困难，多数短期小学有名无实。

1940 年，贵州全省开始分期分批推行新县制，当时结合行政改革，提出教育要实行"三位一体""政教合一"的体制，即乡镇长兼中心国民学校校长和军事干事，保长兼保国民学校校长和保文化干事，当时要求每个乡镇至少设立一所中心国民学校，每保要设立一所保国民学校。这样，在推行新县制过程中，在客观上，一定程度上推动了小学教育的发展。当时，榕江县有 12 个乡镇成立了中心国民学校，有 46 个保成立了保国民学校。但是，当时榕江县中心国民学校和保国民学校的规模都较小，规模稍大的城关有两所男、女小学共 12 个班，最少的中心学校只有 3 个班。在农村由于适龄儿童入学不多，班额普遍少，保国民学校班数普遍是 2~3 个班，一校一班也不少。当时高小学校少和班额少的原因，一是经济生活困难，制约着文化的发展；二是有的农民家庭对文化教育重要性认识不足，不愿送子女入学；三是更重要的原因，师资紧缺严重，不仅合格师资不够，甚至不合格的师资也不足。当时县里为解决师资过少问题，曾采取了三条措施：一是选用了少数私塾先生到学校任教；二是从县干训练班调一些人员，充实到学校任教；三是县政府与国立贵州师范合办了一个教师短训班，招收部分优良的高小毕业生去培训半年，即可从教。当时按学校班级多少分配教员，一班一人，两班 3 人，4 班以上增加事务员 1 人，5 个班配 11 人，6 个班配 13 人，并根据各校实际采取单式制或复式制教学。榕江县实行新县制后，虽然师生增加了，但是合格并能胜任小学各科教学的师资，特别是高年级教师则更少，许多校舍条件差，加上货币贬值，教师生活贫苦，外籍教师更加困难，政府又无法解决，特别是合格教师严重不足，大部分学校只有停课关门。其结果是，许多学校的学生减少了，更难升格到高级小学，有的课没有合格教师上课，就是开了课也是滥竽充数，哪能提高教学质量呢？教师数量不够，合格教师太少，也影响学额的巩固和学校的发展。所以，在当时的榕江，教师的严重紧缺，仍然制约着全县小学教育的发展。这个问题一直到 1940 年国立贵州师范学校迁校榕江办学以后的 10 年间，榕江的高小毕业生就读了国立贵州师范的简易师范部和初中部，从 1946 年以后，有更多的本县的初中毕业生就读了师范部，他们经过了 4 年的师范教育专业的学习与训练，毕业以后，加上有一些外县籍的师范毕业生，一批批地奔赴榕江农村小学去任教和从事学校教育管理，使学生入学率和巩固率提高了，合格率也逐渐上升了，从而较大地改变了小学教育的落后状况。举 4 个实例，讲述这种变化。

例一是平阳乡。平阳乡是榕江县最边远贫困落后的山乡之一，交通不便，距县城 80 多公里，出入全靠步行。1949 年前，这里经济生活贫困，农业产量也低，有些农民春夏两季靠挖蕨粑、野菜度日。这里文化落后，绝大多数的青壮年是文盲。乡里虽有一所小学，但由于合格教师奇缺，凑数的多，课程没有开齐，有的课虽有人上，也是流于应付差事，甚至弄巧成拙。平阳小学有一位从私塾过来的"老夫子"，讲世界历史，讲到了法国的拿破仑这位著名人物的名字时，他解释说："用手拿起，把它打破，再加一抡"，这种传为笑柄者，并不鲜见。

自从国立贵州师范迁校榕江办学之后，从 1943 年起，就有一批从国立贵州师范毕业的学生深入到平阳小学任教，开拓进取，振兴教育。如天柱籍的龙武良、龙武略，剑河籍的彭宏烈，荔波籍的莫秀松，独山籍的黎守愚和本县龙大清等国立贵州师范毕业生，他们都是单身一人徒步跋涉到平阳小学去任教的。他们一心扑在学校教育上，吃住在学校，上课从不迟到早退，处处以身作则，为人师表。如黎守愚校长身兼多门课程，常夙兴夜寝、秉烛达旦。他们组织学生清理校园环境卫生，绿化美化校园，勤奋学习，在这些教师的带动下，学校形成了良好的校风。他们在教学上更是一丝不苟，认真教学。他们革新古板的旧传统教学方法，音乐和美术课注意用大自然的美景来启迪学生，融趣味性与知识性为一体，用知识和汗水浇灌那块渴望知识的贫瘠荒土。他们经过师范教育与训练，都是一专多能的教师，都能上各科课程，使各科教学生动活泼。他们加强与学生家长的联系，爱生如子，深受学生和家长的欢迎，使学校一改过去的历史陈迹，把学校办成了一所名副其实的完全小学，也输送不少高小毕业生升入到县里中学深造，为促进平阳乡的小学教育发展做出了贡献。

例二是八开区。八开区也是经济生活贫困的山区，包括大有、八开、定威、水尾、计划、兴华等乡。这里文化落后，从清末至民国二十年（1931年）以前，只有区公所的所在地八开办过私塾。1931年以后，只有沿河的八开、寨比两村办了一、二年级的初级小学，1940年推行新县制之后，各保国民学校相继成立，但都是学生人数不多的小学，1943年之后，国立贵州师范毕业生，每年都有人到八开等乡村的小学校任教。如1944年至1945年秋，有黎平籍的国立贵州师范的第五届师范部学生程立墅到过八开乡小学任教，今年他已是100岁老人，身体健康，他对他到八开任教的历史，仍是记忆犹新。随后，又有张开发、蒋玉琨等到八开小学任教，但是教师仍是为数不多。为了解决八开区各乡教师的紧缺问题，各乡又保送学员共7人到国立贵州师范举办的短期师训班去学习、培训，如八开乡的龙光辉（苗族）和石昌基、定威乡的罗进敏和钟培枝、大有乡的吴成忠（侗族），还有两位外地到八开的学员，他们培训结束后都回原小学任教。由于有了国立贵州师范的毕业生和师训班的学生去充实了那里的小学教师队伍，使那里的小学教育逐渐有了发展，八开小学也发展成为这方山区的第一所完全小学。

例三是车江乡的车寨村。车江乡的车寨侗村，是这个乡人口最多的一个村寨，但在旧社会里，文化是落后的。从民国初年创办新式小学直到1942年，尽管学校名称更变多次，校长更换了多人，但学生入学人数不多，在30年间都是一所初级小学，学生读到四年级以后，少数家庭条件好的学生，就步行到城里就读高小，多数的学生就辍学回家了。车寨侗村与县城仅一江之隔，尽管这里校舍宽阔，为何小学教育发展这样缓慢呢？主要是没有足够的小学合格教师，制约着这个村寨教育的发展。从1940年以后，除了本村有几个人到外地读中学或师范回家乡任教以外，国立贵州师范来榕江办学以后，先是有师训班的学员回村任教，首先解决初小一、二年级教师燃眉之急，从1943年以后，就有国立贵州师范毕业的初中生、简师生和高师生陆续到车寨小学任教，随着合格教师增加，能胜任各科课程教学的教师也多了，于是从1943年起车寨小学就办成了一所完全小学，1945年送走了第一批高小毕业生，他们都升入国立贵州师范的简师部和榕江县立初中继续深造。1945年秋，国立贵州师范把这所学校改办成"国立贵州师范附设村寨教育实验区"，教师全都是国立贵州师范毕业生。到1949年，培养了200多名小学毕业生，开创了车寨小学教育发展的新局面。

附：国立贵州师范学校毕业生在车寨小学任教名录

（1940年—1949年）

姓名	籍贯	性别	民族	学历
罗吉洲	习水	男	汉	国立贵州师范高师部第四届毕业生
周守淮	习水	男	汉	同上
徐志平	遵义	男	汉	同上
李容林	安顺	女	汉	同上
郭道然	四川	男	汉	国立贵州师范高师部第四届肄业
袁应屏	四川	男	汉	同上（后参加中国远征军）
张士良	榕江	男	侗	国立贵州师范简师部第三届毕业生
杨昌运	榕江	男	侗	国立贵州师范简师部第四届毕业生
杨通裕	榕江	男	侗	同上
徐镕昌	荔波	男	汉	国立贵州师范简师部第三届毕业生
杨成良	榕江	男	侗	国立贵州师范初中部肄业
廖碧珍	广西	女	汉	广西大学在校生来代课

姓名	籍贯	性别	民族	学历
杨继仙	榕江	女	侗	国立贵州师范师训班结业
杨世和	榕江	男	侗	同上
杨万年	榕江	男	侗	都匀师范毕业
杨继兴	榕江	男	侗	都匀师范初师毕业
成光明	榕江	男	侗	同上
杨世芳	榕江	男	侗	贵州省立贵阳乡村师范毕业

　　例四是寨蒿小学。根据有关资料记载，1946年至1947年有国立贵州师范毕业生到榕江寨蒿小学任教。其名字如下所述：

姓名	性别	籍贯	毕业学历	职务
莫秀松	男	贵州荔波	第一届简师科	校长、教员
徐志平	男	贵州遵义	第四届高师科	教员
吴学高	男	贵州松桃	第五届高师科	教员
包志超	男	贵州三都	第六届高师科	教员
吴光益	男	贵州榕江	简师科	教员
陈绍芳	男	贵州榕江	初中科	教员

　　国立贵州师范学校这些毕业生到寨蒿小学任教期间，基本上承担了学校的全部课程，他们与原校教师团结一致，努力教学，为发展寨蒿小学教育事业作了贡

献。当时他们在那里办学，生活上曾遇到不少困难。如在 1946 年，曾有 3 个月教师没领到一分钱工资，难以维持生活，由于群众和学生对教师的爱戴，学校学生自觉从家中拿一斤米或半斤米帮助教师解决生活困难。在 1947 年，发放教师食米以替代工资，但教师每月应发的食米拨到百里之外去领，因路远运输困难，教师忙于教学，只好把粮单在当地贱价出卖，教师有苦难言。可是，教师们为了办好学校，教好学生，不怕艰难困苦，仍然是坚守岗位尽职尽责。①

还有的国立贵州师范学校毕业生，分散到榕江村级小学，他们所到的学校，那里的校容校貌都是焕然一新。当年曾在国立贵州师范学校毕业、后任榕江县教育督学的吴道成在一次巡视榕江乡村一些学校后记载："1945 年，我任榕江县政府督学，是年初夏，我到各乡小学视察，……到了平阳和宰牙两所小学，却是另一番景象。学校环境优美、整洁，走进校门，就给人一种生机盎然的感觉。学生到校整齐，学校上课正常。经了解，这两所学校的校长和教导主任都是国师（国立贵州师范学校）的毕业生。"②

纵观榕江县民国时期的小学教育的历史，可以看到，榕江县在民国初年及二三十年代的小学教育，是处在创建和缓慢的发展过程。1940 年以后，榕江县的小学教育发展，却遇上了历史的机遇：一方面，1940 年榕江县按照贵州省政府的通知，推行了"新县制"，实行"政教合一"的教育体制，要求每个乡要成立中心国民学校，每个保要成立保国民学校，这样就在客观上推动了小学教育的发展；另一个重要方面，1940 年，国立贵州师范学校从贵阳附近的青岩迁校到榕江办学的 10 年间，为黔湘桂边境诸县培养了一批多能的合格的小学教师，为发展边疆教育作出了历史贡献，其中榕江受益最多。在这 10 年中，榕江籍在国立贵州师范毕业的学生有 90 余人，加上肄业的师范生 40 多人，他们成了一支开拓榕江小学教育的新生力量，他们的足迹遍及榕江县各乡村学校，一心扑在小学教育事业上，解决了榕江县小学多年来教师紧缺的困难问题，为开拓榕江小学教育发展作过历史贡献。

根据榕江县志记载，民国三十二年（1943 年），榕江全县设的乡中心小学增加到 11 所，保国民学校增加到 48 所，私立小学有 7 所，全县有各类小学 66

---

① 政协榕江县文史研究委员会. 榕江文史资料第一辑［M］. 1985：203—204.
② 榕江县教育局等. 国立贵州师范文集［M］. 凯里：黔东南州彩色印刷厂印刷，1995：289.

所，在校学生 4878 人，占全县适龄儿童的 44%。抗日战争胜利以后，到 1947 年，全县中心国民学校增至 18 所，保国民学校增至 66 所，私立忠烈小学 1 所，全县小学总校数达到 86 所，比 1943 年增加了 19 所。此外，国立贵州师范学校在榕江先后创办了附属小学、村寨教育实验区和两所山寨小学。榕江县小学教育的发展变化，其中包括国立贵州师范在榕江开拓边疆教育的历史功绩，并载入榕江小学教育的史册。

三、为榕江县办中学的发展补充了师资

榕江县从民国初年至 1940 年以前，县域里自办的中学教育与发展是滞后的。民国十七年（1928 年）夏，与黎平、锦屏、永从、下江等县在黎平的贵州馆（今黎平三中内）办五县联立中学，按各县人口和财力分担办学经费，由黎平县县长郭靖臣兼任校长，榕江有的学生徒步跋涉到黎平读初中。学校只招了两期学生，未及两年，因办学校经费难以筹集，到民国十九年（1930 年）五县联立中学被迫停办。之后，黎平办了中学，榕江少数家庭条件好的学生只有到外地读初中或初师。根据榕江文史资料记载，为了解决榕江短期小学师资紧缺问题，时任县长云耕于 1936 年 8 月在原镇衙门内创办了榕江县简易师范学校，招收具有高小文化毕业或具有同等学历的学生 64 人，其中女生 12 人，这所学校可以说是榕江县男女同校的先导。当时，有些课程缺乏专职教师，英文由县电报局长丁肇威兼任，党义由国民党榕江县党部书记长张伯诚兼任，国文教师四易其人，这些国文教师不按照师范教育课程教学，有的只讲古文。邓匡元任县长时，派科长兰康去兼任数学课。由于财政困难，师资缺乏，学校到民国二十七年（1938 年）春遂也停办了。之后几年内，榕江也尚未办起中学。相比之下，黔东南诸县在同期都建起了本县的中学：

校　名	创办时间
黎平县初级中学	1932 年
镇远县初级中学	1921 年

校　名	创办时间
天柱县初级中学	1932 年
黄平县初级中学	1932 年
黄平县旧州初级中学	1932 年
三穗县立初级中学	1942 年
麻江县立初级中学	1939 年
岑巩县立初级中学	1941 年
锦屏县立初级中学	1942 年
施秉县立初级中学	1942 年
剑河县立初级中学	1941 年
炉山县立初级中学	1942 年
丹寨县立初级中学	1940 年
台江县立初级中学	1944 年
榕江县立初级中学	1944 年
雷山县立初级中学	1945 年
从江县立初级中学	1945 年

　　到抗日战争末期，榕江这个偏僻的地方，得处在大后方地利之便，从沦陷区逃亡到榕江的人逐渐增多，从广西迁来的有广西大学、汉民中学、德智中学、桂林儿童教养院，加上早已迁到榕江的国立贵州师范学校，云集一城，街头巷尾处处可见教师与学生，读书的氛围弥漫榕江全城。随着人口的增加，学生人数也增多。当时县城已办有附属小学、忠烈小学和县立中正小学，有的乡也办了高

小，每年高小毕业生也逐渐多了起来，可是本县里的初中生却寥寥无几。1940 年初春，国立贵州师范学校迁到榕江之后，终因招生名额有限，而且本省各地及湘桂各省学生纷纷前来报考，远不能满足本县莘莘学子的升学要求，每年仍有不少青少年被拒之校门之外。为了让本县更多的小学毕业生获得更多的就地升学的机会，时任县长刘仰芳与当地父老商议，决定于 1944 年秋季创办一所榕江县立初级中学，任命大夏大学毕业生倪昌仁为首任校长，后又更换过几任校长。创办中学不仅要落实办学经费与校舍，更重要的要有一支精湛的教师队伍和管理干部。当时，本县籍内能教中学课的人太少了，到外地聘来的教师也不多，能胜任教学的也少，难以配齐各科所需的合格教师。教学问题主要是教员问题，如何解决这个问题呢？县立中学的领导就设法到国立贵州师范学校去聘请兼职兼课教师。国立贵州师范学校的领导者们，从学校"献身教育，造福边疆"的办学目标出发，为了开发边疆教育事业，也积极支持一部分教师先后到县立中学兼职兼课。去兼课的 18 名教师中，多数是国立贵州师范的骨干教师，他们是学校教学的精英。这些教师到县立中学任职或兼课，解决了县立中学教师不足的困难，使学校全面开齐课程，加强了管理，从而保证县立中学顺利完成教学任务。榕江县中学从 1944 年到 1949 年，每年春、秋两季各招新生一个班，到 1950 年办了一个高中班，在校生多时达到近 300 人，共输送初中毕业生 250 多人，国立贵州师范去兼职兼课的教师们，与县立中学本校的教职工一道，为发展榕江县中学教育事业作过历史的贡献。此外，在国立贵州师范学校毕业的榕江籍和外县籍的学生中，有些人学有专长，也被聘到县立中学任教或从事行政管理工作，他们在受聘期间，努力工作，认真教学，为当时榕江县的中学教育也作过贡献。

1. 到县立中学兼课的国立贵州师范在职教师

姓名	受聘时间	职务	兼任课程	备注
庄传训	1944.9-1950 年	副校长、校长	物理、三角、几何	
万振南	1944 年 9 月	教务主任	生物	
李大洪	1944 年 9 月	教师	童子军教练	
刘延廉	1946-1949 年	教师	英语	
黄修阳	1947 年	教师	博物	
熊生华	1948 年	教师	代数	
胡仁任	1948 年	教师	历史	
刘志飞	1948-1950 年	教务主任、教师、代校长	化学	
刑协麟	1948 年	教师	英语	
覃 魁	1948-1949 年	教师	国文、历史	
朱素强	1949 年	教师	地理	
纪德申	1948-1950 年	教师	英语	
张一德	1949-1950 年	副教务主任	史地、生理卫生	
杨守明	1948 年	教师	英语	
吴绍裘	1949 年	教师	化学	
董兆钧	1950 年	教师	代数、几何	
汪 昕	1950 年	教师	国文	
陈渭渠	1950 年	教师	生物	

2. 到榕江县立中学任教或任职的国立贵州师范学校毕业生

姓名	职务	时间	任课	学历
周光耀	教师	1948–1950年	体育、童子军	国立贵州师范高师部第三届毕业生、广西大学肄业
包志超	教师	1949年	音乐	国立贵州师范高师部第六届毕业生
罗基培	教师	1948–1949年	音乐、美术	国立贵州师范简师部第二届毕业生
廖成鹏	教师	1948年	训导员兼体育	国立贵州师范第五届肄业
黄 杰	职员（总务干事）	1950年		国立贵州师范第七届毕业生
吴道成	教员、职员	1948–1949年	社会、体育	国立贵州师范简师部第一届毕业生
李应庚	图书管理员	1950年		国立贵州师范简师部第五届毕业生

第四节 学校对从江县教育的历史贡献

从江县是民国三十年（1941年）由原来的永从、下江两县合并而成的一个县，县治设在丙妹。

从江县是一个少数民族聚居的县，地处黔省东南边陲，地域辽阔，山高谷深，交通闭塞，除了洛乡、贯洞一带坝区及境内都柳江沿岸村落较为集中以外，多地山区村落分散稀疏。1949年前，从江县社会经济贫困，严重地影响文化教育的发展。

一、 1949 年前从江县教育状况

民国初年，在新的教育思潮的影响下，县境内的书院、义学及一些私塾，先后改为学校。合并县之前，1917 年，永从、下江两地都办有初等小学。1936 年之后，两地的乡村陆续创办一批短期小学，使乡村小学有了初步的发展。并县以后，1941 年从江县在推行"新县制"过程中，建有乡镇中心国民学校 6 所、保国民学校 30 所，但由于经济贫困、师资缺乏，所办的小学规模小，班额少，复式班增多，也制约小学教育发展。而且，由于县境内的小学教育发展不平衡，少数坝区和沿河两岸一些村寨，早在民国初年就开办小学，而大多数山区办学较晚。如庆云乡到 1946 年才兴办中心小学，有的边远山村办学更晚。抗日战争胜利后，县财政困难，1946 年开始，从江县根据贵州省《整顿各县（市）保国民学校办法》的精神，又逐渐压缩办学规模，保国民学校裁减了 26 所，只保留 30 所，乡镇中心国民学校也压缩了教师编制，从而影响从江县小学教育的发展。根据有关资料记载：1946 年，全县人口有 98468 人，适龄儿童 21144 人，而在校学生只有 4501人，入学率仅占 21.29%。在边远山村，由于群众生活困难，加上对文化教育的重要性认识不足，不愿送子女入学，县里在推行"新县制"的过程中，为了发展保国民学校，官方把学校的学生名额摊派到各保甲，各保甲向各户摊派钱粮雇人去顶替名额读书。这种雇人读书的现象，有的村寨一直沿袭到 1949 年前夕。

由于社会经济贫困，师资缺乏，从江县的中学教育也是发展滞后，到 1945 年8 月，经县长钱文蔚批准，在下江镇成立从江县立初级中学，1947 年 8 月，迁到丙妹新校址。从江县成立县立中学的时间，都晚于邻近诸县。

1949 年前，从江县为发展本县的教育，每年都去外地聘请教师。其中，在 20世纪 40 年代，国立贵州师范学校曾有许多毕业生应聘到从江县从事教育，他们为开发从江县的教育作过历史贡献。

二、卢仕廉拓展宰便小学教育

宰便是从江县西部边远山区，是少数民族聚居的一个乡。宰便距从江县城有近百里之遥，高山峻岭，交通闭塞。1949 年前，由于社会经济生活贫困，师资奇缺，加上社会的动荡，这些都影响到宰便小学教育的发展。

民国初年，在新的教育思潮的影响下，从江县有些乡镇开始兴办小学。而宰便乡到民国二十一年（1932 年）才开始改私塾为"洋学堂"，创建了宰便乡的第一所小学——下江县第四区初高等两级复兴小学。之后，学校先后更名为禹甸小学、恺甸小学和宰便小学等。第一任校长是广西宜北人卢尹。之后，校长更换多人。1935 年永从人党治民接任校长，他受过师范教育，教学有方，学生增到近 70 人，但党治民不幸于 1936 年病逝，卢尹又回来当校长。由于校长更换过频，也影响到建立稳定的教育秩序和教育发展。1937 年冬，加勉苗民反抗国民党政府当局的暴政，举行暴动，时间较长，波及附近各村寨，下江县政府频繁调动军警镇压抗暴农民，社会动荡，宰便也一片凄凉，宰便小学被迫停课达 3 年多。到 1940 年，经杨仲樵、党仕珍等教师动员学生来校上课，有近处少量学生到校，学校勉强复课。

1944 年冬，宰便人卢仕廉毕业于国立贵州师范学校黎平分校，他回到宰便，时任乡长的当地人莫御及社会群众，都积极举荐他为宰便小学校长，群众对他承担宰便小学重任寄予厚望。卢仕廉为了开创宰便小学的新局面，为拓展宰便的小学教育，他采取了许多办学措施，并收到了明显的教育效果。

（一）整修校舍。当时的校舍已是出现歪斜，有被大风吹倒的危险。而且，当时宰便的乡公所也设在宰便小学里，人马来往，有的教室成了马厩，鸡鸭栏臭气熏天，乌烟瘴气。他上任后，首先设法用几根柱子把歪斜的校舍撑着顶正。他还把自家杉树砍下 10 多根拿来建校，并派人到榕江请木匠师傅到宰便来维修校舍。莫御先垫支 100 元东豪作为学校的开支。

（二）亲自到榕江县聘请卢家贤等几位国立贵州师范学校毕业的学生来宰便小学任教，聘卢家贤为教务主任，加上本地的五位教师，组建了一支比较精湛的教师队伍，明确教师每人的教育职责。学校有了校舍，配齐了教师，即着手招生上课。

（三）他学习国立贵州师范学校劳动建校、艰苦办学的精神，组织师生参加劳动，开辟学校的体育活动场地。随着学生增多，学校需要一个体育活动场地。他征得当地群众的同意与支持，征用学校周边的土地，利用课余时间，组织师生挖土填方，经过20多天的劳动，开辟成了宰便小学的第一块体育活动场地。当时开辟学校体育场，却引来一场风波。那时宰便每到秋季常有疟疾流行，少数迷信思想浓重的人散布流言，说学校修建体育场挖坏了"龙脉"，才发生的灾难。卢仕廉努力作宣传教育，排除了迷信的干扰，维护学校正常的教育秩序。

（四）组织师生绿化美化校园。把被砍掉的环境柳树、芭蕉和四季花重新栽种起来。卢仕廉和卢家贤都是美术工艺的爱好者，他们利用黄泥巴、石灰、蓝靛、草木灰调配，把学校内外粉刷一新，各种挂图、标语牌，也规范地钉挂起来，学校大门口写上了"互教互学"4个鲜明的大字。美好的校园环境，激发了学生们的学习热情，学生琅琅的读书声，振奋人心的歌声，在校园又唱响起来了，使宰便小学呈现一派生机勃勃的景象。

（五）移风易俗，改变"八月十五偷瓜"的陋习。在宰便地方，过去多年来流传一种"偷瓜"的旧习惯，青少年每到农历八月十五中秋节的晚上，公开到别人家地里去偷瓜，认为被偷的人骂得越狠，偷瓜的人越"吉利"，年代久了，连葛薯、葵花以致鸡鸭也一起撸。这种旧的陋习，对青年的成长是不利的。为了对当地的青少年进行教育和引导，卢仕廉在学校以"八月十五偷瓜应不应该"为题，在八月十五到来前两天，组织学生们展开了激烈的讨论，最后通过了"八月十五日不准偷瓜"的决定，并向社会群众进行改变陋习的宣传，群众和学生家长对此热烈拥护和称赞。卢仕廉在宰便小学任期以内及以后的几年间，这种偷瓜的旧传统陋习，在宰便小学和寨子里已基本消失。这也是在宰便拓展边疆教育、造福边疆办了一件好事，并给后人留下深远的影响。

卢仕廉主持宰便小学工作，不仅使学校发展为一所完全小学，而且教育质量也提高了。1946年春季，从江县立初级中学招收新生，他亲自带领莫显祥等11位高小毕业生到县里应试，结果全部被录取。由于卢仕廉为宰便小学打下好的基础，后来又有卢仕忠等4位高小毕业生到广西宜北县立国民中学就读。起初还有人看不起这几个"贵州苗仔"，后来在一次全校性的作文比赛中，这几个"贵州苗仔"全都上了榜，卢仕忠获全校第二名，这时这些"贵州苗仔"则令人刮目相看。这些外出升学的学生，他们都是宰便地方有史以来的第一批考上中学的子弟。当年时任从江县长钱文蔚到宰便视察时，他笑对宰便小学的师生们说："要得呀！除了丙梅、西山两所小学以外，要数你们禹甸小学（宰便小学）了。"

卢仕廉是当年宰便地方唯一的一位受过国立贵州师范学校教育与训练的青年学生。他牢记母校"献身教育，造福边疆"的教导，毕业后回到家乡，担任宰便小学的领导职务，他是在前人办学的基础上，实行教育与生产劳动相结合的办学方针，实施全面发展教育，提高了学校的教育质量，进一步拓展了宰便小学的教育事业，又为后人执教宰便小学奠定了良好基础，他在宰便小学教育的发展历程中，起到了承上启下、继往开来的作用，他的办学业绩，已载入了从江县的教育史册。

根据从江县志记载，1947年，卢仕廉回到广西宜北老家，被聘为宜北县中学教师之后，中共柳北地下党组织先后派了朱世棋、文纵、陶宝桓等人到宰便小学任教，莫御任命朱世棋为乡中心小学校长，文纵、陶宝桓为教师。他们一边办学，一边传播进步思想。如文纵编了一首《哈巴狗》的诗，讽刺国民党的基层爪牙。他们在宰便小学从教，深受当地群众的尊敬和学生的爱戴。宰便小学为当地培养了一批人才，如1949年后原从江县县长、县人大主任蒙正光，原黔东南州教委副主任卢仕忠等，都是在从江县宰便小学受过良好的启蒙教育。中华人民共和国成立以来，尤其是改革开放以来，在中国共产党的领导下，宰便小学教育得到不断的发展，如今在为社会主义现代化建设服务的道路上，又迈上了新的历史征程。

三、黎守愚、陈若尘等人到下江办小学

根据国立贵州师范毕业生黎守愚、陈若尘写的回忆文章记载，1945年秋，国立贵州师范学校简易师范科毕业班的学生，按照国民政府教育部关于师范生服务

规程的规定，正在寻找去边疆乡村服务小学教育之地。当时，边远贫困、文化落后的从江县急需招聘教师，从江县教育科领导人，受县政府的委派，到榕江找国立贵州师范商定聘请应届毕业生去从江服务小学教育。国立贵州师范学校简易师范科有黎守愚等40余人，积极响应从江县之聘，到从江服务小学教育。

他们到了从江县之后，全部分配到下江区从事教育。他们40多人分工包干下江附近的几所小学，其中黎守愚（独山人）、陈若尘（丹寨人）、杨正昌（麻江人）、杨承枝（湖南会同人）、罗庆涛（龙里人）、张兴业（山都人）、李光贵（锦屏人）等8人，负责包干从江县立初级中学的附属小学以及附小分校，民主推荐黎守愚为附属小学主任（主持学校工作），陈若尘为教导主任，其他诸位教师都分别落实了教学任务。当时从江县立中学及附属小学在下江镇街上，附小的前身是银屏乡中心小学，后改为附属小学，附小隶属县中学的领导。

下江街是当时从江县境内都柳江流域的一个水码头，是从江县文化发展较好的地方。他们在下江接办附属小学时，本地的教师一个不留，全部是国立贵州师范学校的应届毕业生。起初当地人对他们办学抱着观望的态度。附近乡村里有些人对子女入学的意义认识不足，有的像派壮丁似的出钱请人顶替读书，不仅入学率低，巩固率也难。他们不厌其烦地深入村寨进行家访，宣传发展文化教育的意义，耐心地动员家长送子女入学。他们在学校认真教学，提高学生的学习兴趣，耐心辅导学生学习，调动学生的学习积极性，教育学生遵守上课与活动的纪律。他们从巩固率入手，以提高学生的文化知识作为巩固率的重要手段，寓巩固率于传播文化知识之中，使学生的学习状况有了好的改变，师生关系融洽了，学校与家庭、社会联系密切了，使人们改变了对学校及教师的疑虑与观望，增强了对学校的信任，学生入学人数增多了，学校教育也逐渐兴旺与发展起来。

他们到下江从教时，把国立贵州师范的办学传统也带到了下江小学。他们遵循教育与生产劳动相结合的教育思想，组织学生在附近坡上开荒种地，在校园栽花种树，绿化美化校园环境，保持校园环境卫生。

他们到下江之前，这里的学校有打骂学生的现象，并习以为常。他们牢记在母校毕业的座谈会上梁瓯第校长的"临别赠言"：希望毕业生到乡村从教后，"要关爱学生，教育好学生，为边疆教育作出贡献"，"打骂学生的人，我不承认他是我的学生"。梁校长言简意赅，对他们这些毕业生震动很大。所以，他们到下江小学从教，首次提出在下江小学废除打骂教育。起初，他们在下江小学废除打骂教育效果不大，那些习惯了"打骂教育"的较顽皮的学生，一时间像脱缰的野马，更是放松了对自己的纪律约束，社会上有的人暗地煽风，等着看笑话。他们当中也有个别老师，觉得一天辛劳，筋疲力尽，舌干唇燥，教育效果不佳，认为这个地方环境特殊，能否灵活地实行梁校长的赠言，在心理上对废除打骂教育有所动摇了。学校召开教师会议，结合研究工作，还对关于废除打骂教育问题，开展了热烈的讨论，大家仍坚持废除打骂教育。事后派陈若尘回榕江向母校的梁校长汇报他们头两个月在下江从事小学教育的情况。梁校长一方面鼓励他们要努力为拓展边疆教育事业作贡献，同时他仍坚定地指出："无论在任何情况下，都不许打骂学生。"

陈若尘回到下江，向学校全体教师转达梁校长对他们的工作意见。之后，大家都把不打骂学生作为一条纪律约束自己。他们通过家访，调查研究学生的心理状况，有目的地、耐心地做好学生的思想教育，并制定了可行的学习、生活制度。不到两个月，学校的面貌大为改观，学生学习成绩也上去了，社会上也改变了对学校原来的看法，群众对学校办学更寄予厚望，教师也为之感动，有的流下了眼泪。

当时从江社会经济生产落后，群众生活十分艰苦，每逢秋季疟疾病发，医药缺乏。国立贵州师范的毕业生们在从江从教，不畏艰难困苦，一心扑在从江乡村教育事业上，他们远离家乡，也顾不上关照自己的家庭。如麻江籍的杨正昌老师，因患疾病，病倒在学校岗位上，不幸病故，葬身于下江坡上，后来才迁回家乡安葬。如附属小学主任黎守愚，他爱岗敬业，父亲病故时，他还在下江小学坚守岗位，后来赶回独山老家给父亲送葬。他办完父亲丧事后，又急忙奔赴下江小学主持好学校工作。他们献身从江民族教育，实干苦干，直到1949年初，才先后离开从江县。他们回原籍后，仍然服务本地的乡村教育。

四、国立贵州师范学校教师到从江中学任教

根据《从江文史资料（第一辑）》刊载的吴少祥等所撰写的《原从江县师训班与县立中学》一文记载：1944 年以前，从江县没有中学，小学毕业生能到外地升学的甚少，初中、高中、中专生更是寥寥无几。1945 年，时任从江县长钱文蔚派县农推所主任蒋更农（浙江大学农业系毕业）到下江区所在地筹办从江初级中学附设师训班，并将下江区级中心小学改为从江初级中学的附属小学。由于从江的中学教师紧缺，县长派自己秘书肖朝宾带着公函专程到榕江，函请国立贵州师范派教师和毕业生到从江初创的中学任教。当时任国立贵州师范校长梁瓯第，为了开发边疆教育，同意从校本部和附小选派一批教师和毕业生到从江中学及附属小学任教。使从江中学于当年 9 月正式招生开学上课。

曾到从江中学任教的教师

姓名	籍贯	学历	到从江任教情况
万振南	江西省	国师教师，大学文化	任教导主任，兼教史地课
张新豪	福建闽侯	国师教师，大学文化	初中部主任，教国文课
顾爵卿		国师教师，大学文化	任简师班主任
赵依依		国师教师，大学文化	任国文、英语教师
蒋开善		国师教师，大学文化	任数学课教师
王静宜			负责女生指导
陈治让	贵州三都县	国师高师毕业	教图画、音乐、工艺
陈育国		国师高师部肄业	教体育、劳作、童军

姓名	籍贯	学历	到从江任教情况
徐嗣远	贵州黎平	国师高师毕业	教国文、地理
吴学新	贵州炉山	国师简师毕业	教国文、地理博物
钟显治	贵州榕江	国师初中部	训育员，兼图画课
成汉光	贵州榕江	国师简师毕业	助理会计

当时从国立贵州师范学校派去从江初级中学任教的教师，占该校教师的大部分，支撑了这所新办的中学。当时办学条件设置简陋，宿舍有限，夫妇同是教师或有家属的只能分到一个小房间，单身的教师则三四人挤在一个小房间。但是教师们不怕生活的艰苦，倾心治校，星期天师生上山砍柴，劳动课和课余时间，师生劳动建校开辟运动场地，在学校周围和坡边空地植树美化绿化校园和种植蔬菜。教师们常登门家访，与家长配合共同关心学生的成长，对学习差的学生耐心进行辅导鼓励学生奋发读书。

根据张新豪老师在《我五进五出国师的经过与见闻》一文记载：当时从江文化落后，学生来县城读中学，有的地方"像抽壮丁"一样，还有拿钱请人读书的现象，有的学生坐轿子进县城中学显得高贵，有的中学生担心进城受人欺压被打，他们身存利刃。经万振南、张新豪等教师的耐心宣传教育，使学生认识进校读书的重要意义，热心关怀少数民族学生的身心健康，把学生组织起来，自己管理自己，促使学校良好校风形成，学校教育秩序井然。

五、韦佐臣、张常明服务从江的乡村教育

韦佐臣（1920—1997），水族，贵州省三都县都江人。他小学毕业后，立志当一名教师，1938年至1941年12月，起初在青岩后到榕江就读于国立贵州师范学校，经过4年的简易师范专业的教育与训练，成为国立贵州师范学校第一届简师

科的毕业生。他从学校毕业出来以后，先后在榕江、丹寨、三都从事乡村小学教育。当时的从江县是边远的少数民族聚居地，而且是经济文化落后的县份，交通不便，小学教师更是紧缺。他以开发边疆教育为己任，1946 年 8 月至 1947 年 6 月，应从江县教育局之聘，从三都县沿都柳江岸的荆棘小道，徒步了 5 天到达从江县城。他服从县教育局的安排，先后到侗族聚居的巩安乡和高增乡两所乡中心小学任教，主要承担小学高年级的教学课程。他不怕农村交通不便和生活的艰苦，认真教学，一心扑在从江乡村教育事业上，曾为拓展从江小学教育事业作过贡献。

贵州仁怀籍学生张常明，当时家庭困难，因国立贵州师范学校是免费培养师范生，学校不收学费，他小学毕业后，徒步到榕江报考国立贵州师范学校，先就读工读班半年后，升入学校简师部。1944 年毕业后，应从江县教育科之聘，从 1944 年至 1949 年，先后在从江民众教育馆任生计干事、从江县巩安小学校长、西山小学校长、新民小学校长、从江县城关小学教师、从江大洞小学校长，为开发从江教育事业作了贡献。

六、郭怀德、阳书田毕生服务从江教育

郭怀德、阳书田二位教师都是国立贵州师范学校的学生，经过师范专业教育与训练，受过学校开发边疆教育思想的熏陶，他们在从江县从事教育多年，把自己的毕生都奉献给从江的教育事业。

（一）郭怀德（1922—1985），汉族，贵州省黎平县人。民国 29 年（1940 年）秋，毕业于国立贵州师范黎平分校，接着就读于国立贵州师范学校高级师范部，于 1944 年毕业后，一直从事乡村教育事业。当年，他被分配到黎平县中潮小学担任校长，开始他从事教育的生涯。次年，他调到黎平县立中学执教地理，任专职教师。1949 年春，他随族人郭××到从江县立初级中学执教地理课。是年 11 月，从江旧政权瓦解，学校停课，他返回黎平老家闲居。黎平解放后，他先是在黎平县立中学任教，1953 年 9 月，贵州省都匀专署教育科调他到从江县中学担任地理、历史、动物、植物等学科教学工作。"文化大革命"期间，他和几位老教

师及学校"当权派"一起在学校生产区整日荷锄劳动，挑粪、浇地、种菜。

1977年恢复高考后，他又重任从江中学地理教师。他教学严谨，认真上课，对学生既严格要求，又耐心教育，教学成绩显著，深受师生的尊敬。1981年4月，郭怀德任政协黔东南州委员会第五届委员。同年，他被提任为从江中学副校长，主管学校的后勤工作，兼任地理教学。1983年调任从江民族中学分校副校长，主持校务工作。分校是新办的学校，他到荒坡上开辟新校址，修建校舍和运动场。从他家的住地到新校址，约五华里的坡路，他不顾年事已高，每天往返数趟，风雨无阻。校舍竣工后，他购置和打制教学及生活设备，完善学校各种设施，组织师生劳动，绿化和美化校园，为创办分校付出大量心血。1984年改任调研员后，他仍以校为重，关心学校的工作，关心学校的师生。他创建的民族中学分校的校风校纪校貌以及学生的学习成绩，均列为全县各中学之首，受到家长、社会和领导的称赞。他去世的前几天，还带病查看学校。1985年7月17日，因病医治无效，与世长辞。郭怀德作为一位国立贵州师范毕业生，以"献身教育，造福边疆"为己任，以毕生的精力，为发展从江的边疆教育事业作出了应有的贡献。

（二）阳书田（1930—2018），汉族，贵州省榕江县人。1948年就读于国立贵州师范学校高师部，受过师范专业的教育与训练。1949年后，1951年3月至8月，参加贵州省都匀专区小学教师训练班的学习培训之后，分配到边远的从江县从事教师工作。他在从江服务教育多年，先后在城关小学、西山小学、下江小学、贯洞小学担任学校教务主任。1958年以后，又在头图小学、新安小学、龙图初中、贯洞初中、城关小学任教员，传播文化科学知识。他在工作上，服从分配，任劳任怨，一心扑在发展从江县的教育上，直到1990年退休。他是一个外乡人，却把毕生精力奉献给从江县教育事业，也体现了他作为国立贵州师范的学生担负着边疆教育重任的历史例证。

根据有关资料记载，雷山籍国立贵州师范学校简师毕业生李岳，1946年以后，曾到从江县从事小学教师工作；湖南会同籍的国立贵州师范简师毕业生孙俊仁于1946年以后到从江县任标准中心学校教师；梁成于1949年到从江县自治中心学校任校长。他们都为开拓从江的民族教育作过贡献。

第五节　学校对荔波县教育影响的片段回忆

荔波县过去是贵州黔南一个边远落后山区的县，1949 年前少数民族占 90%以上，属九万大山范围，交通闭塞，文化教育落后，是九山半水半分田的喀斯特山地，土瘠民贫。许多有志青年，早就想赴外地学习先进的科学文化知识，用于改变家乡旧貌。20 世纪 40 年代，幸得国民政府教育部在榕江创办了国立贵州师范学校，其任务是培养合格的国民教育师资，为开拓边疆民族文化教育，为改变边疆落后山区服务。这所国立的边疆师范学校，吸引了当时荔波的许多有志青年。他们不怕路途遥远和艰难险阻，跋山涉水，成群结队奔向榕江应考国立贵州师范学校，入学求知。根据校友蒙明儒回忆文章记载，从 1940 年至 1949 年，荔波县到榕江报考国立贵州师范学校的考生不下千人，录取就读到毕业或肄业的近百人，他们毕业或肄业回家乡之后，绝大多数的校友都扎根于本乡学校小学教育，他们在乡村办学过程中，以献身教育，造福边疆为己任，把在国立贵州师范学到的专业文化知识、办学思想、教育理念和治校方法等，用于所在乡村学校的教育教学活动上，在家乡的村寨学校传播了国立贵州师范学校的办学思想，让母校优良的办学传统传遍荔波许多乡村，使乡村学校"枝叶繁茂，桃李芬芳"。

这里叙述两个典型的事例：

一、莫秀松开拓荔波乡村教育纪实

莫秀松，布依族，1943 年毕业于国立贵州师范学校第一届简师科。毕业后，先是留在国立贵州师范学校的附属小学任教，后又到榕江边远的平阳乡小学从教，然后回荔波乡村从事乡村教育。他将国立贵州师范学校一整套办学、教学、治学的思想方法引用到他所在的乡村小学中。例如，他应用国立贵州师范教育与生产劳动相结合的办学思想，安排学生参加一定的生产劳动，并自己作示范，带头参加生产劳动。每学期开学的头一天，学生要参加铲草、扫地、整理课桌凳、擦净窗椅，参加劳动以后，方可注册、缴费和上课。每周都有两节劳动课，教学生种苞谷、蔬菜、豆类、辣椒的新技术或推广良种，以及经营管理，引导改变刀耕火种、管理粗放的落后生产方式，获得学生和家长的爱戴和敬重。许多学生把在学校学到的生产知识带回家，回乡当农民后，应用于农业生产，改变村寨的生产旧貌。

1949年后，当时县里的农技干部奇缺，组织上就把莫秀松调农林部门任农技干部。领导接受他的建议，举办了多次农技人员培训班，他亲自担任讲课教师，培养了一批农技推广骨干，把乡村的农民培养成科技文化的新型农民。

1958年，全县各区乡兴办农业中学，组织上安排他到甲良区海桃农业中学当负责人，他把国立贵州师范学校在榕江办学时提出的"且耕且读"，实行教育与生产劳动相结合的办学思想在甲良海桃农业中学实施。1964年，莫秀松借调到阳凤农中当农技教师，实际是他主持管理这所学校。他再次把国立贵州师范实际教育与生产劳动相结合的办学思想应用到阳凤农业中学。他提倡艰苦创业，组织师生开荒种田种地达160亩，每年收得粮食5万多斤，种蔬菜10亩，达到自给自足，还养了耕牛9头，良种猪20多头，良种鸡10多只，还养有兔、鱼、鹅。1965年，黔南州教育局认为阳凤农业中学的办学方向是正确的，贵州日报社记者和一些专州教育部门派人到阳凤农业中学考察参观。1982年，莫秀松以农技干部身份深入到贫瘠山区考察农业生产技术的推广情况，为当地农民寻求解决吃饭问题的新路，这也体现了莫秀松改变落后边疆的进取心。

二、蒙明儒为开拓荔波民族教育的奉献

蒙明儒是国立贵州师范学校第七届高师科毕业的学生。他毕业后，即回到荔波家乡任瑶庆小学的教师、教导主任。这所小学的少数民族学生占95%以上，他们许多人不懂汉语，在小学初小班实施汉语教学困难较多。他采取国立贵州师范学校附设村寨教育实验区应用"双语教学"的教学经验，在荔波少数民族聚居的乡村学校试用了"双语教学"，收到明显的效果。学校一时缺乏音乐教师，他就用一些老曲子谱写新歌词教学生唱，使原来濒临停课的学科恢复了生机，学生和

家长都感到高兴。他也常带着教师到村寨做家访工作，加强学校教育与家庭教育的联系，使学校在一个学期内面貌焕然一新。村民们称赞说："从国立贵州师范学校毕业出来的学生来当老师是不差的。"

1949 年后，人民对他信任，选他为人民政府镇长、副县长，省、州和全国人大（第三届）代表以及县政协主席。他虽然不在课堂上课了，但他却关心着全县的教育事业的发展，他在党的教育方针指导下，要求学校实行教育与生产劳动相结合的办学路子，常以国立贵州师范在榕江办学时生产劳动教育经验为例，教育和说服社队干部划拨荒山、土地作为学校的生产劳动教育基地，培养学生的生产知识技能，养成热爱劳动的习惯，也可以填补学校经费的不足。1981 年，他还兼任荔波县工农教育委员会主任时，按照过去国立贵州师范学校的推广事业经验在农村开展扫盲认字教育活动，不到几年，有玉屏镇、甲占、瑶麓等各乡镇完成了扫盲任务。他任荔波县政协主席时，开展智力支边，请县内外专家学者给荔波青年学生讲学。

在荔波各乡镇学校的国立贵州师范学校毕业回乡的校友们在各自教育工作的岗位上，成为国立贵州师范学校教育思想和办学经验的传播者。由此可见，国立贵州师范学校是校友们的知识土壤，是锻炼的熔炉，是思想熏陶的园地，是成长的摇篮。当年国立贵州师范学校共为荔波输送毕业生 36 人，其中高师科 5 名，四年制简易师范科 28 名，三年制初中科 3 名，还有一部分荔波籍在国立贵州师范的师范科、简师科、初中科的学生，因为学校在 1949 年停办而成了肄业生，中华人民共和国成立后，他们大多数人仍在为我国社会主义教育事业作贡献。诚如荔波籍的国立贵州师范师范科毕业生蒙明儒所说的：在历史的长河中，荔波的国师校友们，像播种一样，使国立贵州师范学校教育思想在荔波得到实践和发展。

附：荔波籍在国立贵州师范学校毕业学生名录

1. 师范科毕业 5 人

姓名	届次	性别	民族	毕业去向
蒙 昭	一届	男		
麦振勋	三届	男		
梁运荣	三届	女		
蒙天锡	七届	男		
蒙民儒	七届	男		

2. 简师部 28 名

姓名	届次	性别	民族	毕业去向
莫让珍	一届（三年制）	女		
潘玉腾	一届（三年制）	男		
秀孙秭	一届	男		
莫秀松	一届	男		
高 娴	一届	女		
潘懋祉	二届	男		
梁运芬	三届	女		
韦 厚	三届	男		
徐镕昌	三届	男		
潘懋涛	三届	男		
覃庆荣	三届	男		
韦备权	三届	男		
韦炳星	三届	男		
潘朝宪	三届	男		
韦备枢	四届	男		
覃开儒	四届	男		
黄鲁妮	四届	女		

姓名	届次	性别	民族	毕业去向
欧志华	五届	男		
宋哲明	七届	男		
韦克槐	七届	男		
蒙天禄	八届	男		
覃景勋	八届	男		
潘永扬	九届	男		
覃忠能	九届	男		
蒙　诚	边师（一）	男		
杨秀球	边师（一）	男		
潘德韶	边师（一）	男		
罗玉和	边师（一）	男		

3. 初中科毕业 3 名

姓名	届次	性别	民族	毕业去向
姚成华	一届	男		
韦克邦	四届	男		
黄鲁锁	二届	女		

注：此表名单不包括肄业生

第六节　学校对三都县教育发展的影响

三都县是与榕江毗邻的水族聚居的一个县（现为三都水族自治县），1949 年前这里的经济文化很落后。国立贵州师范学校于 20 世纪在榕江办学的 10 年间，三都县每年都有学生到榕江报考就读，这些学生毕业后回到县里从事乡村小学教育，为三都县的乡村教育发展曾有过贡献。

一、 1949 年前三都县小学教育状况

根据《三都水族自治县县志》记载，民国初年，在三都县内兴办新学的热潮，到 1924 年，小学发展到 26 所，教师达 50 人，包括有些私塾改办了新学，有的私塾先生改上了新学课程，民国三十一年（1942 年），政府推行"新县制"，将短期小学改为国民学校，两级小学改为中心小学。到 1943 年，有小学 80 所，其中有 19 所国民学校改为中心小学，在校学生 5000 余名，占学龄儿童 50% 左右，由于经费短缺，教师不够，许多国民学校虽挂牌上报，实际无法开课。次年，县成立"强迫教育委员会"，由县长任主任委员，计划进一步推行国民义务教育，由于通货膨胀，经费不敷，师资难以扩充，原有的学校也不能巩固，年末，日本侵略军侵入三都县境，各校被迫疏散。民国三十四（1945 年）三都县大水灾，许多校舍变为废墟，一派荒凉，多数学校再度停课。民国三十五年（1946年）以后，经济更加恶化，教师连最基本的生活也难以维持，教育事业江河日下。民国三十七年（1948 年），政府将原 64 所国民小学裁撤了 42 所，在校生减至3000 余名，退回到民国二十六年（1937 年）的水平，之后，一些学校因经费支绌，而陆续停办。民国三十八年（1949 年）7 月，境内实有中心小学 16 所，国民学校 14 所。同年 10 月，国民党县政府将教育经费全部移作"应变经费"，学校纷纷停课。由此可见，三都县的小学教育在民国时期虽有些发展，到 1949 年前小学教育发展十分艰难，而且是十分落后的。其原因除了受社会政治动荡、自然灾害和经济贫困的影响之外，师资缺乏也是一个重要原因。

根据《三都水族自治县县志》的《教师》一章记载，民国二十六（1937年），小学发展到 26 所，小学教员 50 人，由于教育经费不济，无力聘请饱学之士，教师奇缺。后来随着小学教育的逐步发展，许多教员"新学根基不深，不少人教学素养低，应付差事，难寻合格师资增补，教育专业人才难得"。民国三十七年（1948 年），县政府调减学校，保国民学校教师多数遭裁汰。教书是一项专门的学问，不是过去人们认为读过书的就可以教书。民国时期三都县曾通过办师训班的办法，缓解教师奇缺之困。如 1935 年，在三合女子学校曾附设开办过简师

班。两年后毕业仅十余人，是县境内培训的第一批师资，但有的继续升学和另谋职业，只有几个当教师。1942年大办保国民学校，师资没有着落，曾送学员到贵阳等地办的短训班以应急。到1947年，三都县办小学教员短训班一期，学员80人，受训一个月即充实到小学上课，那也难解教师奇缺的燃眉之急。此外，在1940年前后，有少数人到都匀师范就读，1940年以后，有一部分学生到榕江就读国立贵州师范。这些学生毕业回县以后，成为发展家乡教育的骨干力量。这是解放前几年三都县小学教师队伍的状况。

二、三都县水族乡村教育的开拓者

根据《国立贵州师范学校毕业生名册》资料记载，20世纪40年代，三都籍的学生在榕江就读国立贵州师范学校毕业的有29人，是当时贵州省黔南各县学生在这所学校毕业人数较多的县之一。这些学生经过国立贵州师范学校的教育专业训练，成为合格的乡村教师，他们是那时三都乡村教育的开拓者，他们的名字已载入三都乡村教育史册。

三都县当时毕业学生名录

科名	姓名	毕业届次	备注
师范科 （6人）	莫琦	第二届	
	陆易暄	第二届	
	杨世杰	第三届	
	陈治让	第四届	
	张庆贤	第六届	
	包志超	第六届	

科名	姓　名	毕业届次	备注
简易师范科（15 人）	罗鸿飞	三年制第一届	
	潘家寿	四年制第一届	
	潘用成	四年制第一届	
	韦佐臣	四年制第一届	
	陈美琪	四年制第一届	
	韦志强	四年制第二届	
	李玉光	四年制第二届	
	江仁闻	四年制第三届	
	吴远模	四年制第三届	
	韦定安	四年制第五届	
	袁培文	四年制第六届	
简易师范科（15 人）	张宣业	四年制第七届	
	陆国庆	四年制第八届	
	王安全	四年制第九届	
	潘光霁	四年制第九届	
初中科（8 人）	张多福	初中第一届	
	蒙雪英	初中第一届	
	包志超	初中第三届	
	蒋作人	初中第三届	
	白通云	初中第三届	
	吴远炎	初中第五届	
	韦国宏	初中第五届	
	管志梁	初中第五届	

三、拓展三洞乡教育的历史记载

三都县的三洞乡是一个水族聚居的乡，有着自己办学的历史传统。民国初年，在兴办新学的热潮中，已建立了本乡的初等小学，有的私塾名师已讲授新兴内容。1922 年，名塾师潘树勋改私塾为学校，按新学实施教学已达 20 多年之久，培养学生数百人，多有考入中学者。民国二十九年（1940 年），三洞乡的初等小学改为两级小学。根据榕江县教育局等编印的《国立贵州师范文集》记载了三都籍的国立贵州师范学校师范部校友潘有圣的三洞乡教育发展变化的调查情况：在 20 世纪 40 年代初，三都县三洞乡先后有十多个水族学生到榕江县就读国立贵州师范学校，他们毕业后，陆续回到家乡从事民族小学教育，改变了三洞乡过去没有师范专业教师任教的现象，他们一心扑到乡村教育上，使三洞乡的小学面貌大为改观，由于他们把小学教育基础打牢了，教育质量也有了提高，使乡里有一批小学毕业生升入初中和高中，进而考上了省内外高等学校，有的还出国深造。到 1992 年前后，全乡共有 60 多名大学毕业生，有的成为硕士和博士，并出现了一家门二学士、三学士的农民家庭。当地的人们都说，如果没有国立贵州师范学校毕业生回乡任教，并打好乡村小学教育的基础，就没有今天三洞乡教育的发展。这是国立贵州师范学校学生在三都县开拓乡村教育的历史贡献。

四、石文宣不忘恩师和资助三都乡村教育

爱国华侨石文宣，男，水族，生于 1925 年，三都县都江镇摆鸟村人。1941 年考入国立贵州师范学校，受过学校师范教育的专业训练，受到当时学校抗战爱国思想的熏陶。1944 年春，黄质夫校长在学生的集会上，讲了抗日战争的发展形势，动员学生投笔从戎，奔上抗日的疆场。当时石文宣与本校 20 多名同学，报名参加了中国抗日的远征军。根据三都县委统战部提供的资料记载，石文宣参加中国远征军，编入孙立人的部队，远征到印度、缅甸等国抗击日本侵略者，历任班、排、连、营长等职，后回国调长春新一军教导团，任师管区接收新兵团团长，

1947 年调往台湾陆军训练部服役，1949 年在台北市军官学校任上校区队长，1960 年奉令退役，在台北市经营修理电筒、钢笔、打火机维持生活。后经朋友介绍到远渔船队当海员，常到香港、美国、法国等地靠岸，在法国巴黎遇到河南省籍的一位西班牙船队海员，经他介绍，答应帮忙往西班牙定居，后经过台湾当局办了出国护照，于 1970 年赴西班牙，在一家小餐馆当厨师，后与西班牙一位军官女儿成婚，育有一男一女，岳父支援石文宣夫妇一笔巨款，开设了 3 个餐馆和一个五金交流电器商店，有资产大约 300 万美元，在西班牙属中等资产水平，他居住在西班牙卡底斯若琴安东尼方场 9 号。经中国驻西班牙大使馆考证，石文宣在西班牙开设餐馆和经商，社会交流面广，积极赞成祖国和平统一，促进祖国统一的联谊工作，表现较为出色，系水族的爱国华侨。

1972 年 3 月，侨居西班牙的石文宣远渡重洋回国探亲，受到三都县委、县人大、县政府和县政协的领导热情接待，县委统战部的领导陪同他到县内各地参观，使他深受感动，并表示要为振兴三都教育事业做贡献。1982 年 9 月，石文宣第二次回国探亲，主要看望病重住院的胞弟石文华，后转贵阳医学院治疗，因医治无效病故，送回家乡安葬。他胞弟住院期间，三都县的领导常到医院看望。

1984 年，爱国华侨石文宣受国务院邀请回国参加 10 月 1 日国庆大典，列为国庆观礼国宾。石文宣在天安门观礼台观看了中央军委主席邓小平同志检阅中国人民解放军的阅兵式，亲眼看到了伟大祖国海陆空钢铁长城的雄姿，看到了祖国各条战线四化建设欣欣向荣的模型游行。石文宣深深感到祖国大陆的强盛，中华民族的希望在于大陆，不在于台湾国民党当权者。参加国庆活动结束后，他跟随国家组织的华侨参观团，先后到西安、成都、重庆、长江三峡、宜昌、武汉、广州等地参观。参观完毕，回到贵州参观名胜古迹，如遵义会议会址、安顺龙宫、黄果树瀑布等地旅游。他又顺道回三都家乡探亲，受到三都县党政领导的热情欢迎和接待。

石文宣从 1944 年参加中国远征军，他从一位师范学生到军人，再从军队退役后，漂洋过海居住西班牙，成了一位爱国的华侨，到了 1984 年回国探亲，已是 40 年的岁月。但他却不忘当年国立贵州师范学校教师们对他的教育。1984 年回国探亲时，他在三都县委统战部的领导陪同下，专程到了遵义，看望他在国立贵州师范学校时教唱抗战爱国歌曲的敖克成老师。石文宣三度回国探亲对家乡三都的乡村教育事业非常关心。从 1979 年至 1984 年，他分别捐款给都江中学、上江民族小学、联民小学、万丰小学。他还从香港专购辞源 4 部、新华标准英汉词典 4 部、计算器 4 台、电子复写笔等物赠三都县教育局、三都民族中学、都江区辅导站、都江中学、上江民族小学等单位。在探亲期间，又在贵阳购得 600 册《新华字典》委托三都县教育局赠给全县的 38 所中心小学校作为工具书，表达他对家乡怀有深厚的同胞感情，报答他对祖国、家乡的海外赤子的爱国之心。

五、韦佐臣服务边疆教育

韦佐臣（1920—1997），水族，三都县都江人。他年少时，就读都江县立第一两级小学，勤奋学习，成绩优良。他为了改变民族山区文化教育的落后，立志当一名乡村教师。1938 年 1 月，他冒着寒冷的天气，徒步前行，到了贵阳近郊的青岩，考入了贵州省立青岩乡村师范学校简师部。1940 年元旦之后，他跟随国立贵州师范学校师生徒步前行 18 天，随学校南迁边远的榕江求学。他在青岩和榕江共经过 4 年的简易师范的教育与训练，成为 1941 年 12 月国立贵州师范学校简易师范科的第一届毕业生之一。

他从学校毕业后，决心"献身教育、造福边疆"，毅然踏上了服务边疆山区教育的征程。从 1941 年 12 月至 1947 年，他先后到榕江县的忠诚中心小学任过教员和校长，到更边远的从江县乡村担任过巩安乡中心小学和高增乡中心小学教员，在丹寨县的乌洛中心小学和三都县都江区上江中心小学从事小学教育。他是一位边疆师范学生，以改变边疆文化落后为己任，一心扑在乡村教育事业上。他不怕乡村交通不便和乡村生活的艰苦，爱岗敬业，任劳任怨，在 1949 年前的几年间，为开发榕江、从江、丹寨和三都等 4 个县的少数民族乡村小学教育作过历史的贡献。

1949 年以后，他在当地参加了工作，在中国共产党的领导下，先后担任过三都县都江区人民政府副区长，三都县文化科的副科长。为了培养少数民族干部，他到过贵州民族学院和中央民族学院学习深造。后来，他又担任过三都水族自治县人民政府的副县长和县人大常委会副主任，为三都水族自治县的社会主义现代化建设事业作了贡献。1989 年退休后，享受正县级待遇。

第七节　学校与抗战时期西迁榕江的广西大学和汉民中学的友谊

抗日战争时期，西南地区属于大后方。1940 年初，国立贵州师范学校迁入榕江。地处贵州省东南部的榕江属于边远少数民族地区，即使是经历 1944 年豫湘桂战役的大溃退后，这里仍是大后方。因此，有国立广西大学、国立汉民中学、德智中学、桂林儿童教养院、福建厦门大学农学院、广东税警团、中央军"远安部"等单位先后迁入榕江。国立桂林师范学院到榕江短暂停留后又迁往平越（福泉）。这些学校的师生员工有几千人，榕江一时成了学生城、文化城。还有来自广西、广东、湖南、湖北各地难民一路逃来，聚集榕江。

已在榕江办学近 5 年的国立贵州师范学校，面对避难而来的各个学校师生及教职工家属，他们提供力所能及的服务，尽量为学校恢复上课提供条件，为他们的生活提供方便。其子女就近在国师附小入学，有的家属在附属小学任教。地方开明人士和会馆亦为迁来的学校提供物质资金支持，彼此在艰难中结下深厚的友谊。

一、迁到榕江的国立广西大学

1944 年夏，日本侵略军为打通与东南亚联系的陆上通道而南侵广西。国立广西大学从桂林几经辗转，于是年 11 月 28 日抵达贵州省东南重镇——榕江。

广西大学迁入榕江后，借用部分会馆、宗祠、公房作临时校舍。校部办公室、教务处、训导处、总务处设在四川会馆（今盐业公司仓库）及其后面的张公祠内。校长办公室设在古州东路一间民房。教室除借用国立贵州师范、榕江县立中学及小学的部分教室外，还在两湖会馆（后来的木器加工厂）、江西会馆（后来的土产公司废品仓库)、贵州会馆(后来的特校)、县救济院、演武厅礼堂(原国民党区公所,现在场坝猪市处)等馆庙的大殿、戏台和酒楼上下,用木板隔成教室。即便如此,教室仍不够用,师生们常常利用教授所租住民房的堂屋做临时课堂;晴天,有时也在榕树下或院坝内露天讲课。图书馆设于四川会馆左廊楼上,化学、化工实验室、矿冶标本陈列室、显微镜室、土木系仪器储藏室、农学系实验室设于当时国立贵州师范工场的四川会馆。数理、机械、电机实验室设于两湖会馆香祠。农学院迁入亦牵来牛羊数十头,农场、牧场设于五榕山、杨家湾等地。五榕山又是师生采集标本、野外写生和郊游的地方,杨家湾又是广西大学农学院的农业实验场。兽医院及苗圃则借用国师几亩菜园改用。运动场是借用国立贵州师范开辟的新体育场。女生宿舍借县立中学一建筑物改建而成,男生宿舍则借用国立贵州师范学校一部分学生宿舍。教职员工全部租赁民房居住,人多房少,拥挤不堪,生活艰苦。当时,李运华教授任校长,广西大学设有 3 个学院 15 个系,其中理工学院有数学系、化学系、土木系、机械系、电机系、矿冶系、化工系;农学院有农学系、园艺系、森林学系、牧医系;法商学院有法律系、政治系、经济系、会计银行系。1944 年冬,广西大学在榕江补招部分新生,入学考试的考场设在榕江中学礼堂内(今县幼儿园,县教育局老办公楼一带)。榕江县的学生积极应考,胡肇谟考入农学院森林学系,周光耀、陆秀韡考入法商学院政治学系,段前烈考入法商学院经济学系,刘志飞考取贵州大学后转入广西大学理工学院化学系。广西大学于 12 月 18 日正式开学上课,共有学生 480 人。

广西大学没场地放电影,借国立师范学校的大操场放电影,因为电影对于榕江本地人而言是有史以来第一次,看的人特别的多,屏幕的两面都有人在观看。

广西大学迁来初期,学校经费汇款未到,榕江地方父老及各界人士曾为该校和一同由桂林迁入榕江的国立汉民中学、桂林儿童教养院等单位发起募捐。当时贵州会馆和两湖会馆各捐稻谷 100 担,商会和其他会馆及私人共捐赠现金法币 2000 万元,为这些单位解了燃眉之急。国难当头,榕江人民敞开胸怀,热情地接纳了这些来自各地逃难的陌生人。到过榕江的广西大学生后来回忆,无不感叹说:"榕江的老百姓好啊!他们对广西大学有恩!"

1945 年 4 月初,讲授《中国通史》的黄现藩教授带领广西大学学生组成的黔桂边民考察团到榕江县大有乡苗族村寨进行社会调查。参加调查的师生对当地少数民族生活极端困苦的现状十分同情，考察结束返校后，在课堂上大骂腐败的县政府，并在校园墙报上发表同情少数民族的漫画，马上招来国民党榕江党部的严厉警告。5月19日，广西大学学生自治会邀请黄教授作公开演讲。黄教授不顾个人安危，在演讲会上痛斥国民党榕江当局推行的民族压迫政策，历数贵州官府迫害少数民族的罪行。国民党县党部负责人听黄教授言辞过激，两次上台阻止。黄教授置之不理，照讲不误。事后县党部与县府官员召开联席会议，欲将黄教授逮捕，后考虑到抗战期间逮捕进步教授影响不好，加之县长不敢承担逮捕后果，只得作罢。

当时的榕江，因涌入难民较多，市场物资奇缺，通货膨胀，教职员收入微薄，生活苦不堪言。纵然节衣缩食，亦仅能维持最低生活水平，子女多的教师，常常变卖衣物首饰，或利用假日，在赶场天摆摊增加收入来补充生活费用。赴美留学获得博士学位，在美国被誉为"第一个称原子的人"的著名物理学家卢鹤绂，新中国11位"两弹"元勋中，有7位是他的学生。他一家随西大同事乘船来到榕江，家中粮食频频告急，卢鹤绂教授只好在学生宿舍边的中山公园摆起地摊，把一支心爱的自来水钢笔卖给了国民党军队的一个团长，后来又陆陆续续卖掉了一双长筒套靴、几袋洗漱用品和一些旧衣物；其夫人西大校医部护士长吴润辉平时也采集一些中草药出售，到山上砍柴草。电机系主任裘献尊教授贫病交加，裘夫人只好在宿舍门口卖汤圆。黄现藩教授子女多，在逃难去榕江的路上又收养了一个因逃难失去父母的女孩，他工资微薄，尚不足养家糊口，为省口吃的给子女们，夫妻俩有时一日只能吃一餐，他的妻子刘丽华将所有首饰变卖。历史学家陈致平一家逃难到榕江后，家里揭不开锅，他和夫人袁行恕在租住的房子门口炸油炸粑卖，当时年仅七八岁的女儿陈喆带着两个弟弟在油锅边烤火取暖，陈喆就是后来的大作家琼瑶。

学生中的绝大多数已断绝经济来源，靠公费伙食勉强充饥，也有学生摆摊。有的学生从沦陷区两手空空跑到桂林，又到榕江，早已失去了家庭的支持，几乎一贫如洗，只靠学校发放的一二十元补助金为生。一位江西籍姓蔡的学生携带妻儿一起逃难到榕江，他吃贷学金，妻子就靠煮些猪肉在学生食堂摆卖，赚些小利勉强维持母子俩的生活。

西大农学院教授讲课，欢迎当地人来听。一次，在县立初级中学礼堂门前，贴着一张海报，上面写：广西大学农学院陆大京博士主讲"小麦的种植"，欢迎参加。当时就有中学生蒋永康参加。榕江是农业县，就当地的农民而言，农学院汪振儒院长的农业知识讲座，自然更加受欢迎，给人的印象也最深。汪振儒每周开展一次对外开放的农业科技知识讲座，主要是针对当地人传播农业科学知识。晴天，讲座有时就在五榕山下的大榕树下，有时在场坝上。张人价教授应榕江商会之邀请，每周到财神庙主讲"经贸基础知识"，主要是面向当地工商界人士传播西洋商贸科学知识。黄现璠教授应榕江教育文化界之邀，每周一次在北门外文昌宫开讲"榕江乡土史"，主要面向当地教育界人士。这些现场教育和实用教育，对于广西人来说，这是对地方接纳他们的感恩回报。

国立广西大学迁入榕江期间，毛泽东的《论联合政府》，朱德的《论解放区战场》及一些进步书刊传入榕江，学生运动纷纷兴起。师生们课余时间，组织话剧演出、出壁报办画展、社会调查、民俗民族考察等活动。学校总务处自设无线电收音机，深夜秘密收听新华社电讯，收集国内外新闻，编印本校日报，报道各地战况及学生运动消息。

广西大学到榕江后，迅速组建了一支三四十人的音乐队伍，星期六或星期日晚，拿着大提琴、小提琴、长号、短号，在县党部礼堂、国师饭厅（三义宫舞台）或榕江县中的小礼堂里，演出《大刀向鬼子的头上砍去》《在太行山上》《中国一定强》等抗日歌曲和歌剧。1945 年元旦的晚上，卢鹤绂教授应师生们请求，在榕江县城操场露天戏台上，与时任广西大学训导长崔华伍的夫人合演京剧折子戏《坐宫》，文武场面由广西大学师生们助演。

广西大学、汉民中学师生在榕江的一年，虽然极为艰苦，却始终弦歌不断，音乐、美术课及课外活动都坚持。西大还在露天搭临时舞台，举行合唱音乐会、文娱晚会。汉民中学话剧团还同西大、国师的同学同台演出大型话剧《原野》《日出》。由汉民中学佟苏丹老师导演，表现抗清名将的话剧《夏完淳》，任中敏校长要求扮演夏父。

广西大学一名学生以《扁舟一叶到榕江》为题，写了一篇约 10000 字的文章，整篇文章血泪淋淋、怒气腾腾，自始至终地控诉日本帝国主义侵略中国，使无数中国人背井离乡、抛尸露骨、妻离子散、家破人亡的罪行。文章一贴出，师生围观争先一读，看后无不义愤填膺，恨不得马上就上战场。

1945 年 5 月 25 日，400 余名进步学生在两湖会馆召开广西大学学生民主大会，会议就国内形势展开激烈的辩论，最后通过由学生起草，经中共地下党员黄焕秋同志（时任校长室秘书，1949 年后曾任中山大学党委书记）修改的《广西大学全体学生民主宣言》，要求成立民主联合政府，结束国民党一党专政、减租减息、改善人民生活等。1945 年 7 月，学校送走第十四届毕业生 79 人。其中法商学院法律系 6 人、政治系 2 人、经济系 14 人、会计银行系 6 人；理工学院数学系 2 人、化学系 5 人、土木系 10 人、机械系 5 人、电机系 9 人、矿冶系 1 人、化工系 3 人；农学院农学系 3 人、园艺系 4 人、森林学系 4 人、牧医系 5 人。另外，同级学生参加知识青年从军的有 23 人。8 月 10 日晚，广西大学学生剧团在国师礼堂（原三义宫，现在二小宿舍）公演话剧《雷雨》，演出尚未结束，突然台上走出一人报告："顷接电讯，日本帝国主义已发出乞降照令，接受投降！"顿时，台上台下，欢呼雀跃，一片欢腾。当晚全校师生燃放鞭炮，上街游行，尽情欢庆。8 月 13 日山洪暴发，古州、车江一片汪洋。洪水过后，古州城断垣残壁，满地泥泞，师生们无处安身，生活十分困难。8 月 15 日，学校决定离榕返桂，直到翌年春季，历时半年多，才全部搬迁完毕。

抗日战争胜利后，国立广西大学搬回到了桂林。但是广西大学在榕江的艰苦岁月，学校师生与榕江人民和国立贵州师范结下的深厚情谊，是永远不会忘怀的。当年，广西大学师生在榕江时，赞美着榕江美丽的山川景色，盼着"总有一天春暖花香，飘零的女儿"将会回到自己的故乡，他们在榕江传唱的那首爱榕江思故乡的《榕江》，歌曲声音好似还在榕江人的耳际荡响着：

　　榕江，

　　绿波荡漾，

　　四围山色，

　　芦杨荒草，

　　无限风光。

每天，

每天，

妙龄的女儿来洗衣裳。

春花啊！

流水啊！

几度时光。

榕江啊！

水深悠远，

流向远方，

怎不叫人思念，

思故乡啊！

流水迢迢，

别时容易，

见时难，

怕的是月儿弯弯，

江上风清，

泪儿尽梦儿残。

尊重吧，

切莫彷徨，

总有一天，

春暖花香，

飘零的女儿收拾行装，

向着波心挥手微笑，

别了榕江。

（摘选自《30—40 年代榕江流行歌曲》，榕江县政协整理，1990 年印，第 46 页）

二、迁到榕江的国立汉民中学

汉民中学是为纪念中国近代民主革命家，中国国民党早期主要领导人之一胡汉民而建，校址在南京栖霞山，全面抗战爆发，南京危急，学校先迁广州，继迁桂林。汉民中学直属于教育部。

1944 年 10 月底，国立汉民中学由桂林迁至榕江。同学校一起来到榕江的教职工有 72 人，学生 400 多人，许多教师家属也随同而来。

汉民中学校长任中敏先生是江苏扬州人，在北大读书时参加过五四运动，因围攻赵家楼被捕，1926 年加入国民党，做过国民党元老胡汉民的秘书。他也是一个爱国教育家，1937 年 11 月，他创办了汉民中学。他说："我正当中年时，日寇侵华，国难日亟。我欲以培养三千救国青年，壮大御侮力量。"任中敏坚持爱国主义、坚持民族气节，并善于把这一教育贯穿于教学、娱乐、生活之中，严格要求，训诲不倦。汉民中学校门的一棵大树上挂着"抬起头来，挺起胸膛"的大标语，使人感受到"勿忘国耻，勇抗敌寇"的气氛，置身于"卧薪尝胆"的意境。汉民中学注册时，首先是检查学生是否备有"锄头、画板、小凳"三件（锄头用于劳作，画板、小凳用于在室外学习），缺一件就不准入学，体现了任中敏校长独特的办学精神。

先到榕江的汉民中学师生与国民政府教育部失去了联系，银行、邮局汇兑不通，经费告罄，几百人吃饭成了问题。就在危难时刻，任中敏赶到榕江，一是派员步行到贵阳转重庆，与国民政府教育部联系，约定把经费汇到贵阳；二是向当地政府贷款；三是向教师及家属暂借手中仅存的金饰戒指，在典当行兑成光洋，解决吃饭之急需。教职工及家属对任校长有极高的信赖，凡有首饰的个个解囊，借给学校过难关。

任校长与在榕江的国立贵州师范学校校长黄质夫是同乡，中学同窗，两人是莫逆之交，便借用国立贵州师范学校校舍，安顿师生住宿。国立贵州师范学校马上腾出了西门坡天后宫（原为旅居榕江的福建同乡会馆，旧址在现在榕江民中教师宿舍）下面的一排教室作为汉民中学的教室，天后宫作为汉民中学的学生宿舍，女生安排在南门口城门洞内的国立师范学校食堂"三义宫"。生活稍稍安稳，汉民中学立即复课，教室不够，就在露天席地而坐，腿上架着图画板听课。吃饭也在操场。文具缺乏，没有钢笔、铅笔，弄个蘸水笔尖蘸墨水写。

吃的方面，更为艰苦。到榕江后吃的糙米饭夹杂着沙子、老鼠屎，难以下咽。即使是这样的粮食，也要抢着吃，否则吃不饱。校方有时向地方当局借到谷子，学生要自己推磨碾成米，米里有不少谷壳，有时竟是发霉的陈年老谷。但是，因为老校长和同学们吃一样的饭，又是非常时期，谁也没有怨言。

任中敏校长治校非常严格，在桂林时，他的独子任有愈在汉民中学读书，因犯了校规，照样开除。迫于夫人的压力，任校长亲自担着行李送任有愈到桂林青年中学读书。作为不谙世事的学生，耳闻目睹这事，从心底里生起一股敬畏之情。后来，任有愈为抗战报名参加空军，在杭州笕桥训练时失事殉难，时年 21 岁。任校长发誓"抗日不胜利，不吃朝食"，学校每天只吃两餐。他说："艰苦抗战，灭此朝食"，当时他 40 多岁了，餐餐都同学生共餐。因饭菜粗淡，个别学生想吃点辣椒酱，偷偷放在碗里被发现，他当场严厉指责说："国难深仇，膏粱乏味"，倡导"吃饭不带私菜，考试不抄夹带，服务不捞外快"。

师生每天吃两餐，也只是糙米饭和冬瓜汤，碗里没有一点油水，许多同学又打摆子，身体很瘦弱。晚自习点桐油灯，4 人共一盏，看书非常吃力。为此，学生陈大柔上书任校长："如果照这样下去，把我们的身体搞坏了，怎能为国为民呢？"要求学校改善生活。任校长把陈大柔叫到家训斥说："大敌当前，国破民穷，你想想，我们的生活和谁比？"没有想到半月之后，一天升旗毕，任校长在朝会上宣布："学校讨论了陈大柔的信，作出两条决定，一是今后自修桐油灯，由原来 4 人两桌合并共一盏，改为两人一桌一盏，这灯就叫'大柔灯'；二是，改善伙食，每周加一次菜，用猪骨头炖黄豆，煮得烂烂的，算是补充营养。"这种规定直到抗战胜利回到桂林穿山，才改回一天吃三餐。第一次吃早餐，任校长对大家说："抗战时，我发誓，不打败日寇不吃早餐，大家也跟着我吃苦。现在抗战胜利了，恢复吃早餐了，请大家努力加餐。"

为了节省开支，学生自己上山砍柴。天气冷了，有的学生没有棉衣，就用布条捆住上衣，再往里面塞些棉花御寒。见此，任校长除到杨森部队"讨"要棉衣外，还把自己的棉衣袖子剪下给学生做棉鞋。学生洗脸没有热水，就打井水，借着冬天井水的微温洗脸。几十个学生睡在一个寝室里，又没有洗澡的条件，许多同学身上、衣服上、头发上长了虱子，下午课余时间，三五成群在太阳下捉虱子。后来，学校搭了个简易洗澡房，用两口大铁锅烧热水，还用竹筒引来山泉水接到浴室，洗热水澡方便了。

汉民中学是公费学校，伙食费基本上由国家负担，又实行奖学金制度，因此，各地学生慕名来报考的很多。汉民中学的学生90%是流亡学生，来自浙江、皖赣、两湖、两广。湖南籍学生蒋麟先年纪11岁，背着背包随全校师生从桂林百寿走了400多公里到榕江，阳京兰、阳引兰两姐妹（其就读于西大的姐姐阳兆兰、阳筱兰也随学校迁移到榕江），汤险平、周丽华、浙江籍沈茹娟是汉民中学女生。贵州榕江有龙光沛等人。

学校师生发扬互相帮助、团结友爱的精神。蒋麟先染上瘟疫，身体严重脱水，白天黑夜不停地拉肚子，虚弱到极点，走路迈不开步，老师和同学伸出关爱之手，帮他治好了病，把他从死亡线上拉了回来。阳京兰患上疟疾，全身虚弱发冷，在大家的帮助下四处寻医终于把病治好。

汉民中学除课堂教学外，还开展各种学术活动。每个月都要请广西大学的教授来作专题学术报告。没有大会堂，同学们就在天后宫前面的榕树下草坪上席地而坐听讲演。学校还经常利用星期天开展演讲比赛、英语演说比赛、作文比赛、解数学物理题比赛、诗歌朗诵会等活动。

汉民中学迁到榕江时，一批思想进步、品德高尚、忠诚教育、学识渊博的教师随校来到了榕江。这些教师亲历战乱流离之苦，将一颗爱国之心，寄托在教书育人和抗战救亡工作上。汉民中学师生在榕江经历了极为艰苦的境遇，然而始终弦歌不辍，坚持开展抗日救亡活动。汉民中学的中共地下党员和进步教师为开展抗日救亡活动做了许多工作，师生们演出了《一心堂》《大学生》《心狱》等抗日救亡话剧；学生演唱《黄河大合唱》《大路歌》《毕业歌》《大刀进行曲》《我们在太行山上》等抗战歌曲。在演出中还开展募捐布鞋、袜子活动，支援前方抗日将士；话剧团还同广西大学、国师的同学同台演出大型话剧《原野》《日出》。1944年12月，汉民中学有22个学生报名从军。行前，任中敏校长召开欢送会，沉痛讲述国家危难，勉励学生发扬前辈爱国精神，不负严正做人的校训。

1945 年 10 月，汉民中学迁回广西桂林，中华人民共和国成立后，改建为桂林市第一中学。①

---

① 参考：蒋钦挥. 风雨榕江路——广西大学抗战流亡办学往事 ［M］. 桂林：广西师范大学出版社出版，2022.

第九章 榕江一中传承国立贵州师范学校办学优良传统纪事

第一节 榕江一中历史沿革

贵州省榕江县第一中学（简称榕江一中），位于榕江县城北开发新区一带，地处平龙溪口坝上，都柳江之滨。榕江县城古州是苗侗文化之源，深厚的民族优秀传统文化和我国红色革命文化与社会主义文化抚育着榕江一中教育的发展。

榕江一中前身为"国立贵州师范学校"，始建于 1939 年 10 月，校址起初在贵阳市郊的青岩，首任校长是我国著名乡村教育家黄质夫，学校直隶国民政府教育部边疆教育司领导。1940 年元月，黄质夫奉国民政府教育部令，将学校迁至边远的榕江，校本部在今之古州二小一带。

中华人民共和国成立后，1951 年 2 月下旬，据独山公署电示，原国立贵州师范学校与原榕江县立中学合并称贵州省榕江中学，并迁入国立贵州师范学校原址（今古州二小），学校办有初中班和增设师范班。1952 年 7 月，先后开设中师 3 个班，初师 5 个班，初中 4 个班，学生 310 余名。1954 年，裁撤贵州省榕江中学师范班，学生并入都匀师范和贵阳民师就读。1956 年 3 月，榕江中学附设师训班 1 班，有学生 41 名，训期半年结业。1956 年 9 月，根据黔东南州教育局的安排，由从江、榕江、黎平三县文教局采取考试与推荐相结合的方式，招收小学教师 190 人入贵州省榕江中学进行一年业务培训结业。1957 年秋季，榕江中学有初中 5 个班，增设高中 1 个班，发展为一所完全中学；1958 年 7 月，榕江县正式创办榕江县初级师范学校（附设在贵州省榕江中学内）。1959 年榕江、从江并县，榕江初级师范学校迁至从江丙妹。1961 年榕江、从江分县，榕江初级师范学校迁回榕江。1981 年改名为黔东南自治州榕江民族师范。2001 年停办，改建为榕江县民族高级中学。1960 年，贵州省榕江中学校址迁至城西卧龙岗。1978 年更名为榕江县第一中学；2002 年 12 月，中共榕江县委和榕江县人民政府研究决定，榕江县第一中学高中部与榕江县民族高级中学合并组建新的榕江县第一中学。当时榕江县第一中学（2002 年 12 月—2006 年 8 月）校址分为：车寨北校区、西山卧龙岗南校区。2006 年 9 月，榕江一中新建校区竣工后，学校从西门坡卧龙岗和车寨迁入新校区。学校新校区占地面积 250 亩，分为教学区、生活区和运动区三个部分，布局科学合理。2008 年，学校成为省级三类示范性高级中学。2024 年有 69 个教学班，学生 3486 人，在编教职工 260 人，教师队伍结构合理，政治坚定，师德高尚，业务精湛。

从最初的国立贵州师范学校到贵州榕江中学，再到今天成为省级示范性普通高中，榕江县第一中学风雨兼程八十余载。八十余载的沧桑巨变，不断彰显着榕江一中继承国立贵州师范办学的优良传统、深厚的文化底蕴和全面发展素质教育的丰实内涵。

第二节　创办传承国立贵州师范文化基地与开展研究活动

为了继承和发扬国立贵州师范学校办学的优良传统，榕江一中一边创建国立贵州师范教育传承基地，一边开展国立贵州师范教育的研讨与交流活动，传播国立贵州师范开拓边疆教育的历史业绩。

一、创建传承国立贵州师范教育的基地

传承和研究国立贵州师范教育及其办学的优良传统，首先要创设提供国立贵州师范昔日办学的历史资料等基本建设，在这方面，榕江一中办了 5 件事：

（一）成立了国立贵州师范学校办学业绩的陈列室。2012 年由原校长吴昌智

主持收集整理陈列室的资料。根据收集到的资料进行整理和分类，陈列室展厅共分为六大板块。第一板块介绍国立贵州师范学校首任校长黄质夫的生平事迹；第二、三板块是黄质夫创办江苏界首乡村师范学校、江苏省南京栖霞乡村师范学校、浙江省立湘湖乡村师范学校和国立贵州师范学校办学历史的简介；第四板块是在榕江召开的关于国立贵州师范学校教育思想和黄质夫乡村教育思想两次研讨会的展示；第五板块是有关领导、名人和学者对黄质夫及其创办的国立贵州师范学校教育的评语点赞；第六板块是陈列国立贵州师范学校历届毕业生名录资料。陈列室的文柜里珍藏有国立贵州师范学校珍贵的文史资料：国立贵州师范学校概况（一、二），招生简章、新生入学志愿书、保证书、学生成绩报告书、学校学生成绩总表、学校历届毕业生毕业证书存根、学校会议记录、学校教职员工名册、学校教职员年度领薪册；学校部分教材、图书、黄质夫编写的《中等学校劳动生产训练》、贵州省教育厅国民教育指导月刊、《新贵师（一至三卷）》、校园歌曲；胡燕硕士论文《黄质夫乡村师范教育思想研究》、杨万丰从全国收集的《国立贵州师范校史资料集》、学校办的传承黄质夫文化记录的《质夫报》（1—74期），以及研究黄质夫文化的各种资料。在文物展示区，有黄质夫铜像〔2015年3月，东南大学副校长黄大卫（黄质夫孙子）捐赠〕，有黄质夫亲笔为国立贵州师范女同学梅素去世写的墓志铭，记录了梅素在抗日战争中辗转到榕江就读国立贵州师范学校的艰苦历程，榕江人杨秀书出资义葬梅素女士，见证师生和谐和各民族一家亲。2015年，黄质夫创办的国立贵州师范学校教育陈列室建成后即对外展示，并成为榕江一中每年开学对新生进行校史教育的基地和黄质夫教育思想研究的场所。

（二）创建黄质夫园。2007年，贵州省教育厅拨出专款塑造黄质夫先生半身铜像，竖立在学校质夫园内。在园内巨页书扉雕塑上"德能感人，才能胜任；全面发展，兴乡报国"。塑像台下写有"教学做合一""救穷、化愚、争脸""耐得千锤百炼，才能任重致远"。园内建有"质夫亭"，亭内写有"耕读一堂，得天下英才而教；弦歌四野，树黔南文化之基"，"诚勤公毅，垂训著丹青；传习行知，化育酬远志"。用黄质夫的教育思想启示后人。因此，学校开辟的质夫园成为榕江一中学校教育的活动基地和文化活动场所。

（三）校园文化的布置上，增加国立贵州师范学校文化教育的氛围。在榕江一中大门联上写有："承国立贵州师范学校传统，继往开来，苗山侗寨学风振；育时代英才，镂金琢玉，笃志丹心教泽长。"这就是传承黄质夫创办国立贵州师范学校的办学传统，教育向苗山侗寨开放，为乡村振兴培育人才的办学精神。在走进校园的"国师大道"（国立贵州师范学校大道）上，有一座"诚勤公毅"校训碑耸立面前。这校训是继承了国立贵州师范学校时期黄质夫提出的校训原文。2017年10月19日，将行知楼、质夫楼、诚勤楼、公毅楼命名上墙。将黄质夫教育语句，如"救百万村寨的穷，化万万农工的愚，争整个民族的脸"，"教学做合一，德智体并重"，"身正学高，爱生笃实"，"励志勤朴，行知止善"，"德能感人，才能胜任"，"农夫的身手，科学的头脑，强健的身体，勤朴的习惯，坚强的意志，热心的服务精神"等书写在各大楼上，形成"墙语"和校园的标语文化，让每一位师生和走进校园的人耳濡目染，受到潜移默化的教育。在校园的花圃里组合了"树人树木，且耕且读"的文字图形，形成了有教育意义的物语。每位学生穿的校服上都印有"诚勤公毅"校训，星星点点，充满整个校园。学生穿着校服走上街头或参加社会集体活动，也宣传了学校的办学精神。

（四）学校成立"质夫文化建设办公室"。编写有《榕江第一中学校志》《榕江第一中学年鉴》《立德树人，硕果纷呈》《质夫报》，指导学校"古榕文学社"出版《古榕》刊物，宣传黄质夫创办国立贵州师范教育文化。

（五）创办特色教育班级。在班级教育上专设"质夫班"，即以黄质夫名字命名的班。申请入质夫班的学生争当德智体美劳全面发展的学生，质夫班也成为学生、家长追求的目标。国立贵州师范学校创建于抗日战争的艰苦年代，学校曾教育学生锻炼成为"在后方能保安，上前线能作战"的学生。传承历史，结合当下，2022年以来学校还办了一个国防班，教育学生增强国防意识，为军队建设输送优质兵员。

二、开展国立贵州师范教育研究与交流活动

近些年来，外地有许多学校或学术研究的学者、专家来榕江一中考察。2017

年1月4日，贵州省陶行知教育研究会梁茂林副会长专程到榕江一中考察传达教育部劳动教育，召开座谈会，赠送《陶门弟子、教育家孙铭勋》《父亲的脚印》《生活教育与贵州》等书籍。

2017年2月12日，著名诗人、《当代教育》主编王家洋与著名作家、副主编杨朝东考察质夫文化校园。

2017年3月18日，《生活教育》编辑、南京晓庄学院陶行知研究院王文岭副教授、徐莹晖博士、杨冰博士等一行三人来到榕江一中考察调研，把他们编著的《黄质夫乡村教育文集》赠送榕江一中。

2017年7月11日，中央民族大学跨文化心理与教育研究中心主任、博士生导师常永才教授及程冬冬硕士到榕江一中考察黄质夫创办国立贵州师范学校办学的历史。

2018年7月19日，东南大学黄大卫副校长到榕江一中慰问支教师生，嘱咐支教师生培训西部民族地区学生，实现黄质夫"救百万村寨的穷，化万万农工的愚，争整个民族的脸"的办学目标。榕江一中有多名优秀学生考入东南大学深造。

2018年1月，广西大学选派文学院胡红一副院长、陆伟华馆长、陈德文、王华等领导、专家来到榕江调研在抗日战争时期，广西大学搬迁榕江办学的情境。胡院长风趣地说："榕江曾是广西大学避难的地方，榕江人都是广西大学的亲人，我们来寻亲了。"2018年12月8日，受广西大学的邀请，榕江一中文化办王世龙主任随榕江县宣传部龙胜能、三中校长龙胜金等领导参加"同庆九秩，逐梦百年"广西大学90年校庆盛典，广西大学校史馆中设有"西迁榕江馆"，校园内有"西迁榕江""两湖会馆""广庆会馆"铜版浮雕，专设一条"榕江路"以示纪念。深慨历史的厚重，办学的艰难，王世龙写下了《君武文化与质夫文化》比较，在榕江一中《质夫报》第29期上发表。

江苏省南京栖霞中学到榕江一中走访。黄质夫1932年任南京栖霞乡村师范学校校长。1937年"七七事变"之后，日本侵略者侵占我国大片领土，黄质夫辗转来到贵州，1939年10月至1944年夏，任国立贵州师范学校首任校长，他曾聘了一部分原在南京栖霞乡村师范学校教师到国立贵州师范学校任职任教，传播栖霞乡村师范学校的办学思想和办学经验。2014年7月25日，南京栖霞中学卢登喜书记、叶文、陆国平副校长带领 51 位教师不远千里，来到榕江一中开展了两天的黄质夫创办国立贵州师范学校文化教育研讨活动。2015 年 3 月 29 日，榕江县教育局石庆科主任、榕江一中校长邱国民、三中校长黄承秉等 11 人，带着 32 万榕江人民缅怀之情，到南京栖霞山上，黄质夫先生陵墓之前，敬献花篮，举行清明祭祀。接着于 30 日，参加栖霞中学的升旗仪式，加深了两校之间的情谊。2018 年 6 月 11 日，栖霞中学叶文副校长带领南京市栖霞中学高三全体教师到榕江一中研讨质夫文化建设。之后，两校教育教学信息经验相互传递。

2024 年 4 月 25 日，黄质夫的家乡江苏省仪征市黄质夫乡村教育考察团一行，专程到榕江一中考察黄质夫创立国立贵州师范学校的办学历史。

第三节　继承优良的办学传统实施全面发展教育

20 世纪 40 年代，黄质夫在榕江创办的国立贵州师范学校通过"教学做合一""教育与生产劳动相结合"的办学方针，着力培养德智体美劳全面发展的合格乡村教师和基层人才，去开发边疆教育，使学校教育为实现"救百万村寨的穷，化万万农工的愚，争整个民族的脸"奋斗目标服务。国立贵州师范学校在培养合格乡村教师的教育实践活动中，逐步形成了自己的办学特色和办学的优良传统，给当时的榕江社会与教育产生了积极的影响。现在的榕江一中，在党的领导下，继承过去学校办学的优良传统，全面贯彻党的教育方针，实施德智体美劳全面发展，也收到了许多成效。

一、立德树人，加强思想品德教育

在黄质夫创办国立贵州师范学校教育的历史时期，十分重视对学生进行思想品德教育。他抨击了旧传统教育只偏重知识技能的传授而忽视对学生进行德育的现象，并采取有效的措施，有成效地对学生进行思想品德教育，学校确立以德育为首的全面发展的办学格局。

1949 年后，新的贵州省榕江中学，在党的领导下，对学生进行思想品德教育，教育学生爱祖国、爱人民、爱劳动、爱护公共财物的公德教育，结合当时形势，对学生进行抗美援朝、保家卫国的爱国主义教育；组织高年级学生参加土地改革运动，接受革命斗争锻炼等。现在榕江一中继承了加强对学生进行品德教育这一优良传统，在实施全面发展教育的实践活动中，在贯彻国家颁布的中学德育大纲中，坚持了多方面的思想品德教育，如爱国主义教育、民族团结民族平等教育、劳动意义的教育、生活纪律和良好行为的养成教育、艰苦学习奋发向上的教育等等，从而激发学生奋发学习的热情，在学生中涌现了不少的先进动人事迹。如赵阳同学获得榕江县人民政府授予的"见义勇为"光荣称号和奖励，荣获 2018 年贵州省"新时代好少年"称号；韦艳丽同学荣获 2019 年贵州省"新时代好少年"称号。学校校园内的好人好事增多了。在学校号召教师在工作中努力做到"德能勤并重"的鼓舞下，教师们都一心扑在教书育人上，不断地提高教育教学质量，提高自身思想素质和业务水平。如杨本万老师荣获 2021 年阿里巴巴全球数学竞赛"怀新奖"，当时中国只有 5 人获这类奖。现在榕江一中校园里"学不厌教不倦"、尊师爱生、团结向上的气氛也更浓了。

二、在实行课程教学上，努力提高教学质量

过去国立贵州师范学校把各科课程都作为进行全面发展教育的需要，在国立贵州师范学校是不分主科和副科的，要求各科教师都要提高教学质量。对个别不胜任教学的教师立即调整或解聘。梁瓯第继任校长后，要求教师的教学要达到"三完"，即各位教师要把课上完，把学生的作业认真批改完，把考试考完，对学生的成绩进行分析评定，这样确保课程计划的完成和质量的提高。

榕江一中多年来继承过去全面提高教学质量的办学传统，全面实施国家颁布的高中课程计划。开齐课程，开足课时，教育上不偏育，教学上不偏科，引导学生生动活泼地主动学习，从而不断提高学校整体的教育质量。

近几年来，榕江一中高考成绩呈上升的趋势。2021 年二本上线 456 人，600 分以上 4 人；2022 年二本上线 499 人，600 分以上共有 2 人；2023 年二本上线 579

人，600 分以上 5 人，本科上线率 61.73%；2024 年本科上线 753 人，600 分以上 12 人，本科上线率 72.26%，本科上线人数较 2023 年本科上线人数上升 30.05%，特控上线人数 245 人，特控上线率 23.51%，特控上线较 2023 年上升 100.82%。为了培养学生的兴趣爱好特长，学校成立了若干课外活动的社团组织。如"古榕文学社"创办于 1997 年，走过了 20 多年的历程，有些学生参加该社团，毕业以后再经过深造和锻炼，成为专家学者出版专著。2014 年，古榕文学社荣获全国百年文学社称号；2017 年意林杂志社授予学校古榕文学社"青少年作家培养基地"称号；2018 年古榕文学社被意林杂志社授予"意林优秀作文示范基地""意林绿色文化教育基地"等称号；2021 年获中国校园文学创作基地称号；2023 年在第 20 届"叶圣陶"杯全国中学生新作文大赛中分别获得省级一、二、三等奖，国家级三等奖；2024 年第 21 届"叶圣陶"杯全国中学生新作文大赛中分别获得省级一、二、三等奖，国家级一等奖。

学校颁发质夫奖学金，鼓励学生奋发读书。质夫奖学金是国立贵州师范学校首任校长黄质夫的儿子黄飞先生组织出资，从 2018 年开始，设立榕江一中"质夫奖学金"。每年奖励 18 名优秀学生，一等奖 3 名、二等奖 6 名、三等奖 9 名，奖励给努力学习、品学兼优的榕江一中学生，鼓励学生健康生长，成为国家栋梁之材。从 2018 年至 2024 年，共 126 人荣获质夫奖学金。

三、学校的体育发展与为贵州"村超"作贡献

体育是学校全面发展教育的一个重要组成部分。在 20 世纪 40 年代，国立贵州师范学校在榕江办学时，十分重视体育教育，专设了体育卫生处，使学校的体育工作从教务处分出来归体育卫生处管理，使体育与其他诸育是并重的地位，并配备较强的体育教师队伍，使学校的体育课堂教学与各项体育活动蓬勃地开展。自从 1940 年开始，国立贵州师范学校在榕江开辟了榕江县运动史上第一个足球场以后，国立贵州师范学校及附属小学开展了校园的足球运动，从而揭开了榕江足球运动的序幕，使足球运动开始在榕江县域逐步开展起来。1944 年，由于日本侵略者侵占了广西，国立广西大学从桂林搬迁到了榕江办学，广西大学曾借用国立

贵州师范学校的足球场开展足球运动，或与国立贵州师范学校师生举行足球友谊比赛，这在一定程度上促进和推动榕江足球运动的发展。

1949 年以后，贵州省榕江中学继承国立贵州师范学校体育教育的优良传统。在贯彻党的全面发展教育方针的过程中，同样重视学校的体育教育，除了体育课堂教学以外，课外各项体育活动也是生动活泼的。学校足球的传统项目连续不断地得到好的开展。1965 年，榕江中学的足球队参加黔东南州中学生足球运动会，获得冠军。1966 年春，榕江中学的足球队代表黔东南州参加全省中学生足球运动会并取得好的成绩。1995 年 10 月，在全州中学生"三好杯"足球赛中，榕江一中代表队获得冠军。1995 年榕江一中被省教委、体委命名为"省级体育传统项目学校"。1996 年 2 月，在全省中学生"三好杯"足球赛中，榕江一中代表队获得第 2 名。1999 年 7 月 10 日，榕江一中学生足球代表队到天柱参加全州中学生"三好杯"足球赛，获冠军。榕江一中足球的传统项目已经成为体育教育的金名片，在全州中学生足球比赛中多次荣获冠军，在全省也获得好成绩。

80 多年的体育运动传承，形成当今"村超"源地。现在榕江一中仍继承过去学校发展体育运动的办学传统，坚持"以体为基育全人"的办学特色，引导学生积极开展各项体育锻炼，足球运动仍是学校的传统项目。近些年来，培养出 20 多名国家一级运动员，180 余名足球专项国家二级运动员，有孙逊、龙胜兰、谢德帅等 40 多名队员以高水平运动员身份考入成都体育学院、武汉体育学院、山东体育学院、西安体育学院、贵州师范大学体育学院等高等院校深造。榕江一中足球队多次获得省、州级赛事冠军，其中男子足球队员麻少军被选派到阿根廷训练，现已入选足球俱乐部职业球员。近些年来，学校体育科研也取得可喜成果。其中邱国明老师《榕江一中开展校园足球运动实践初探》获得贵州省教学成果三等奖，邱国民的《苗侗地区高中女子足球运动实践初探》，获得州级教学成果二等奖。赖洪静的《校园足球五部训练法》结题报告，获黔东南州第二届中小学体育科研论文一等奖。2015 年"卓尔杯"全国中学生足球挑战赛，榕江一中获得文化创意多媒体类二等奖。2015 年，榕江一中获得全国青少年校园足球特色学校称号，赖洪静、向晓斌二位老师荣获全国校园足球优秀教练员称号。

校园足球作为榕江足球的根基，榕江一中为"村超"作出了培养人才的贡献。现在，随着榕江县的足球运动已由学校走入社会，由城市走向广大乡村，发展成为今天的"贵州村超"群众性的足球运动。许多乡村村超①足球队员有不少都是从榕江一中毕业出去的学生。榕江一中的足球队在"贵州村超"的竞赛中顽强拼搏，不仅展示了学生体育的素质，也展现了榕江一中"以体为基育全人"办学特色的风采。

四、继承学校劳动教育的优良传统

早在 20 世纪 40 年代，黄质夫创办国立贵州师范学校的历史时期，把劳动教育放在学校教育的重要地位，并通过教育与生产劳动相结合的办学途径，培养德智体美劳全面发展的合格乡村教师。当时的劳动还为学校创造了财富，减轻学校在战争年代学校办学经费困难的问题，也改善了学生的生活，当时学校生产劳动卓著，受到国民政府教育部通报表彰。

1949 年后的贵州榕江中学，在当时榕江县委和人民政府的领导下，接管了国立贵州师范学校，学校办了师范部、初师部和初中部，把国立贵州师范原有 100 多亩的菜地分配到各班种植各种蔬菜，使学校蔬菜自给，学生也经受了劳动的锻炼。1958 年，学校贯彻教育与生产劳动相结合的教育工作方针，与全国各地一样，学校开展了勤工俭学活动，全校师生到西门坡山顶上开辟了几十亩的荒地种植大量的辣椒、蔬菜。1960 年，学校从原校校址（今古州二小）迁到了卧龙岗上，从 1960 年至 1961 年，学校师生通过劳动开辟新运动场，修筑道路、绿化美化新校园，把卧龙岗周围斜坡全部开辟作为学校劳动基地，种植大量的瓜、豆和蔬菜。1959 年至 1965 年，又是国家经济困难时期，那时学校组织学生利用每周两课时劳动，解决了蔬菜自给。学校并不因为学生劳动而影响教学，恰又使教学质量不断有了提高。1960 年，学校首届高中毕业班参加高考的成绩已跨入了全州的

---

① "村超"全称为贵州省"榕江（三宝侗寨）和美乡村足球超级联赛"，被网友亲切地称呼为"村超""贵州村超""村 FA"。2023 年以来，因为赛事办得很纯粹、接地气和民族文化的参与融合，使榕江的这个足球业余联赛迅速火爆出圈，得到全国人民的喜爱。习近平总书记在 2024 年新年贺词中点赞"村超"活力四射。"村超"话题综合浏览量超 800 亿次，已成为中国乡村现象级赛事，被评为"是中国式现代化实践的生动诠释"。

先进行列，1961 年高考总成绩名列全州第二，受到中共黔东南州委和州人民政府通报表彰，其中外语和历史名列全州第一。这年学校高考的外语成绩名列全省第二，其他学科成绩都取得好的成绩，当年新华社记者到学校采访后，在人民日报报道了贵州省榕江中学的教育情况。从 1960 年到 1966 年"文化大革命"之前，榕江中学高考成绩都处在全州的先进行列。

1956 年从贵州省榕江中学师训班毕业的王少凡分配到边远的宰牙小学任教师和领导，组织学生一边教学，一边劳动，从小学发展到附设初中，学校发展生产种植山珍、山药出售，发给学生衣服，实行免费入学，从这所学校出去的学生有的考入大中专院校，毕业后，为乡村民族教育作了贡献。1989 年，贵州省授予王少凡"民族先进个人"奖章。1990 年，国家教育部授予王少凡"优秀教师"称号。

现在，榕江一中在贯彻党的教育方针，根据国家教育部颁布《关于加强中小学劳动教育的意见》精神，继承过去学校办学的优良传统，继续加强学校劳动教育和社会实践锻炼，坚持以劳树德、以劳强体、以劳益美和以劳创新，以提高学生整体素质，并因地制宜地开展劳动教育活动。

榕江一中劳动课程必修节数每年级 20 节，拓展性课程总门数及社团 46 个，劳动实践教室 6 个，创新实验室 2 个，志愿服务或职业体验人次每年 1100 人次，校内劳动基地 67 个，校外劳动基地 1 个（15 亩），其他相关资源为榕江县职业技术学校、榕江县工业园区等。一是以校内劳动为主渠道打造环境课程，创设劳动氛围。教室、宿舍和清洁区是现成的劳动教育基地。每学期初，由学校为各班划分清洁区，各班每天安排学生值日。部分值日学生负责教室卫生，另一部分值日学生负责清洁区卫生。学校推行每天早、中、晚清扫制度，每周一下午集体大扫除制度。学校制定了卫生评比标准，由各年级组自主管理委员会对每天的早晚清扫、每周的大扫除进行检查、登记、评比，评比结果纳入班级考核，作为评选先进班集体的参考。通过卫生清扫活动，有助于学生树立责任意识，体会劳动艰辛，真实感受校园整洁来之不易，由此学会爱惜劳动成果。二是整合校园活动，深化劳动教育。校园文化活动是学校教育活动必不可少的组成部分。在实践中，通过对冬运会、开放周、五一劳动节、学雷锋活动日、植树节、志愿者活动、书香校园系列活动等校园节日活动及社团活动进行课程改造，使活动与劳动教育紧密结合，重视劳动教育实效。利用学校校外劳动实践基地、坝区蔬菜基地等资源，为学生提供多样化的劳动场地，如带领学生到校外劳动实践基地开展农事劳动实践活动。三是以校外劳动为支路径课程。切实推进劳动教育，需要学校、家庭及社会达成共识，形成合力。在抓好校内劳动主阵地的前提下，以家庭劳动实践、假日实践、社区活动课程为支路径，为劳动教育提供丰富的社会资源。由于榕江一中劳动教育成绩显著，2024年8月被贵州省教育厅授予"第二批省级劳动教育示范学校"。

五、办好民族班和传承民族优秀传统文化

过去，国立贵州师范学校在榕江办学的十年间，面向黔湘桂民族山区招收大量的边胞子弟，为边疆民族地区输送了大批的合格小学教师。学校又创办了民族村寨教育实验区和民族山寨小学，民族教育的特点甚浓。

1949年后的贵州省榕江中学开办过民族班，为培养少数民族学生作过历史的贡献。现在的榕江一中从1983年至2006年也办了寄宿制民族班，由榕江县人民政府拨经费，学生免收伙食费，每年向各乡镇招收50名少数民族学生，直到2006年9月搬到城北新区的新校后，把民族班拨到新成立的榕江县民族初级中学。

榕江是苗、侗、水、瑶等少数民族聚居的县，这里有世界非物质文化遗产——侗族大歌，有侗族琵琶歌等11项国家级非物质文化遗产。这些年来，榕江一中承担着传承民族优秀传统文化的重任，在弘扬和传承民族优秀传统文化的活动中，渗透着学校的美育教育，寓美育于民族文化传承活动之中。现在榕江一中已是贵州省黔东南州非物质文化遗产（侗族大歌）保护传承教育的示范基地之一。2014年，学校荣获贵州省首届侗族大歌传承保护发展百村歌唱比赛"优秀歌队"；2015年，学校参加"贵州省第二届侗族大歌传承保护发展百村歌唱"比赛获榕江赛区"一等奖"；2019年，学校荣获黔东南民族文化生态保护实验区暨创建全国民族团结进步示范州第三届民族文化进校园成果展演展示活动中学组声乐类一等奖；2014年，黔东南州第三届音体美教学研讨会暨全州中小学美术教师专

业交流活动在榕江一中举办。近几年来，榕江一中每年都有不少具有民族音乐艺术特长的学生考入艺术高等院校，其中，2018 年刘泽群同学考入世界排名第 9 的罗马美术学院。如今，民族文化的歌声唱响在榕江一中的校园，民族优秀传统文化的传承氛围也更浓了。

六、近几年来学校获得的各种奖励

榕江一中在中共榕江县委和县人民政府的领导下，坚持以习近平新时代中国特色社会主义思想为指导，全面贯彻党的教育方针，坚持社会主义办学方向，继承学校办学的优良传统，深化教育改革，使学校教育向高质量发展，因此，在这几年学校获得上级部门的许多奖励和荣誉称号。

2015 年荣获全国青少年校园足球特色学校；

2020 年 11 月获全国文明校园称号，同月获全国国防教育特色校园荣誉称号；

2022 年 5 月被贵州省教育厅授予"全省首届学校国防教育典型案例评比三等奖"，同月被贵州省教育厅授予"2018—2022 年全省学校国防教育和学生军事训练工作先进单位"，同年 8 月获贵州省教育厅授予"榕江县 2021 年度综合考核第一等次"；

2023 年 5 月被国家教育部授予"首批全国健康校园"称号，同年 6 月获北京师范大学授予"教育教学实践基地"；同年 8 月被贵州省教育厅授予"贵州省劳动教育示范学校"；

2024 年 3 月被贵州省关心下一代工作委员会授予"关心下一代先进集体"，同年 7 月被贵州省教育科学院授予"贵州省中小学学科教研基地校（足球项目）"称号；同年 8 月被贵州省教育厅授予"第二批省级劳动教育示范学校"称号。

榕江一中从它的前身国立贵州师范学校办学算起，到现在已走过了 80 多年的发展历程。现在的榕江一中，在榕江县委和县人民政府的领导下，已发展成为规划布局合理、建筑特色鲜明、设施设备齐全、教育环境一流和教育质量稳步上升的省级示范性高级中学。榕江一中在中共榕江县委和县人民政府的领导下，将继续全面贯彻党的教育方针，继续发扬学校多年的办学优良传统，深化教育改革，以"创全国名校，育苗侗英才"为办学目标，彰显自己的办学特色，使学校教育不断向高质量发展，办好人民满意的高中教育，使学校更好地为我国社会主义现代化建设培养人才服务。

第十章 在榕江召开国立贵州师范 两次教育研讨会

黄质夫先生是中国近代史上名重一时的乡村教育先驱之一，他不仅是我国一位乡村教育的理论家，更重要的他是一位实干家。1924 年，他从国立东南大学毕业后，先后创办和主持江苏界首乡村师范学校、南京栖霞乡村师范学校、浙江湘湖乡村师范学校和国立贵州师范学校（以下简称国师），积累一系列兴办乡村师范学校的教学经验，形成一套独特的乡村师范教育思想理论。总结研究国师的教育思想和办学经验，对促进民族地区教育事业改革和发展，具有重要的现实意义和深远的历史意义。

第一节 国立贵州师范学校教育思想研讨会

为了总结研究国师的教育思想和办学经验，1993 年 7 月，榕江县人民政府委托榕江县教育局、榕江县民族事务委员会，在国师的诞生地榕江县城联合举办"国立贵州师范学校教育思想研讨会"。邀请原国师的教师敖克成、李大洪、马光举、罗朝富、唐建德，以及分布在全国各地的国师校友 70 余人参加；会议还特邀了省教委、省民委、州政府、州人大、州政协、州教委、州民委、凯里民师、榕江民师、榕江县四大班子领导同志、《贵州日报》记者、原国立贵州师范学校第一任校长黄质夫先生的儿子黄陆、黄飞、黄健、儿媳袁丽珍等，共 126 人出席会议。

时任贵州省人大常委会副主任李仁山同志、贵州省民委主任杨光林同志，以及在南京的原国立贵州师范学校教师吉长瑞、庄茂山、赵峻山老师等，为会议发来贺电、贺信。

出席"国立贵州师范学校教育思想研讨会"的代表们，深情地回顾了国师在榕江的办学情况，对国师和黄质夫的教育思想、办学经验进行探讨。与会人员认为，国师按照黄质夫先生教育救国、教育富民、改造贫穷落后乡村的教育思想，实施"教育与生产劳动相结合"的办学宗旨，培养"德、智、体、美、劳"全面发展的合格乡村教师和基层人才。黄质夫曾受过孔子、武训、杜威，尤其是陶行知乡村教育思想的影响，他早年就读于国立东南大学农艺系，毕业后创办和主持江苏界首乡村师范学校、南京栖霞乡村师范学校、浙江湘湖乡村师范学校和国立贵州师范学校，都是为了实现"救百万村寨的穷，化万万农工的愚，争整个民族的脸"的教育目的。黄质夫采取的教学方法和他所依据的教育理论，与陶行知创办的晓庄学校办学思想和教学方法基本一样。陶行知创导"教学做合一，德智体并重"，黄质夫提出"教育即生活，生活要生产"的口号；教导学生要"与马牛羊鸡犬豕做朋友，对稻粱菽麦黍稷下功夫"，使受教育者"耐得千锤百炼，才能任重道远"；提倡"树人树木，且耕且读"，"半耕半读，自给自足"，"以教人者教己，以育己者育人"，要求学生成为能农、能工、能商、能教学、能生产，能够担负起改造农村、建设乡村重担的人。黄质夫对陶行知的教育思想，既一脉相承，又有所创新和发展。与会代表一致肯定，国师的教育思想是进步的、正确的，它的办学经验也是成功的！

会议期间，代表们实地参观考察原国师的校园（今榕江县古州镇第二小学）。黄质夫校长的大儿子黄陆与当年就读国立贵州师范学校的同班同学蒋玉琨（蒋立帆，曾任榕江县初级师范教导主任、榕江县粮食局仓储基建股长。他多才多艺，擅长音乐、美术国画、书法，精通建筑设计，榕江县粮食局办公大楼是其亲自设计并负责监理完成的），回忆起当年黄质夫校长亲自安排他们两个劳动，挑大粪到国师田园、菜地的情景，往事历历在目。流年似水，物是人非，不由得热泪盈眶……

这次研讨会共收到各类稿件150多篇，对国师和黄质夫的教育思想、办学经验作了高度评价。为保存民族文化遗产，榕江县教育局、榕江县政协文史委和榕江县民委三家联合组成编委会，由吴国春同志担任主编，林明星、杨秀斌两位同志担任副主编，从 150 多篇稿件中，精选近 100 篇集体审定，编辑成《国立贵州师范文集（1940—1949）》（榕江文史资料第七辑）一书，于 1995 年 9 月 20 日出版，是为本次"国立贵州师范学校教育思想研讨会"的成果。

第二节　黄质夫乡村教育思想研讨会

为了进一步总结研究黄质夫先生的乡村教育思想和办学经验，探讨在西部大开发形式下，加快民族地区教育改革和发展步伐，中共榕江县委、榕江县人民政府于 2002 年 7 月，在原国立贵州师范学校所在地榕江县城，召开"黄质夫乡村教育思想研讨会"。来自香港、南京、杭州、贵阳，以及靖州、仪征、凯里等地的专家学者、国立贵州师范学校校友和黄质夫先生的亲属，共 130 多人出席会议。

"黄质夫乡村教育思想研讨会"对黄质夫乡村教育思想进行深入的探讨。与会代表认为，黄质夫先生抗战前，曾在江苏创办界首乡村师范学校、南京创办栖霞师范学校，主持浙江湘湖乡村师范学校。他根据乡村师范教育的宗旨，通过调查中国社会的实际需要，参考中外名家的研究，审察当时教育失败的原因，认为运用乡村社会环境训练师资，核心在于坚持生产劳动教育与训练。为了实现为乡村教育培养合格师资和基层人才的目标，黄质夫先生重视选聘优秀教师，认为办教育的关键是有一个好的校长，一批优秀教师。他提出，"由第一流的人做校长，聘第一流的人当导师，创第一流的乡村教育，培养出一流的乡村教师和献身国家民族的栋梁之才"。黄质夫先生还强调，整个乡村都是教育场所，乡村所有的人民都是教育的对象，教育时间全年都可以实施。明确教育乡村化，努力实现"野无旷土，村无游民，人无不学，事无不举"的理想乡村。黄质夫先生提出为改变乡村的落后，应当培养"不怕苦、能实干、负责任、守纪律、懂礼仪、知廉耻、不消极、不苟安"，成为"能工、能农、能商、能教学、能生产、在后方能保安、在前线能作战"的新型乡村教师和基层人才。乡村教育不是单纯的，同时也指向乡村建设。以学校为基地，发展农村文化，提高农民素质，推广农业新技术，提高农业生产水平，可谓竭尽全力、鞠躬尽瘁。黄质夫乡村教育思想，丰富了中国近代乡村教育运动和乡村建设运动的内容，是中国乡村教育的宝贵思想财富。

这次研讨会共收到论文、回忆录、历史文稿50多篇，反映了黄质夫教育实践业绩，对黄质夫乡村教育实践和教育理论作了更加全面的探讨。

研讨会之后，由时任榕江县人民政府副县长肖云慧同志担任主编，将全部文稿分类整理，编辑成《黄质夫乡村教育思想研究》一书，贵州民族出版社2003年8月出版发行。该书由四个部分组成：第一部分是发给研讨会的贺信、贺电、领导作的序和讲话；第二部分是论文；第三部分是回忆录和缅怀黄质夫先生的诗词；第四部分是留存下来的史料。在编辑该书的过程中，尤其难能可贵的是编委会成员、榕江一中专职党支部书记、校长吴昌智同志，为丰富书的内容和保证书的质量，亲自上贵阳，请到时任中共贵州省委常委、贵州省人民政府常务副省长王正福同志，贵州省教育厅党组书记、厅长孔令中同志和贵州省政协常委、原贵州省教育委员会党组书记、主任万方亮同志为本书作序。黄质夫先生的学生、原国立贵州师范学校教务主任、淮阴师范学校、栖霞师范学校校长吉长瑞先生，为本书题写书名，徐州教育学院副教授、原国立贵州师范学校教师甘逸杰之孙甘乃伟先生，对大部分的稿件进行了审阅。张行、辛国俊、徐兴昶、肖云慧同志为本书题跋。李兴国、刘志飞、杨秀明、龙光沛、乔明华、梁茂林、龙炽成、黄飞、杨朝富、石德兴、吴国春、李长华等同志，为本书出版做了大量工作。香港吴目耕堂助学基金会的吴君素女士和黄质夫校长的儿子黄飞先生，各捐赠5000元，帮助出版《黄质夫乡村教育思想研究》一书。该书是抢救、挖掘、整理、研究、总结黄质夫乡村教育思想的成果，对弘扬黄质夫乡村教育思想精华，在西部大开发中加快民族地区教育改革和发展步伐，使民族地区教育更好地为"三农"服务，起到了积极的推动作用。

回顾在榕江召开的两次国立贵州师范学校教育研讨会，十分难得也非常必要。研讨会取得丰硕成果，做出了历史性贡献。国立贵州师范学校的教育思想灿若星辰、弥足珍贵，是不可多得的民族文化教育遗产。新时代发展民族地区的教育事业和为实现乡村振兴，可从中得到某种智慧和启迪。黄质夫创办的国立贵州师范学校的历史业绩，在贵州民族师范教育史上留下了光辉的一页。

第三节 国立贵州师范学校校园歌曲（选载）

国立贵州师范学校校歌

1=A 4/4

激扬 充满希望的

词：黄质夫
曲：放克成

（抄自《国立贵州师范学校概况》）

我是师范生

黄质夫　词
敖克成　曲

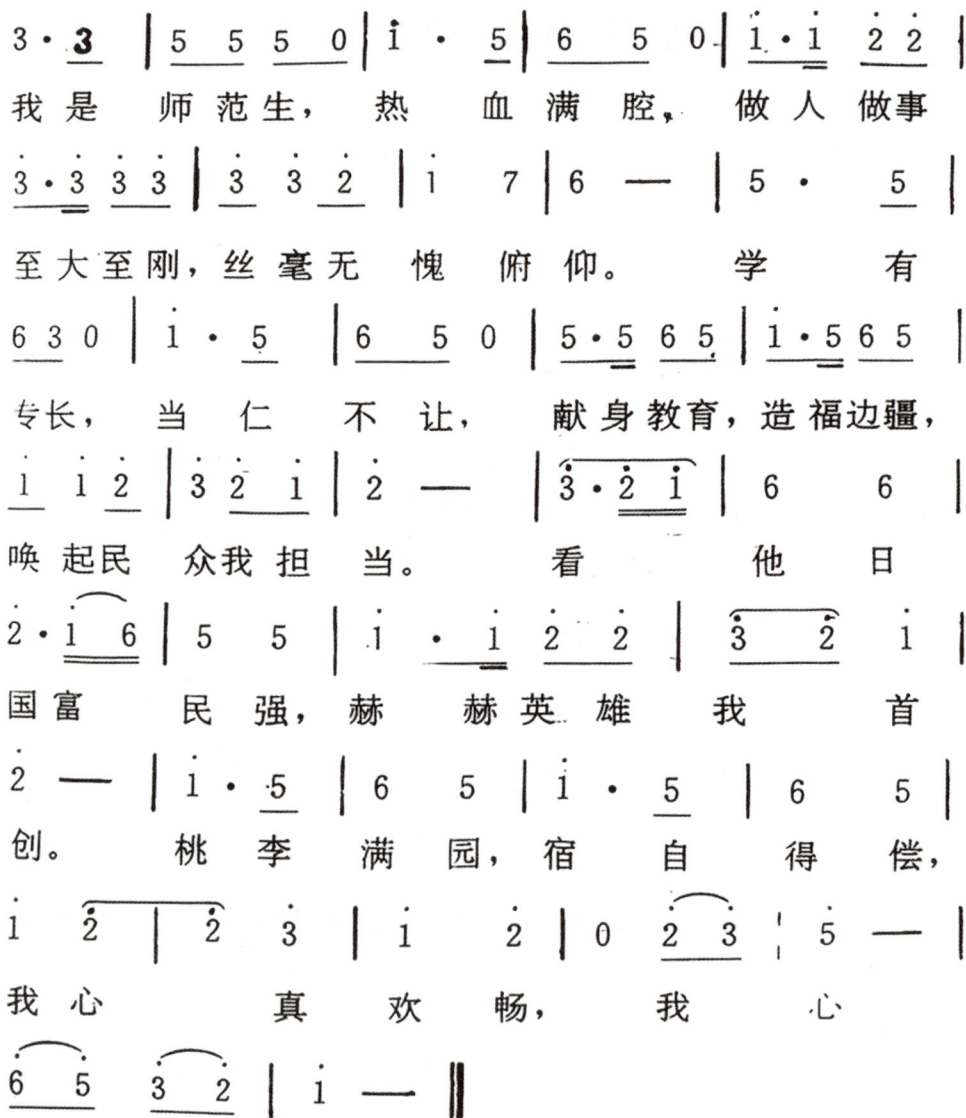

1=A　2/4

中速　自豪地

```
3·3 |5 5 5 0|i·5|6 5 0|i·i 2 2|
我 是　师 范 生， 热　血 满 腔， 做 人 做 事
```

```
3·3 3 3|3 3 2|i 7|6 —|5· 5|
至大至刚， 丝毫无 愧 俯 仰。　 学 有
```

```
6 3 0|i·5|6 5 0|5·5 6 5|i·5 6 5|
专长， 当 仁 不 让，　 献身教育，造福边疆，
```

```
i i 2|3 2 i|2 —|3·2 i|6 6|
唤 起民 众我担 当。　 看 他 日
```

```
2·i 6|5 5|i·i 2 2|3 2 i|
国富 民 强， 赫 赫英 雄 我 首
```

```
2 —|i·5|6 5|i·5|6 5|
创。 桃 李 满 园， 宿 自 得 偿，
```

```
i 2|2 3|i|2 0|2 3|5 —|
我 心 真 欢 畅， 我 心
```

```
6 5 3 2|i —‖
真 欢 畅。
```

（根据蒋立帆、李仄演唱记录）

国师学生怎样

黄质夫　词
敖克成　曲

1=F　2/4　3/4

（ⅰ 5 | 6·5 4 3 | 2 1 | 5·4 3 2 | 1 — ）|

（领白）国师学生怎样？

1·1 1 | 5·4 3 | 2·3 1 | 1·7 6 | — |

我 们是 不 怕苦， 没 有难，能实 干，

3·1 5 | 3·1 6 | 6·6 5 | 3·1 2 | 2·3 4 |

负责任，守 纪律，明 礼义，知 廉耻，不 消极，

3·2 1 — | 1 — ）5 3 0 5 | 2 0 0 5 | 6 — |

不苟 安。（白）还有：能 工、能 农、 能 商，

6·ⅰ 6 5 | 3·5 3 2 | 1·2 3 | 2 3 4 |

能 教学，能 生产，在 后方，能 保安，

3·4 5 | 6 2 ⅰ | ⅰ — ‖: ⅰ·ⅰ ⅰ | ⅰ — |

上前线，能 作战。 我 们 有

3 1 1 5 5 | 3 1 1 6 6 | 5 3 3 ⅰ | ⅰ — |

万能的 双手，负重的 两肩，热血满胸 膛，

ⅰ 5 0 | ⅰ·6 5 3 | 6 6 0 | 6 5 4 3 2 |

现在 下了最大 决心 来开 发边

1 — | 1 — 0 :‖

疆！

（根据李仄、廖成鹏演唱整理）

1=C　　2/4　　劳动建校歌

快板

冼星海　曲

黄质夫　填词

```
i  1̲3  | 5 —  | i  1̲3 | 5 — | 3̲  3̲ 5 |
要  享   乐，   先  流    汗，   教  育  即
```

```
i  i | 6̲6̲ 4̲ | 2̲ 2̲ | 5·̲6̲ 5̲4̲ | 3·̲2̲ 3̲ 0 |
生  活，   生 活要  生 产。春  耕秋 收  仓 廪 满，
```

```
5·̲6̲ 5̲4̲ | 3̲2̲ 3̲ | 5·̲6̲ | i̲ 3̲ | 5·̲3̲ 2̲ i̲ |
弦  歌一 堂  乐洋 洋。  衣  食  住  行，师 生 合 作
```

```
5·̲6̲ | 3 — | 5·̲6̲ | i̲ 3̲ | 5·̲3̲ 2̲ i̲ |
分  工 干，   管  教  养 卫，  我 们 同 学
```

```
5·̲6̲ | i — | 5̲ 3̲5̲ | 6̲ 5̲ | i̲ i̲ 0 |
都  能 担。   扛 起了  镰 刀  锄 头、
```

```
5̲ 3̲5̲ | 6̲ 5̲ | 2̲ 2̲ 0 | 5·̲6̲ | i̲ i̲ | 0 5·̲6̲ |
拿 起了  笔 杆  枪 杆，   建  设 自 己、  建  设
```

```
2̲ 2̲ | 5·̲6̲ | 3̲ 3̲ | 5·̲6̲ | 3·̲2̲ i̲ | i — ‖
国师、建  设  边 疆，  保 卫  大   西  南。
```

注：系《保卫黄河》曲谱

（歌词抄自《乡村教育先驱黄质夫》）

献 金 歌

（歌舞表演）

李绍良 词
敖克成 曲

1= A $\frac{2}{4}$ $\frac{3}{4}$

```
1 · 2  3  3 │ 3  0 3 │ 5  5  0 5 │ 3  0 2 3 │
```
（生唱）诸 位师 范 生，是 我们 最　敬　佩的

```
2  3  2 │ 3  6 · 1 │ 7 6 5 5  5 │ 6  6 3  — │
```
先　生。诸 位 是　儿 童园地的　浇 灌 者，

```
5  6 │ 5  3 │ 1 6  2  — │ 1 6  2  — │ 1 6  3  — │
```
传播　文 化 给人们。我　愿，　我 愿，

```
3  5  — │ 2 1 2 6  — ‖ 3  5  — │ 6  5  6 1 1 │
```
献 金，　献 金，　聊 表　我 们 敬佩的

```
2 · 7 │ 1  — │（5 1 3 1 │ 5 4 3 1 │ 2 · 7 1 6 │
```
挚　　诚。

7·6 7 5 | 5 1 3 3 | 5·1 3 3 | 1·2 3 3 | 3 —) |

1·2 3 3 | 3 — | 1 2 3 3 5 3 2 1 | 2 — |

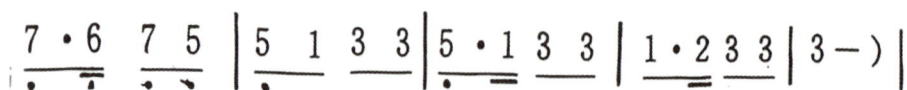

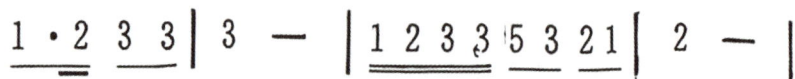

（师唱）我 是 师范 生， 我们知道 教育的神 圣，

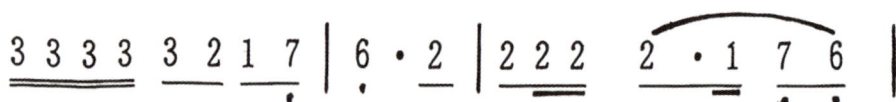

3 3 3 3 3 2 1 7 | 6·2 | 2 2 2 2·1 7 6 |

我愿从事教育的事 业，在 我们的 终

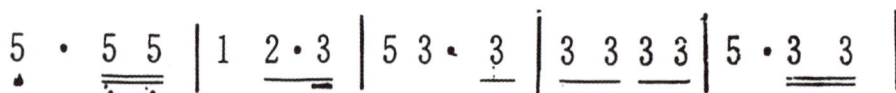

5·5 5 | 1 2·3 | 5 3·3 | 3 3 3 3 5·3 3 |

身。感谢 诸 位 的 美意，更 加强我们 服务的

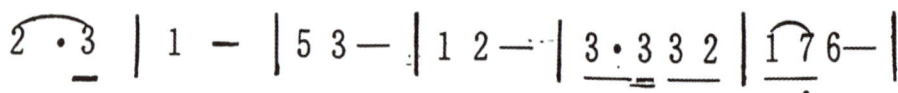

2·3 | 1 — | 5 3 — | 1 2 — | 3·3 3 2 | 1 7 6 — |

热 忱。（齐唱）教育！ 神圣！ 我愿 { 从事 } 教 育
                                        { 接受 }

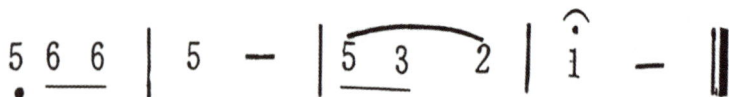

5 6 6 | 5 — | 5 3 2 | 1 — ‖

在我们 的 终 身。

（根据蒋翠华演唱记录）

尊 师 重 道

$1=\frac{6}{8}$

黄质夫词曲

巍巍吾师，安贫乐道，夙　夜匪　懈，

辛勤劬劳。暮暮朝朝，舌疲唇　焦，

严父慈母恩同天　高。　文化赖指导，

品德赖敦陶，不厌不倦,任怨任劳,身心憔瘁为

吾曹。　饮水思源，有德必报，

严父慈母恩同天　高。

国师附小校歌

（一）

1=G　2/4

5·5 5 | 1·1 1 | 5 3 5 6 | 5 — | 1 1·1 |

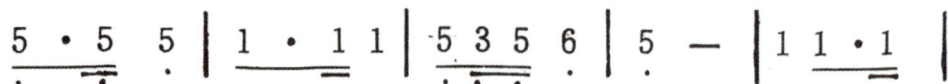

同　学们，别　忘了，我们的学　校。　生活　即

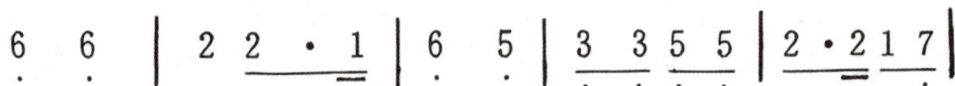

6 6 | 2 2·1 | 6 5 | 3 3 5 5 | 2·2 1 7 |

教育，建国　先建校。一边学习，一边创造，

6 6 5 6 | 1 3 | 2 — | 6 6 1 7 | 2 2 2 1 6 |

我们不怕年纪小。　　我们要用万能的双手

5 — | 3 2 | 1 — ‖

来　做、学、教。

（根据蒋翠华演唱记录）

国师附小校歌

（二）

1=G　3/4

5 | 1·1 1·2 | 3·3 3·3 | 2 3 4 7 | 2 1 0 5 |

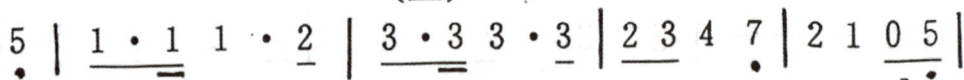

我是儿童，你是儿童，大家学做主人翁。学

5·3 6·5 | 5 4 4·4 | 4 2 5·4 | 4 3 3 5 |

习　要自发自动，生活有歌声笑声师

1·1 1·2 | 3·3 3 3 | 2·3 4 7 | 2 1 — ‖

生相爱，以校为家，我们是快乐儿童。

（抄自《国立贵州师范学校概况》）

国师村寨教育实验区校歌

1=F　4/4

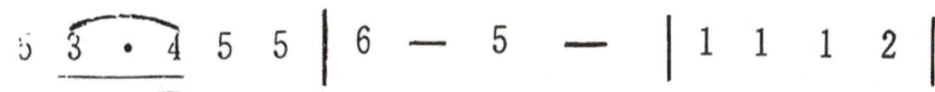

```
5  3· 4 5 5 | 6 — 5 — | 1 1 1 2 |
汉侗      原是  一  家，    大 家 同 学

3 — — 0 | 5 3· 4 5 5 | 6 — 5 — |
习，            村寨  同 属 国  土，

1 2 3 2 | 1 — — 0 | 2 2 2 3 |
大 家 同 作 息。       实 验、创 造、

4· 3 2 — | 3 3 3 #4 | 5 — — 0 |
劳  动，  学 做 主 人 翁，

5 3· 4 5 5 | 6 — 5 — | 1 2 3 2 |
化边  疆 为 乐  土，    幸 福 乐 无

1 — — 0 ‖
穷。
```

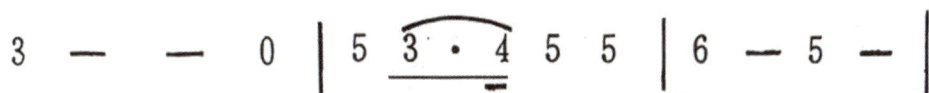

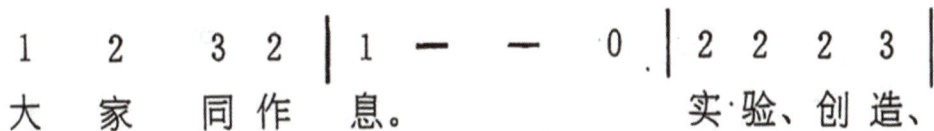

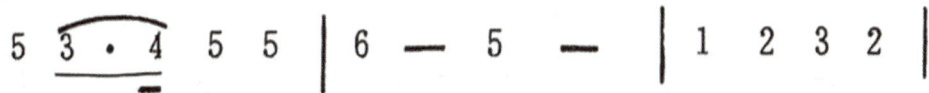

（抄自《国立贵州师范学校概况》）

1=F 2/4

月 寨 好

张新豪　词

—— 曲谱因思念一位远方的老师而作　普　虹　曲

中速　抒情地

$\underline{6\ 3}\ \underline{5\ 6}\ |\ 6\ -\ |\ \underline{6\ 3}\ \underline{5\ 6}\ |\ \underline{5}\ 3\ \cdot\ |$
月　寨　　好，　月　寨　　好，

$\underline{3\ 6}\ \underline{1\ 2}\ |\ 2\ \cdot\ 3\ |\ \underline{2\ 6}\ \underline{1\ 2}\ |\ \underline{1}\ 6\ \cdot\ |$
栗　树　　密，　榕　树　　老，

$\underline{6}\ \underline{6}\ 1\ |\ \underline{6\ 5}\ 3\ |\ \underline{6\ 3}\ \underline{5\ 6}\ |\ 6\ -\ |$
鸟　儿　　吱　吱花　儿　　开，

$\underline{6}\ \underline{6}\ 1\ |\ \underline{6\ 5}\ 3\ |\ \underline{3\ 6}\ \underline{1\ 2}\ |\ 2\ -\ |$
男　耕　　女　织乐　陶　　陶。

$3\ \underline{3\ 5}\ |\ \underline{2\ 3}\ \underline{2\ 1}\ |\ \underline{1\ 6}\ \underline{1\ 2}\ |\ 3\ -\ |$
鸟　儿　　吱　吱花　儿　　开，

$3\ \underline{3\ 5}\ |\ \underline{2\ 3\ 2}\ 1\ |\ \underline{1\ 6}\ |\ 5\ \cdot\ 6\ |$
男　耕　　女　织乐　陶　　陶。

渐慢

$\underline{6\ 3}\ \underline{5\ 6}\ |\ \underline{5\ 3}\ \mathbf{5}\ |\ \underline{6\ 3}\ \underline{5\ 6}\ |\ \widehat{6}\ -\ \|$
月　寨　　好！　月　寨　　好！

榕城好

1=F 2/4

清·易顺鼎 词
敖克成 曲

稍慢

（6·56 1 | 5 6 5 3 | 2 2 3 5 | 1 — | 6·1 2 2 | 3 5 |

1 —） ‖ 6 5 | 3 — | 5·6 1 6 | 5 — |

榕城城城好，云譬阁小水湖影景见双尽开碧如水楼更留丫扉苔嵌连，

6 6 | 1·6 5 3 | 2 1 | 2 — | 5 — | 1 — |

水溪钏路山夕火菱两浦秋鱼彩鳌翘摇阳三云来因洗行马星不晴丽雪无菜过定网地，侗水荷春鸦娘田花潮痕

3·2 3 5 | 2 — | 6·5 | 6 3 | 5 — |

鞋腿更春雨饭八九月昼雨暮画出欲穿牛犹归中花归开帆天，归，体态心向撑过却也人立天中船江塘·似小柳画斜飞来南边，

6·5 | 6 2 | 1 — ‖ （6·56 1 | 5 6 5 3 |

体态心向撑过却也人立天中船江塘似小柳画斜飞来南边。

2 2 3 5 | 1 — | 6·1 2 2 | 3 5 | 1 — — ‖

（选自《榕江文史资料》第二辑）

榕 城 好

黄质夫 词

普 虹 曲

——曲谱因怀念词作者而作

1=F 2/1

中速

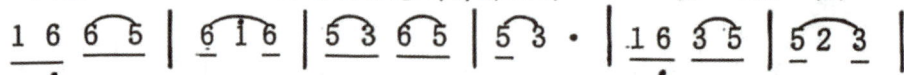

```
1 6 6 5 | 6 1 6 | 5 3 6 5 | 5 3 · | 1 6 3 5 | 5 2 3 |
云山万    叠    三 江 绕，   民风淳 朴
```

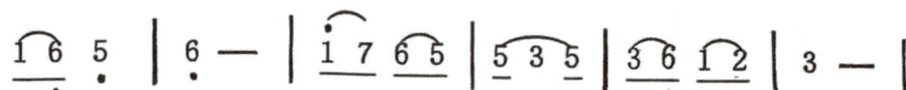

```
1 6 5 | 6 — | 1 7 6 5 | 5 3 5 | 3 6 1 2 | 3 — |
物 产 饶。    勤 耕 织，  业 渔 樵，
```

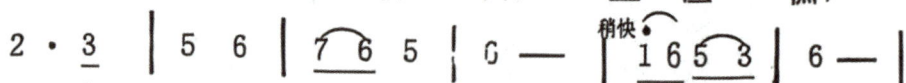

稍快
```
2 · 3 | 5 6 | 7 6 5 | 6 — | 1 6 5 3 | 6 — |
仰 事   俯 蓄 堪 温 饱。   国 师  校，
```

```
1 6 5 3 | 6 — | 2 · 3 2 1 | 2 6 3 | 5 — |
广 施  教。  无 量 青 年 受 甄 陶，
```

```
5 · 5 3 5 | 1 6 5 | 6 0 | 1 7 6 | 5 5 3 |
无 量青年 受 甄 陶，   明 礼 义，知 廉 耻，
```

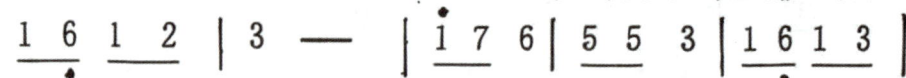

```
1 6 1 2 | 3 — | 1 7 6 | 5 5 3 | 1 6 1 3 |
精神早 改 造；    负责任，守纪 律，刻苦又耐
```

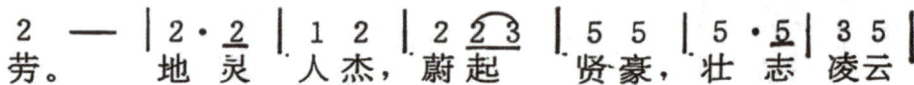

```
2 — | 2 · 2 | 1 2 | 2 2 3 | 5 5 | 5 · 5 | 3 5 |
劳。   地灵 人杰，蔚起 贤豪，壮 志 凌云
```

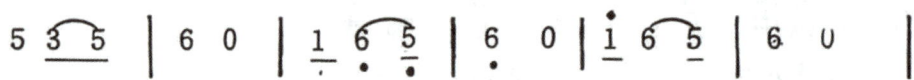

```
5 3 5 | 6 0 | 1 6 5 | 6 0 | 1 6 5 | 6 0 |
学艺 超。  瞧啊 嚯！  瞧啊 瞧！
```

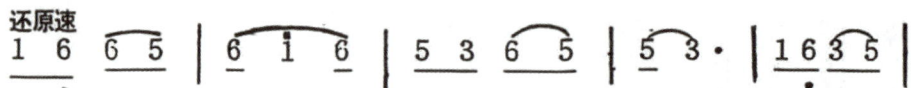

还原速
```
1 6 — | 6 5 | 6 1 6 | 5 3 6 5 | 5 3 · | 1 6 3 5 |
苗岭春 晓  柳江波   涛，   烟树苍
```

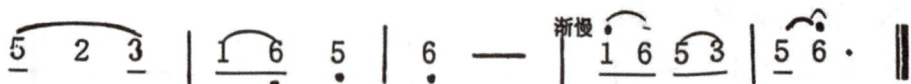

渐慢
```
5 2 3 | 6 5 | 6 — | 1 6 5 3 | 5 6 · |
茫  榕 城 好，   榕 城 好。
```

附录一：黄质夫文选（选载）

致贵阳师范学校师生书

黄质夫

朝惠主任、诸位老师、全体同学：

余自受命，到职月余，夙夜思忖，国难当头，教育兴邦，责任殊重。常思：乡村师范，宜在乡村。边疆师范，宜在边疆。且尤宜在土著同胞聚居之边远县，以培养大量人才，开发和建设山区之经济、文化，是为办学之宗旨。故而，我校何须在贵阳省城之郊，况基地狭小，物价日涨，生活维艰，立身安命尚难，何言展事业之宏图耶？！于是，不敢苟安，宁不辞辛劳，不远千里，独步黔南诸县，觅敬业乐群之所。因将学校大事，暂委诸公，谅事必井然，诸生无恙，是幸！兹为解校中悬念之情，并致书慰问之心，喜讯相告，望勿为念。

余离青岩，取道于筑，乘车南行，至都匀，越山道，过大登山、二登山、三登山，颇有蜀道故难，而黔道亦难之感。但登高一层，自有高一层之景观和情趣，虽缺临海泰山之风韵，却别有内陆高山之俊美，或雾海茫茫，雪浪滔滔，时隐时现；或青天娇娇，阳光灿灿，好一个云雾山，美不胜收。步步程程，翻越山岭，至八寨，抵三合，得见榕树，根叶繁茂，郁郁苍苍，格外喜人，亦多南国风光之新味。至此取水路，乘小舟，时而飘浮于河水悠悠之中，时而舟行于急流险滩之上，船家打招呼，不用怕，坐稳就行。余亦心安。然而，人在都柳江，心却在校，但愿此行成功，则余愿足矣。故乘舟颇多潇洒自如，也多惊心动魄，然两岸风光，亦美如画。不由得想起李白诗章："朝辞白帝彩云间，千里江陵一日还。

两岸猿声啼不住，轻舟已过万重山。"行程三日许，船抵目的地——榕江。此即昔日古州城。停留数日，复去黎平，得游何腾蛟古墓地，仰忠魂气节之高尚。到此二地，四处走访，说明择址办学之来意，申述树人育才之大义，两地父老欣然欢迎，悉表热忱支持之情，余深受感动于心。思以事业为重，学校利益为先，细加比较，权衡优势，论天时、地利、人和，黎榕皆菩。但如经贸交通，可作校舍屋宇、劳动生产基地而言，则榕城较佳。故拟定榕江为校本部所在，再办一分校于黎平，以求两全其美。是为择址办学之倾向，亦为实地勘察，附告沿途旅行、赏咏风光之所得，愿共享之。

斯榕城之地，航运畅通广西，经济商业活跃，物价远比青岩低廉，人民富裕，民情纯朴，生活勿忧。气候尤佳，得天独厚，似无冬寒只有春。虽在十月，"红杏枝头春意闹"。论地理位置、自然环境，皆为好地方。她地处三江（都江、平江、车江）汇合处，依山傍水，三面环江，背靠俊秀西山，面对优美五榕，左有车江大坝谷仓，右有都柳下游村寨田园，土著同胞聚居地，榕树苍翠榕城美。河滨商埠，繁花似锦。人文风物，历史有名古州城。此地城乡父老，热情欢迎我们来此办学，发展文化教育。且商定划拨全城地域之一半，良田百余亩，荒山20万余亩，作兴业之基地；又划出中心小学、三义宫、中山公园及有关会馆、公祠多处，为校舍住宅用房。如斯办学胜地、优异至佳。故决定将我校南迁于此，新开天地，另辟美好教育环境。愿我全体师生，为摆脱困境、追求理想、开拓前程、恢宏志气、展鸿鹄高翔羽翼，作有胆识之创举；立十年树木、百年树人之大计，为智勇双全、手脑并用、就业之好汉，建成学校教学理想之园地。密望所期，众志成城。临书情意殷殷、切切命笔，不知所云，区区赤胆，尚盼多加体谅。

元月中旬，余可返贵阳，校址勘定，待上报允准。迁搬之事，回校再作周密计议。目前，切盼安心、事事顺利、学期结束，取得圆满成绩，是为预祝。专此，向老师问安！同学问好！

黄质夫

1939 年 12 月 20 于榕江

实践的师范教育

黄质夫

国民教育为国家命脉所系，而师范教育乃为国民教育之母，国民教育之能否普及与能否达到预期之效果，应视师范教育为枢纽；盖以国民教育之推行，须有适量之师资，而优良师资之造就，则有赖于师范教育之培养。我国数十年来提倡师范教育之结果，不能尽满人意之处颇多，抗战以来，其缺点更形显露，无论在制度、课程、教学等各种设施，皆有重行调整之必要，而目前迫切之图，当以待遇之改善，事业精神之养成，生产技能之训练，教学课程之变更，四者为最，爰管见所及，略述如后。

一、改善待遇　年来师范学校招考学生，常寥寥无几，原有在学之学生，亦多纷纷请求退学者。以贵州省而论，民国 27 年（1938 年）全省师范学校为 47 个班，学生 1685 人；民国 28 年为 46 个班，学生 1557 人；民国 29 年为 42 个班，学生 1244 人，其中学校有每班平均 15 人者，历年师范学校经费，虽逐次激增，而班级及学生数，反有逐渐减少之趋势，此种现象，不仅贵州一省如此，全国各省大都皆然，是不可不谓为师范教育前途之危机。国民教育之实施，中央早经限期完成，贵州省已遵照部颁国民教育实施纲领，分三期五年实施。据民国 28 年统计，全省小学教员数为 8928 人，其中合格者仅 3000 余人，而依照计划所需中心学校及国民学校之师资，则为 36996 人，即将原有不合格之教师，皆以代用教员计算，尚缺少 2.8 万之多，师资需要之迫切，概可想见。虽然设立短期师资训练班，可应一时之急，但国民教育师资，绝非粗制滥造可臻理想。治本之法，自在造就巨额之师范毕业生。查目前师范生来源枯竭之主因，乃由于师范生升学就业皆有种种限制，在学待遇既未能优异于一般中学学校几何，服务小学教育，又难免冻馁之处；加以抗战以后，国家各部门需才孔亟，待遇均较小学教师为优，即贩夫走卒终日收入，亦远胜之，一般青年，计虑将来出路，因皆望而却步，是以酿成今日国民教育师资之恐慌状态。救济之法，自莫善于改进师范生之待遇，以鼓励青年升学师范，提高国民教师之薪给，奖励师范生乐于服务教育。八中全会曾通过各省设法切实改善师范生待遇，除由政府供膳食以免交一切费用外，所有书籍、制服、文具、被褥、鞋袜及零用等费，应全部由政府供给。入校以前，发给到校旅费，毕业后分配服务，并发给到达地点旅费。现中央已根据此案，拨款千万元，专用改善师范生待遇之用，如设置清寒奖学金，供给膳食补助，制服补助，充实图书仪器设备，推进师范教育运动等，已一一见诸实行，是诚为今后师范教育之转机。惟年来各省师范教育经费虽有增加，而终不及物价之上涨，致各省县师范学校学生之待遇，距离标准甚远，优待小学教师办法，各县亦多不能切实执行，故今日师范生与小学教师待遇之改善，为急不可缓之事实。但此已不在政府法令如何规定，乃在各地方行政机关如何切实执行。在此非常时期，吾人生活固不应存何奢望，但最低限度之物质条件，必须维持，深望当局，注意及之。

二、提高事业精神　教师荒及师范生寥落情形，已为现在普遍现象，形成此种事实，物质条件不足，固有以致之，但教师专业精神之衰退，实亦不可忽视。试观耶稣教徒传播教义，甘受艰苦，不避危险，乐于牺牲之精神，远优于一般教师，盖一则未具有中心之信仰，一则缺乏健全的人生观。人类生活，必须具一中心思想，对于人生的目的与价值认识清楚，从事一生事业，遂不致见异思迁。我国古时，以"师"与"天地君亲"并重，贵州人民，至今居室厅堂，犹悬有"天地君亲师"之名位，朝晚馨香祷祝，尊师精神可以想见，故往昔一般小学教师，皆以教育为清高事业，虽至窘苦，犹乐于服务。降至近世，功利主义盛行，学校教育渐趋于商业化，甚至教员为薪俸而教书，学生为文凭而入学，聘之即来，辞之即去，师道因以日衰，教育事业乃渐为人所轻视。吾人今后必须力矫此种错误。一方面政府须移风易俗，提倡师道，使社会上恢复尊师重道之美德，以树立教师之自尊心，重其责任，有所慰藉；一方面师范学校应注意学生专业精神之训练，培养其终身乐于从事教育之旨趣，确认教育为清高神圣之事业，养成淡泊自甘，刻苦自励，穷且益坚，奋斗不懈之精神，则今日教育界之不良现象，当可消弭。

三、变更教学课程　自县各级组织纲要公布以后，全国各省已纷纷限期实行，此种划时代的政治变革，已使小学教师之任务，十倍于往昔。依照县各级组织纲要之规定，自乡镇以至保甲之基层组织中，乃至采取三位一体制，将乡镇一级之乡镇长，中心学校校长，壮丁队长，及保一级之保长，国民学校校长，保壮丁队长之职，定为一人兼任；其乡镇保之警卫、经济、文化、卫生等建设事业之执行，亦由小学教师负责分担。国民教育委员会，曾又决定以乡镇中心学校与保国民学校校长充任乡镇长及保长，而不以原来之乡镇长与保长兼任校长。此在发达之地，固可专任为原则，但依目前地方行政干部人才缺乏之情形而论，所有组训民众，实行自治之使命，仍应以小学为中心，故今日之师范生，将来不仅应为培养现代儿童健全之师资，更须进而担当地方自治之职务，训导全民之导师，故师范生在校之训练，必须适合此种之要求。最近师范及简师已增设地方自治一科，师范学生并得选习地方行政，但仅增此科，实嫌不足，且中心学校国民学校之教育，已将义务教育，成人教育，妇女教育打成一片，师范学校课程，若仍旧贯以求实行新县制之师资，则无异"缘木求鱼"，所以今后师范学校之课程，必须重新调整，淘汰不必要之教材，增加需要之教材，如民众教育，民众组训等，能合并之科目应尽量合并，以免互相重复，使获得"管教养卫"实际经验。附属小学须增设妇女班及成人班，视各校能力范围，划拨一二乡镇为国民教育实验区，一方实验国民教育，一方供师范生之实习，使理论与实际得相配合。

四、注重生产训练　近年以来，提倡生产教育思潮，甚嚣尘上，国内人士已咸认生产劳动训练为今日教育之要举。教部且指拨巨款，以为推进生产教育之补助，但各级学校施行卓有成绩者，尚属罕见。抗战军兴，国家军费支用浩繁，财政万分窘困，岁出经费，除有关国防军事者外，莫不极为撙节，然教育经费却每有激增。良以教育为国家百年根本大计，影响抗战建国至深且巨，不容稍或忽视，惟胜利愈近，艰苦亦愈甚，未来之情况，或有更甚于今日者，吾人固望政府能排除万难，提高待遇，然政府是否能长此维持此种优厚待遇，实属疑问。故今日之教育界，皆应求自力更生，师范学校尤宜力求自给自足，以期安度未来之难关，吾人丢去其他理论不谈，即此一端亦宜注重生产劳动之训练，培养师范生双手万能之技艺，以解决其现在及未来之问题实属刻不容缓。生产劳动训练总之方法甚多，除去农工艺之实施外，举凡校内炊事、杂务、文书、教导等事务，皆可以训练学生助理，借以减少雇用工役职员之经费。贵州地广人稀，荒山隙地，随处皆是，学校人力众多，吾人应善为利用，从事农林畜牧及其他生产事业，进而改进社会生产，则生产教育目的，不难提早实现。

总之，今日之师范教育，必须适合抗战建国之需要，提高待遇，训练事业精神，调整课程，注重生产教育，乃为今日师范教育最重要之事，欲求师范生来源充沛，并使毕业后不致改业，以救济今日之师荒，则必须提高师范生在学及服务期间之待遇，使其不为物质生活所困扰，同时更须提倡尊师重道之风尚，训练师范生敬业之旨趣，方克有济；欲求师范教育配合政治之要求，则必须调整现行师范学校之课程，使教学理论与实际情况相适应，力求自力更生，注重生产劳动训练，并达到自给自足之目标。

总理云："我们要实践行的教育"，今日教育已不能再事空谈，窃以今日师范教育努力之途径，当以实践为要务，一切高谈阔论，都应摒诸师范教育范畴之外。质诸先进贤达，以为如何。

国立贵州师范学校实施劳动生产训练概况
——《中等学校劳动生产训练》附录

国立贵州师范学校，是抗战三年后才诞生的，现在还不到一周年。但它已成为湘、黔、桂边区苗岭中的动力，教育的主流。尤其对于劳动生产训练的实施，有着惊人的成绩。兹分设备、组织与管理、训练、成绩考查、效果五点，叙述于后：

一、设备

在抗战进入第二阶段的现在，人力、物力都十分缺乏的边疆，物价高涨，十倍于往昔。若要事事假手于他人，物物购买自外方，谈何容易！是多么不经济，像这样，那岂不是还没生产，就见消费了国家的财力，减损了国家的力量吗？该校劳动生产训练设备的作风，绝不是这样！它是仰体中央苦衷，不愿增加政府负担，全凭他们全体师生的万能双手，"苦干""穷干""实干"的抱穷主义，想穷办法，力求自力更生！

当它选择校址的时候，第一个条件：就是要有广大的荒山荒地。因为"有土自有财"，"土能生金"！这是他们深信不疑的。在边疆，到处都有旷土荒山，所以他们基本的劳动生产训练的设备——农场，很容易的完成了。

简易粗笨的原始农具，当然不合科学，也不适用。可是在开荒时期，实在讲究不了许多，甚至连这粗笨的农具设备，如牛、犁、钉钯、锄头、水桶、粪桶、镰刀等，也是不易得的呢！

由少数的粗笨农具和他们双手的合作，竟在十个多月中，垦辟了 600 余亩荒田荒地，这些田地里，生长出来的东西，又换得了较多的农具、工具。现在他们农场里，有耕牛20头，犁20余架，锄头400多把，镰刀300多把，……及其他种种都勉强够用了。全体师生，如果来个总动员，不致赤手空拳了。另外还有猪、羊、鸭、鹅、鸡、兔等畜产很多。

由农场设备，而扩至工场。现在的工场规模，确是相当大。工作的种类，也很多。但在最初只是利用学生写过字的废纸，裱褙成有用的图画纸、表格纸、信封纸；利用改良的红土，印刷信封、信纸、表册、簿籍；利用师生原有的各种技能及泥水、木材、砖瓦、泥土等，来修屋、造路及制作各项用具等。再借用地方士绅的纺纱机、织布机，加以改良。把农场所收的棉，拿来弹成花，纺成纱，织成布。进而买缝纫机3部，于是全体师生的衣服，不求人了。目前又增设了打铁厂、造纸厂以及理发间等。

像这样农场供给工场，工场供给农场，辗转扩充，辗转设备，用钱不多，收效极大，可是他们并不以此原始农具工具为满足；他们还要以生产的盈余，充实设备，改良设备。然而他们完全是在"自力更生"的原则下，创造出这样大规模的农工场，在穷的境遇里完成了简陋的初步的设备。

二、组织与管理

该校生产教育实施所以有显著的成效，或许是因为组织与管理的严密周到的缘故吧！他们工作的性质分做两种：一是固定的，二是临时的。固定的：在农场方面，有农业组、园艺组、森林组、水利组、交通组、畜牧组、垦荒组；在工场方面，有裱褙组、印刷组、雕刻组、装订组、纺纱组、弹棉组、织布组、织麻组、缝纫组、竹工组、棕工组、木工组、打铁组、理发组、瓦工组、泥水组、油漆组。另有看护组、缮写组等。这些工作都由学生自由选定参加，并公推组长一人。临时的：便没有限制。譬如天将落雨了，便拨一部分人上山砍柴。要收成了，也可以拨一部分人去收割。其他临时须多数人做的工作，都可临时支配；没有支配到的，仍到原有工作场所去工作。每天工作的时间，当然遵照教育部的规定，在下午。可是这短短的一百分钟，却一秒钟也不给放松过去。同时全体导师，也都分别来参加领导着工作。"师生共同生活"，"师生合作"，该校实行得最彻底。

生产的种类很广。生产教育的组织，也就不能死板板的一成不变。尤其在农场方面，必须随机应变，因时制宜。所以每个导师，除参加工作外，还负有"相机指导"的任务。

三、训练

生产教育有两种意义：一是经济的，二是教育的。在经济的意义上说，教育要生产化；在教育的意义上说，生产要有教育的意味。该校的生产教育实施，是在"做"中"学"，"做"中"教"，教学做完全合一的。所以除了做以外，还要学，还要教。

在学科方面，如国文、数学、理化、教育、史地等等，都要使与各人所从事的工作，取得联络发生关系。如作文，各写工作报告一篇，就有很多优美的作品。其他各科，也都有可能联合起来的办法。

在技术方面，农工场，除农工场主任外，还设有实习指导主任，都是对于农工艺极有研究兴趣的专家。他也在教上学，在教上创造，以实际的工作经验与理论，指导学生的工作技术。

在精神方面，除多方解释生产教育的价值和"自力更生""自给自足"在人生哲学上的意义，及简述总理及总裁的"民生教育""生计教育"的各种主张，以加强学生的信心外，并常常的把握时机变换方式，举行比赛，报告各人生产成绩，开展览会等以鼓励学生工作兴趣。边疆是穷的，边疆是苦的，要有苦干穷干的精神，方能"开发边疆，复兴中华民族"！该校学生是深知这一点，所以学生们对于生产教育工作的精神，非常认可！这是不用怀疑的。

四、成绩考查

实施生产教育的结果如何，端赖成绩考查。否则全部工作，便没有意义，没有表现出它的价值了。"只问耕耘，不顾收获"，那是资本主义时代有闲阶级的谰调，不适于困苦艰难的抗战，现时代的中国，现在我们必须要"种瓜得瓜，种豆得豆"，出一分力，流一滴汗，都有相当的代价。

该校生产教育成绩的考查，是很严密的，而且在品行方面，学业方面，也占着很重要的地位。他们每个同学，都由学校发给一本工作考勤簿，簿中列有组别、姓名、周次、日期、工作项目、工作地点、工作成绩等栏，由学生按日填写；"评语"栏，由领导工作的导师填写，"导师签名"栏，是每晚送给各该级组导师审核的。除此之外，每组的组长，每日也要填一张报告表，送交教导处，以便核对，是否与各生自己所填的符合。如果发现到成绩特别优良，或特别恶劣的，次日清晨，便给以精神上的奖惩，这是经常考查。

临时考查，是由校长室或教导处派人实地去抽查，及举行各种生产成绩比赛，记录其结果。

根据上项成绩，在学期终了时，作一总评，以为品行学业的参考。因此该校学生对于生产教育的成绩，是十二分关怀的。

五、效果

国立贵州师范学校生产教育实施情形，已略如前述，但他的效果究竟怎样呢？我想这是大家所急于要知道的问题。现在且把这笔流水账算给大家看看：

一、农场的收获，开辟水田 200 余亩，旱地 300 余亩，荒山 100 余亩。除全校师生所吃的蔬菜，完全取之于农场不计外，计收稻谷 1000 余石，黄豆 20 余石，苞谷 40 余石，棉花 500 余斤；筑三合土路两条，土路六七条；植桐万株，栽花满园。现已下种的冬季作物，又在 500 亩以上。畜产有牛 20 头，猪 90 余头，羊 200 余头，鸡 500 余只，鸭 200 余只，鹅 70 余只，兔 30 余只。价值总数，约在数万金以上！

二、工场方面，除自制及购买之工具外，自 9 月份开始工作起，迄至 11 月份止，时仅 3 月，其成品数量，表列于后：

品　名	数　量	品　　名	数量
白纸本	5050 本	农具	750 件
作文本	3947 本	小学教具	50 件
周记本	391 本	板刷	48 个
音乐本	410 本	麻线	15 斤
小学课本	3434 本	粪箕	100 个
信封	4353 个	麻绳	15 斤
信纸	9500 张	校具	300 件
蚊帐	300 顶	修屋	270 间
蚊帐布	70 匹	标语	240 块
制服	250 件	章戳	15 个
染衣	500 件	表格纸	540 张
造纸	50000 张	竹篮	40 个

以上成品，以时值估价，约在 5000 元以上。这都是很精确的事实，摆在我们的面前。

前面已经把诞生在黔南边疆国立贵州师范学校实施生产教育实况，介绍完毕。后面作者还有几点感想，愿就教于研究生产教育的专家之前。

生产教育，在现时代的中国，的确有着非常迫切的需要。但各级各种学校，都不能切实推行，仅仅是挂着某某职业学校的招牌，或是增几门劳作，工艺与生产训练，形成"生产教育八股"，毫无实效。而学生一旦毕业出校，就变成"人上人""食人的士"了。若说生产教育，必须像有人主张的："必须要在社会式的教育上，才能实行吧"？现在政府明文规定，各级学校，都须兼办社会教育。为什么还不能表现出具体的成绩来呢？国立贵州师范学校也并不是专办生产教育的，而是将生产教育，融合于师范专业训练里实施的。在这短短的十个月里，居然得到初步的成功。这是很值得大家注意的一点。

有一班专门崇拜舶来品的人们，都喜欢搬出外国货来给中国人看，其不知各国的环境、文化及民族等，都各不相同，适于彼，不尽适于此。什么苏联的"生产教育"，美国的"工读教育"等，如整个的搬过来，终有"行不得""走不得"之感。仅能作为我们的参考，或作为鼓励，我们注意生产教育的兴趣，与坚定我们的信心而已。若真的要生产教育，普遍推行到教育的圈子里去，成为教育的主干，惟有实行，总裁所训示我们的"行的哲学"。他说："一般人都是最多只能'坐而言'，不能'起而行'"，训至习于幻想、空谈、苟安、偷懒、自暴、自弃、浮伪、虚妄，这种种腐败的习气，演成大家都是空想靠天，不知道自己有脑筋，有聪明，更有一双手，两只脚，一面要想，一面要做，而且一面做，也可以一面想。我们中国人忘掉了这些道理。因此没有几个人能实实在在的做事，也没有什么事能实实在在的做好，整个的国家社会，就一天天衰败堕落下来。到现在，事事落伍，快要被人家灭亡了。又说："古今来宇宙之间，只有一个'行'字，才能创造一切。"这真是一针见血，千古的名言。从事生产教育的同志，应该本着这个方针，去"实践"生产教育的理论，克服当前的一切困难，建设光明灿烂的中华民国。

说明：《中等学校劳动生产训练》一书由国民政府训育委员会主编。编著者黄质夫、王治范（当时任校长室文书）。1944 年由正中书局出版发行，1945 年再版。

（以上文选摘自《黄质夫教育文选》，杨秀明、安永新等选编，贵州教育出版社，2001 年 12 月）

附录二：梁瓯第论文（选载）

车寨社区调查

梁瓯第

一、前言

车寨地属贵州省榕江县车江乡，是侗家边胞的住地，国立贵州师范学校于民国34年9月在此创立村寨教育实验区实验村寨教育的理论与方法，迄今两年。

车寨地位在县城以北，侗民隔河聚居，一衣带水，风光美好，设区伊始，颇受挫折，最初他们怀疑我们为迁校而来侵占地盘，霸占房屋，又谣传我们将征收民地办设农场，与民争利，因为榕江自卅四年八月大水灾之后，屋舍圮崩，救死不遑，无人相信我们会为扩张文化，送教育入山，我们踏勘过寨头、墨寨、口寨等处，处处碰钉，比如寨头，已与父老谈妥，预期兴工，培修校舍，忽然间他们突地变卦，申称宁愿自己兴办学校，拒人千里之外，揆其原因，无外谣言作祟，功亏一篑，我们有了这次经验，对于车寨的交涉，不能不应用政治力量，先向县政府洽商，由县政府令知乡保长拨一座朽烂的三元宫给我们，鸠工修葺，来一个迅雷不及掩耳的攻势，同时，随时随地，极力向寨中侗胞解释和保证，绝不把校本部迁来，绝不征收土地，而且说明兴办实验区，目的是收容侗家子弟入学，最初他们是半信半疑，后来招生了，开学了，办了单级班、补习班，本校只派来老师4人，并无蝗虫入境的模样，于是才忧疑渐忽，抱一种旁观的态度，其后我们又办了民众医疗室、民教班，免费诊疗，供应药品、灯油、教本等，今年一月，补习班学生核准公费，侗胞父老民众们莫不皆大欢喜，了然教育大业之博爱高深，自动集会，捐资捐料，得款数百万元，培修教室4大间，办公室两间，农场及操场广地数十亩，并要求以该寨为实验区永久地址，扩级增班，情意殷切，使我们精神事业得到无限的安慰。

车寨既为村寨教育实验区的地址，卅五年三月我们在研究工作中列入「车寨社区调查」一项，下面是调查初步的报告，统计数学，因搜集困难，暂从简略。

二、车寨释名

车寨的命名，即使用水车的寨子之意，原来车江乡由车寨上溯至六百塘河边。有3个大圆石，各重约万斤，相距各约200余米突，排列河水上中下流，形如三宝，俗称车江三宝，车寨为一宝，寨头为二宝，洛香为三宝，据传说很早以前，一宝的寨民，发明利用水车，抽水灌溉田亩，二三宝都没有水车，所以二三宝的人便称呼一宝做车寨，依照边地习惯，汉人住地称乡、堡，边人住地称「寨子」，乡堡应在平地，寨子应多山居，乡堡地庶民富，寨子地瘠民贫，但车寨却是例外，车寨算是榕江县各乡保最富庶的区域，拥有棉、稻、麦田，得天独厚，引水方便，侗胞之所以能定居于此，我们不能不由他们的移殖史上加以推敲。

三、历史沿革

据黎平府志，榕江明属黎平府，永乐十一年直辖七司，清时雍正八年分设古州厅，又据古州厅志，车寨为北路苗寨之一，志书称古州之苗（边胞之通称）有侗家、水家、瑶家、黑苗、熟苗、生苗各种共571寨，31026户，汉人为5112户，仅及苗2/10，但福乱相寻，苗胞流离徙亡极众，而汉人移入亦多，时至今日，榕江人口共19187户，89306人，内侗占4/10，苗水等占4/10，汉占2/

10，换言之，边民约占 4/5，15344 户，71440 人。

车寨为黎平府北路一百二十八寨之第一大寨，最初为苗民的住地，雍正年间，人口最盛，达万人之数，其后侗民迁来，侗族勤敏，为苗人所不及，后者遂被迫移住山坡，但在此混移过程中，情感尚佳，未发生流血事件，当地父老的口说，他们的移民祖先共有三位，一位先祖移住贵州天柱，一位先祖移住广西三江，二位先祖移来榕江，种族衍蕃，遂有今日。

…………

四、地理背景

车寨居榕江县城之北，地势辽广，四面环山，形成一大盆地，由车寨直达忠诚堡，凡 20 华里，地平路直，一曲清流，古榕参天，相映成趣，全寨东西相距约 30 里，南北相距亦等，面积约九百里，地广人稀，大有发展余地，车寨现分两保，每保辖 80 至 90 户，合计 170 余户，人口约 1400 余人，除服兵役出征外，流动性甚少。

车寨气候酷似广西，气温夏季平均为 90 华氏度，最热时室外达 110 华氏度，室内为 100 华氏度，冬季平均为 50 华氏度，最冷时为四五华氏度，每日温度早、午、晚相差可至 20 度左右，人体不易适应，春夏之风向北，秋冬之风向南，风力平常不大，雨量调节不匀，水旱灾年来常见，多见霜微雪，偶有冰雹，但不能为患，河边旱地可种麦及棉花，民国 34 年 8 月 13 日，榕江上游山洪暴涨，全城淹没，车寨亦遭波及，房屋崩圮殆尽，田亩湮荒，民力大受创害。

车寨侗胞沿用姓氏已久，姓氏以杨姓为多，次则为向、吴、张、王、潘、成、赵、邵、黎、石、赖等。妇女操作勤劳，种棉织布，古州棉、侗布均为名产，火棉暖密，侗布精巧，染色尤佳，侗女多擅刺绣，刺绣不从蓝本，以针数为准，信手所至，灿然可观，其袖绣、枕绣均秀致，侗女所用手帕拈手中，为装饰品，图案另出心裁，各具一格，有刺成龙、狗、马形者。

车寨交通无大道，有小路与水路，陆运以人力，航运以舢板船，东达黎平，南抵从江西溯河至平永，夫力每日工作 1200 元，船夫每日工价 2200 元。

车寨物产，农作物主要为谷子、棉花，谷子年产一造，每亩可得 4 石，合寨约年产千石，牲畜为牛、猪、鸡、鸭，林产有茶、桐、杉类，面积仅五六亩，水产有鱼，以网捞为主，手工业有青布、白布两种，宽度甚窄，约一尺一寸，青布丈约 4000 元，白布丈约 3000 元，坚实耐用，刺绣均多系自给，不向市场销售。

五、社会概况

（一）政治：车寨分为两保，第一保保长杨继兴，第二保保长欧定元，均略识文字，保长待遇，由保民派米俸给，遇公事摊派米款时，保长得享受免派特权，保办公处即就保长住宅为之，寨民负担有军粮、田赋、屠宰、房捐、保教食米、烟酒生牙等税，冬耕造产捐等，近县府将河边久归私营之公荒，突然收回，麦田收成，公四民六对分，寨民生活颇感惶迫。

（二）经济：车寨人民以务农为主，全寨有水田约千亩，旱地 1100 亩，田地有三等九级，土质黏性，土肥平常，地权以自耕农为多，富农不过拥地数十亩，雇农除供饮食外，每年待遇为稻谷十石，耕地有平地、坡地、梯田等，租佃关系为五五平分。

寨上有杂货店 3 间，售烟、香、油、盐等，一为欧保长所开，兼售猪肉，物价与榕江相同，蔬菜须向县城采购，大水之后，断垣残瓦，毫无商业可言，至工业方面有瓦窑厂一间，距本寨约二里许，地为公地，但须预定，始烧造，瓦价以谷价计算，瓦每块约值法币 12 元。

（三）文化：本寨妇女全属文盲，失学成人占 90%，学龄儿童 210 人。卅四年八月以前，设有保校一所，容学童 60 余人，大水灾后，校舍荡亡，停闭已久，村寨教育实验区于去年 10 月成立，单级班有学生 67 人，补习班有学生 42 人，民教班有学生 38 人，为唯一的文化教育机关，本寨无私塾，在县城读书之学生，有 3 人在国立贵州师范肄业，有 8 人在城内中心国民学校肄业，小学毕业以上教育程度之青年有 18 人，有 2 人现在实验区服务，男子大半能听榕江土语，妇女则仅习侗语。

本寨有鬼师一人，姓杨名岩，择日、选地、婚姻、病丧都是他的工作，仍以耕种为主业，第一保有三元宫，供神不可考，今改为实验区址，第二保有二帝阁，仅半僧半农的老者一人，供伺香火，均不为人民所重视，民家供圣母，奉天后无极娘娘，祖先崇拜亦虔诚。

（四）卫生：本寨对于公共卫生有不成文的规定，即用朱砂澄清水井并加淘洗，用火焚烧垃圾，人畜分居，厕所另设立，人畜分居是侗家生活一大文明，较之人畜同楼，人上畜下的苗胞大有进步，本寨通常的疾病为疟疾、霍乱、痢疾、瘀眼及疮疥等，谚云，榕江三条江，不打摆子便生疮，车寨亦非例外，寨中自有医生4人，均系祖传，以草药治疾，送鬼则请鬼师，婴儿死亡率每百人出生，须夭折约20人，数目可惊，无新法接生，均由老妇或产妇自行料理，侗家对重大传染病，唯一抵抗办法，即为隔离，祖传经验教他们必须如此，殆为防止疾病蔓延的良法。

村寨教育实验区成立以来，设民众医疗室，免费为民众医治大小疾病，求医者以眼病疮疥者居多，该区会施行防疫注射3次，入学儿童均强迫注射霍乱、伤寒疫苗及天花痘苗，民众自动来受注射者尚少，惟他们对疟疾用奎宁丸针已发生浓厚之信仰。

侗家女之衣饰均甚整洁，男子包头布，用侗布作短衣裤，腰悬篾袋装短刀、火石、烟杆等，千人一律，有如制服，女子平素不艳装，上短衣，下或裤或裙，胸围银链，梳高髻，甚雅朴康健。

六、寨风民俗

（一）银毫的币制：车寨通用货币，以银毫为本，法币亦参用，但不如银毫之受欢迎，银毫为广东双毫，有光绪与民国两种，光绪银毫反面为龙形，民国银毫反面为二〇阿拉伯字形，双毫时价早晚不同，抗战胜利后3月内法币价涨，双毫价跌，每个双毫兑换法币60元，现因法币贬值，物价陡涨之故，双毫兑换率又扶摇直上，合法币140元，寨中交易认价不用法币，以毫洋为交换单位，如谷田每亩价值千毫，谷子每石价值130毫，地价高坡地每亩900毫，平旷地每亩1100毫，牲畜牛每只价1000毫，鸭每只14毫等。

（二）女系财产继承制：车寨侗家习惯，子可继承父产业，女可继承母的产业，凡妇女出嫁之夫家，其陪嫁的产业概由妻子自行处置，子女长成婚嫁，母亲由其女家带来的产业，应由其女儿继承，作为嫁奁之用，父亲对其爱女，可另置业送物，以为陪嫁，有时父家无产业，母亲可酌拨自己的产业交与儿子继承，但近年夫妇混合，财产共同使用者亦常见，同时少女多于闲暇纺织、刺绣及耕植，她们劳作所得概为自有，侗女勤谨诚朴，日耕夜织，甚至于「行歌坐月」之恋爱生活中亦不弃其织作，可见此种女系财产继承制之构成绝不是偶然的。

（三）忧郁的歌堂：侗家也是一个歌唱的宗族，操作闲暇，都不忘情于歌唱，常见之乐器为芦笙与牛把腿，芦笙为舞蹈时协调节拍之用，有吹无唱，牛把腿类似欧人之梵阿铃，形如小琵琶，上扣丝线两根，用马毛织成弹弓，拉奏姿势如拉梵阿铃，所异者即琴不抵于颏下，而置于胸前而已，芦笙系六管六孔，大小不一，吹奏者身摇，头摆，足蹈，为「踩歌堂」之必用乐器，侗人歌谣可分为山歌、情歌、酒歌三种，歌谱呆板，歌词可自由更换，音调低沉，如怨如诉，青年男女于行歌坐月时乐此不疲。

（四）斗牛的经济意义：斗牛象征着谢神、丰收、平安和娱乐，但车江乡侗家因接近汉人关系，经济意义尤重于宗教职能，因为「牛打架」可以使赶场热闹，多做些生意，同时，待价而沽的牛，可因斗牛而得到农人们的观摩，赞评乃至以高价成交，斗牛常在冬末春初举行，地址为择定广场田间，牛扎铁角，围以红缎，穿鼻绳缚以木棒，背上置木雕之铃鞍或插红绿旗，斗前须到河边洗刷，灌以米酒，至眼红直为度，未斗之先，牵牛旋转，下场时，牛眼用树叶遮盖，至两牛逼近，放开，有一斗而败，有双角相夹持久不下者，群众吼喊助威，情形至为热烈，车江斗牛多集中于寨头、忠诚一带，车寨已有三年未曾举行。

七、融化关系

车寨为靠城侗胞之大寨，耳濡目染，汉化较深，且由于人口之迁徙，婚姻之匹配，血统之混什以及乡村之生活共同性，边地文化之统整型，侗家「化客」者甚多，化客即化为土著汉人之意，边胞通称土著汉人为客户，盖在移殖史，苗侗属于土著主或先来者，汉人属于后来的客户，汉侗同化，为同化关系中最具有自然形态的显例，侗女嫁为客媳者所在多见，原住在车寨的侗，因婚姻及经济之原因，迁入城中改装习语流为客户者不少，县参议员吴伯猷于卅四年12月娶车江侗女为妻，下河街廖文龙本人及妻子共5口，原系侗籍，由车寨迁来开廖茂盛杂货号，已近30年，杨绍崑君小学毕业，娶城内米厂周家女，亦化侗为汉，近且赴独山银行任职，又如杨汉元、王凤飞两君入军籍出外30余年，亦不能辨其为汉为侗了，此均其著例，化苗化水之事，在今日因侗族自视文明较高之故，虽少发见，但在历史上因车寨等地最初为苗胞住地，侗人迁徙来后，反客为主，又一度为变苗所侵占，其中血统之混合，杂居之关系，不难想见，至今高兴水家，八吉苗家，谈及祖先迁徙路线均与车江河有连带关系，如息利第五保为侗家寨地，荣保长出具祖传卜书相示，文字尽属汉文，内容却抄自水书吉凶日合览，水侗苗汉之生活与文化，殆已水乳交融密不可分了。至汉人「化侗」在车寨亦有事迹可寻，榕江汉人能操侗语者已司空见惯，不足为奇，张士良君贵师毕业，现为实验区教员，其祖由广东迁来操粤语，不习侗语，其父始学侗语，今张君全家殆已完全侗化，欧定元君现任第二保保长系城内汉人，迁来车寨连本人三代，其生活亦与侗人无别，因汉侗之平民地位相等并无高低之分，亦无主奴之见，乃无严分族别之必要，又卅四年水灾后县城沿河居民因逐飘散之房舍木料而来，暂居车江各寨者亦有之，此辈客户，生于斯，息于斯，若干年后，亦将「侗化」而为葛天化之民也无疑。

由于向来的侗汉关系为调协融合的，侗胞接受汉族的文化亦较快，车寨侗胞流行着一段传说：

清朝时候，章鲁寨的吴氏老人死后安葬于寨东小丘上，地势毓秀灵奇，有一位广东省已登科的翰林，路过游览，心迷神往留恋不舍，即投胎吴家，取名吴文洪，其尸身委弃在枫树下，吴家贫穷，文洪年方7岁聪明过人，以牧牛为生。

那时刚好县城文武庙成立，县城士绅与有功名的士子都到庙拈香，吟诗志贺，吴文洪手拿肩挑，腰插柴刀也挤进去观看，问东问西，意气凌人，士绅撵之不去，就叫他吟诗赋辞，他居然不加推辞，一挥而就，词藻都好，举座大惊失色，为之不敢下笔。

寨上有个老秀才，兴办私塾，有数十个学生读书，那些学生常逃学到郊外游耍，有一天谈起做文章做对子，谈来谈去很是为难，给吴文洪听见了，便自动替他们写，一篇又一篇，学生拿去交卷，秀才看了惊奇追问，才知是看牛的吴文洪代做，便着人找他，去到枫树根下，不见人影，只见一只兔子在树下睡眠，秀才心奇往见，才见是吴文洪睡在那里，便劝他读书，不到几年这牧童学问精通，还在他老师之上，可惜天才夭折，吴文洪不到20岁便病死了。

由这个故事里我们可看出两点，第一侗家欢喜接受汉人的文化，了解读书、功名、私塾、诗赋、风水等的功用。第二汉人知识分子投胎到侗人家庭，影射着汉侗的自然同化过程，其实今日榕江人民的感情好恶，与其说是宗族的，毋庸说是政治的，经济的，贫苦线上的客，侗、苗、水他们的享受相同，苦痛相同，他们需要的决非种族的解放，而乃是科学与民主，由此，我们对于边地侗家的同化问题，便不难思过半了。

（原文刊载于《边政公论》第六卷第四期）

苗山见闻

（梁瓯第讲　陶光贤书）

我讲的题目是"苗山见闻"。这次我到苗山去，主要的目的是辅导国民教育及调查苗胞生活，不过这次时间很急促看到的地方很少，好在这次是开始，以后我可能继续去。我认为调查他们生活的实际情形，也就是教学问题上的功夫，学问不只是专靠书本，书本以外，只要是本着学习的态度去研讨也一样能求得很多的学问。

兄弟这次去的地方就是大有乡，该地距榕江有 45 里，再从大有乡进去便是摆勒、加里、加苟、加嗡等寨，这几条寨子上的住民，全是生苗，我在那里住了几天，走了好几个地方，调查他们秋收的情形以及采歌堂吹芦笙等。

现在我将苗区的教育和苗区的生活分别告诉大家，希望大家讨论：

（一）苗区的生活：

关于苗区的生活我可分为衣、食、住、行四方面来说，先谈衣吧：记得从前孔子曾经这么说过："微管仲，吾其被发左衽矣。"这次我到苗区觉得这两句话恰好是他们服装的写照，因为他们正是这个样子。其次关于食的方面，好像原始人类一般，吃着生冷的。这次我到那里，他们很客气，杀了一头羊款待我，他们吃羊肉，不煮熟吃的，就是用刀切碎后，放点盐巴，放点辣子，还要放点羊粪（即羊瘪）就吃。平常吃的是糯米，菜很简单，每顿有两个菜：一个是酸菜，一个是白水——是用开水或没有开过的水——放点辣子和盐巴。

他们住的多半是楼房，楼上住人，楼下住牲口，他们寨子都是在高坡上，所以每个寨子都很冷，进屋每家必定有一个大火盆，我们穿的都是棉袄、大衣等，但他们一无所有，唯一的就是靠大火盆取暖，晚上睡觉，他们没有铺盖，一家老小都是伴着火盆睡，睡到半夜背冷了，才翻转身来。

走的方面，尤其感痛苦，没有铺石板或较宽的路，都是一些我们说的羊肠鸟道，下雨天，满路泥泞，真是痛苦万分。

此外，我考察他们一般的现象是"穷"和"病"，其所以穷的原因，一是他们终年累月住在高坡，高坡上的土质不良，稻田太少，所以收成很差，并且所种的多半是苞谷和小米等，但国家对于征粮并计产量的，因此负担过重，每年秋收，吃不到第二年 5 月，就要吃苞谷、杂粮等，经济生活亦有大穷和小穷之分的。这次我有一晚，住在一个保长家，都说很有钱，但是经我调查，这个保长每年收到谷子最多不过 80 石。苗区常有食不饱、穿不暖的恐慌，生产没有改善，这是最大的原因。

其次是病，他们住的地方既不清洁，饮食又不讲究。同时知识过于低劣，所以害病的机会比我们要多，有病又不请医生诊治，他们唯一的办法是请苗老师仙师、端公……来赶鬼，听说害了病，就是犯了鬼，如果没有鬼，人是不会生病的。所以一生病就忙手忙脚去做赶鬼的工作，据他们说，有些鬼，只要苗老师吐一口口沫就可赶走，他们还有一种观念，就是轻微的病，毫不在乎地让身体自然抵抗，因为如此，苗区的死亡率很高，别的地方姑此不谈，就以九秋这个地方来说，据他们自己报告，民国初年，九秋一共有 100 多家，可是现在却只有五六十家了，假使这样的自然淘汰下去，恐怕最多不过 60 年就可淘汰完，说到这里，不禁为之寒心！再考查他们的疾病，主要以天花和疟疾为多，他们小的时候和平时又不种牛痘，故天花容易蔓延，他们虽然处在这样可怕的田地，但他们根本就然处之，也不懂其所以然，若谁病了，老是请苗老师整天赶鬼，结果鬼没有赶走，人倒是被赶走了。

负有改造边疆社会责任的人们，对苗胞生活及生产之改良、医药诸问题，确实值得讨论研究的。

（二）苗胞的教育：

谈到教育方面，又是一件更有趣的事情，他们在县政府登记，说得很漂亮，××地方有保国民学校一所，到其地方，莫说教员学生吧，连校舍也没有，根本就没有这回事，但他们也一样地来县政府领薪水，有些学校就是有校舍，也是东歪西倒的，教桌、黑板、学生、教师一样都没有，假使督学来考查了，他们才找些学生来敷衍一下，等到督学一去，什么也就烟消云散了。

此次我发觉苗胞一种对读书的错误观念，即是认读当成一种劳役，要他去读书，犹如去替政府当苦工一般，所以学校没有学生。要学生来读书正如抗战时征壮丁一样，这种现象，我命名为"征生制"。

这种制度，比西康和新疆的"雇读制"要高明一点儿，西康和新疆的"雇读制"，我曾经在杂志上发表过。西康新疆一带人，都以为读书不是好事，要他去读书，他说："怎么又要我们去替政府当差事了！"于是有些人，竟跑到校长面前诉苦求情，说今年收成不好，不要他的孩子去念书啊！穷人的子弟，为了加增自家生产，自然是不高兴让他儿童去念书，而当富豪子弟，也一样地不愿意，直到政府实在迫着要他儿子去念书时，他才用钱去请一个贫苦的小孩或老头子去念书，宁肯用钱吃亏，而不肯送儿子上学的，这种现象我命名"雇读制"，这次我到苗区，知道苗区也一样不愿意读书，他们有了一种很深的观念——"苗不读书"！

"苗不读书"固然在他们的内心，但是办的学校，实在也没有配合他们的需要。同时也没注意到地区的适当，保长是那个寨子的，学校便设在自己的寨上，别人的远近，他是不管的。其次教师的资质也太差了，比如他们写的标语把"助人为快乐之本"写成"做人为快乐之本"，其他公文也好，规程章则也好，无一不是别字连篇的。还有一个怪现象，教师因为没有学生去念书，于是便被保长请去代理保长了。因为苗胞里头的保长，多半是不认得字的，至于懂公事，办公文，那更不要谈了！所以什么都要请老师告诉他，他才晓得是派款了、征兵了、催粮了、办学校了……因此教师便成了代保长。

九秋有一所国民学校，校舍破烂不堪，里面漏得一塌糊涂，至今还没有开学，问到他们的学生，说派去了。九秋那个地方有8个寨子，小的寨子派5个学生，大的寨子派10个学生，但是他们那里的儿童总是以牛羊、挖地生产为重要，所以要派也很难。同时有些寨子相距学校太远，有的竟达三四十里之远，起码有七八里路，一个学生去读书，又读得多少？于是更加不愿上学了。在这种情形之下，他们不得已实行"征生制"，凡是被征去读书的一切费用，由地方共同负担，征学生，那些有势力人家的子弟是不会被征的，被征的差不多全是贫穷人家的子弟，于是贫穷的人反有受教育的机会，这倒是很好的一个现象。

从前推行国民教育的初期，有人写过文章说国民教育要实施强迫教育，这是对全国普通情形说的。但以边疆来说，这并不是一个好办法，办也办不通，并且读书要自动，被动的教育收效很少。我以为今后苗胞教育是有改进的必要。第一，边疆教育要配合边胞生产的需要，而不使他们难于负担。第二，如何将教育送到他们门上去，这样才可以普及教育，才能消除苗胞怕读书的心理。

普通乡村小学，一定要有校舍、课堂、桌子、凳子、黑板等才能上课，但边疆教育就不一定要如此，假使非如此不可，苗寨小学，恐怕永难办到。九秋等学校所以不能开学，总结即在此。所以我对边疆教育的意见，第一，要实现"公费制"，要像我们学校一样的待遇。第二，实现"工读制"，半天做工，半天读书。第三，实现"流动制"，当然最理想的办法是上午 8 时起上课，下午 3 时下课。

农闲时均可教他们念书，也不一定要限在学校里教他们读书。同时我感觉到教材要配合生产、卫生等用教育来帮助他们生活，用教育来解除他们的困难，然后他们才知道教育的好处，才了解教育的重要。假使不是这样，边疆教育恐怕会变成无用，这是执行边疆教育必须注意的。

此文刊在《新贵师》第一期（民国 34 年 11 月出版）

《新贵师》编者注明："苗山见闻"系梁校长瓯弟最近考察苗胞生活与教育归来之讲词，同学陶光贤、包志超两君笔记，该文未经梁校长校阅，倘有与原意不符之处应当由编者负责。

贵州苗区的征生制

梁瓯第

边疆教育有许多特殊问题，这些问题的起因，不一定是属于教育的，有许多是属于社会的因素；譬如西康番民的学差与雇读制度[①]，川西南倮倮的阶级教育[②]，都是有趣味的教育问题。笔者在贵州从事教育行政及滥竽国立贵州师范学校有年，对于苗民教育，均曾涉猎[③]，足迹所及，有黔东南西南廿六县，尤以在榕江办理边疆学校的一年中，曾赴榕江从江荔波一带及摆勒生苗区观光，并考察国民教育，我们归结研究所得，发现苗区教育在新教育的推进演变中，逐渐形成了一种独异的类型，即是征生制度。

征生制的教育形态，顾名思义，即是政府征集民间子弟入学，民间为应征而集议，遣送，以至入学的一种办法，这办法是由事实的需要而产生，由环境的变迁而变迁。

征生制的产生背景及其特质，征生制产生的原因，有下列几种：

一、堡与寨的隔阂　在贵州汉苗杂居的地方，汉人住区通称为堡（铺），苗人住区通称为寨，堡与寨的区分，从地形上讲，堡多在平地，寨多在山坡，这应由苗汉移徙，竞争淘汰的史料中去寻找说明。堡一方面是汉人的住处，一方面又是政治与经济的中心，乡公所，保办公处均集于此，汉苗的赶场贸易也以此为集散也；通常堡的交通比较方便，堡通大道通县城，但寨与堡的交通，却极崎岖难行，苗人除经济与政治的原因外，不轻易到堡闲游。汉人由于文化的需要，宗族的歧视，恃其地位之优越，常将学校设在堡上，以利自身子弟，苗人既不常来堡，由寨来堡，动辄十数乃至数十里，在堡设校，不能引起他们的注意。

---

① 梁瓯第：西康雇读制度之研究 教育杂志 30 卷 11 期.
② 梁瓯第：川康倮倮的教育 西南边疆第 15 期.
③ 梁瓯第：贵州的苗民教育 边政公论第 3 卷第 2 期.

二、苗不读书 "苗不读书"是汉人对苗的一句评语，也是苗人引用过来的话；这句话包含的意思，就是汉人不让苗人读书。在贵州，边地汉人所施与读书苗人的压力，事例甚多，在黄平，县立中学高中二年级的青苗杨再兴，于伴游瓮谷龙中告诉我，保长不许他读书，叫他辍学，答应给文化干事他做；保长说他读书表示有钱，家里的兵、工、粮、款都特别重，父亲因无力负担被拘押，释放的条件，是要儿子不再读书了。在榕江，贵州师范的苗侗学生也诉说，汉人不许他们读书，有个学生因为读书，被诬通匪，变成汉奸嫌疑犯。边地的汉人土劣之流，是不愿意苗胞读书的，他们惟恐苗人读了书，有了知识，势力，翻了身，便不能逞其所欲，鱼肉敲榨了。

三、识字教育医不了贫与病 我们推行到苗区去的国民教育，仍是白纸黑字的教育。我觉得苗寨中有两个严重的现象：一个是死亡率的惊人，在山寨中，巫神治病对极寻常的流行病毫无办法，疟疾、天花、伤寒都致人于死。在榕江，摆勒，九秋等寨区，30年前都是人烟稠密，人口达二三百户的，现在都只剩下寥寥可数的三四十户。有些地方于荒歉灾难之后，简直是绝了户，灭了香火，变成弃荒了。其次是普遍的贫穷，贫穷和疾病不能分家，苗人在土地殖拓上，由平地不断移向山坡，自然地瘠民贫；我们看见像雷山，从江的苗胞，在饥饿寒冷线上过活，达50%以上，终年以苞谷山芋充饥，围火抗寒！在这种情形之下，识字的教育成了装饰品。学校的训练，因为距离远，要寄宿，寄了宿，要搭食，儿童入学，家庭少一生利分子，牧牛、种地、砍柴、采菜的工作，无人承当；而相反地，家庭却要筹划衣被，饭钱，书籍，文具，增加大宗支出，更使苗胞无法负担，望而生畏。

在苗区兴办教育有一观念，足以帮助学校发展的，即是苗胞并不拒绝教育，而且情愿接受教育。苗胞自认他们今日地位的低下，乃由于无知，年老的苗胞多愿节衣缩食，送子弟入校读书，期望将来有权有钱，光耀门楣。年轻人由于创造性，求进步的心理，也肯自动求学，忍受屈辱，以开拓其未来的命运，所以从心理上来说，苗族并不如番、回、傻等的顽强拒教，只要有机会，他们肯受教育。

苗胞既是肯受教育，为什么还会形成了征生制呢？

这就是因为读书的地方太远，汉人不肯让他读书，读书损害了他们的生产；然而他们已经领悟了读书的好处，于是乎他们就集体的供应子弟读书。

征生的过程与内容　在黔省许多县份中，推行国民教育是分期实施的，在目前，统计数字是做到三保二校了，实际上平均数只做到二保一校，在苗汉杂处的县份，乡保的学校因为奉行功令的缘故，都采用着征调的方式。一个保国民学校的校长派出去了，到校的第一件事，便是呈报开学和报学生名册，所以校长每每住在保长的家里，应用保长的力量，坐催学生上学。照例的，保长召集了父老开会，讨论学校经费如何补助？校舍如何修补？学生如何招收，三大问题。关于学生的招收，对苗寨无所谓招生，只要送到便是，剩下来的便是各寨学生数的比例了。

各寨学生数的比例，它们是踊跃，抑或迟疑，完全因时、因地、因人而异。年辰好，收成好，地方的传统喜欢读书，以后热心教育的父老加以提倡，派送的学生便多，否则便少。榕江加尼的保校，因为附近没有汉人的堡铺，学校是设在寨上的。蒙保长是热心教育的老者，他自己有个私塾，卖谷剁肉，望子成龙的心甚切。他对寨上设校极为热心，当讨论一班40人名额分配的时候，我发现完全是根据人口数量及各寨距离远近的原则。寨子大，人口多的，多送，离本寨近的多送，本寨的儿童更要多送。除本寨儿童外，别寨的儿童，是要由父老回去开会决定的。

父老把应送学生的数目在会议上决定之后，便回寨和家长们计议，在加里，长老会议是在夜里举行的，成人们吃了饭，洗完脚，便三五成群坐在山坡上闲谈，会议完全是"聊天"的形式。有人自告奋勇要送子弟去的，有人很痛心地表示有心无力的，大概结果总是家景稍好的人愿意忍痛放弃子弟在家的劳动生产，送到学校读书。学生名单决定以后，入学的儿童要自带小凳、柴火和糯米到学校里去，至于纸笔，教科书的费用，却由全寨摊派供应。这个负担是贫苦家庭所不愿忍受，但却不能拒绝，因为派遣学生是全寨的事情。

他们的心中总存在着读书与工作的矛盾，最好是书能够读，工也能够作；他们每每将子弟拖延上学，直到不能再延的日子为止，小康之家也是如此。学生征集到校之后，书籍文具费是校长先生们的一笔财源，好的老师是交了钱便发书，坏的老师是收了钱无书发。在一个保校里，学生已经把书钱交了半个学期了，学生的手上却只是手抄本，上面写了许多歪歪倒倒的字，学生把带来的糯米吃完了，一哄而散，各回老家。

征集来校的学生，他们的生活形式仍是工作重于读书。他们为老师工作，为寄食的亲属家庭工作，为自己的生活工作。诚朴的学生们没有放下砍柴、挑水、种菜的劳动，他们早上是劳动时间，吃过中饭以后才是读、写、算的时间，下午太阳偏西，他们又忙着劳动服务了。

在边疆学校里最严重的问题便是师资了。我接触的老师中，真是良莠不齐，一言难尽。有的老师是存心来苗寨捞他一票的，他教唆保长，喧宾夺主，征派摊配，专在这方面下工夫。有的老师就在他的本行里找油水，一到学校便宣称经费不够，校舍破烂，要地方补助款谷，征工征料，一到钱米过手，便借口公干，打道回县，杳不复回。有的老师专是买空卖空，吸了大批书籍文具费，到了期终，挪用精光，还大言不惭，饰辞相欺。有的老师便把学生当作佃工，辟地耕种，督责极严，收成所入，全归私有。这些恶果，已开始使苗胞不信任学校，使苗生裹足不前了。而教师的学养都是别字连篇，指鹿为马，强以不知为知之流。总理遗嘱很少写得字划不差的，我在一间学校看见一副对联说："发挥我们身心来信信道，拿出我们的良心来访访话"，真是临联惶愕，不知所云了。

征生制应有的改进　征生制在苗胞是议派式的入学制度，我们不必否认今日教育尚未做到真正的机会均等，所以苗胞社会产生了优裕者入学，全寨予以补助的现象，也是必然的，但是我们不应让此一现象长久存在，我认为下列的理想是应该设法达成它：

一、实施工读制自给自足　苗胞无力负担儿童的膳食及就学费用是事实，国家无力负担国民教育的公费也是事实，在这两难的情形下，惟一的对策只有自力更生，实施工读制度。在村寨里，荒地荒山，到处皆是，只要清理公产，涓滴归公，公产兴学，再加上师生造产的力量，便足以解决难题。在一个乡中心学校里，一个土霸式的乡长却对各寨来的边生做一件好事，他让学生伐木砍柴，种果栽菜，做成一笔交易，一学期的膳食就不用自己掏腰包。事实上只要家庭不必负担学生的伙食与费用，学生的来源一定会扩大，边疆学生，务农耐劳，并非难事，只要计划有方，督促周到，收支合理，工读自无问题。

二、推行活教育救病救穷　苗区社会的大害是疾病和贫困，今日施与苗区的教育却只是方块字，读死书，隔靴搔痒，儿童未读书前是此等人，读了书后，对生活改进，社会改革，仍无贡献。我以为苗区教育，首要在于生产与健康，譬如读了书的苗生，能够学得新耕具的制造与使用，优良品种的获得与推广，流行疾病的避免与自疗，卫生习惯的养成与教导，则它的影响必在于识字作文之上。每一个苗区青年在受教育之后，都是一个新式农夫，起码护士，并且在学校里有好的模样给他们看，这才是活教育。假使一个寨子因为受教育的人多了，生活改进了，财富增加了，疾病少了，死亡率低了，任何保守现实的势力都会欢迎这一种教育的。

三、移校就寨巡回施教　把学校设在汉人住区的地方，是应该坚决反对的，苗胞同为中华民族的成员，同样负担国家丁、粮、款、谷的义务，他们便应享受就地受教的权利，惟其他们是落后的，我们的文化更应该移尊就教，把知识送上门去。送知识上门的办法极简单，就是要把学校设在寨子里，不设在堡里。因为就人口比例说，寨多堡少，往往一个堡的附近便有几十个寨子，为什么占大多数的苗区反没有设校的资格呢？至于寨与寨的距离，近者三五里，远者近百里，最好是采用巡回施教的办法，一个以至二三个教师到一个寨里，把学龄儿童组织起来，利用公共场所教学，并且规定了工读的办法，借用工学团，小先生制的遗规，于生产知能，健康训练灌输之后，便携带器材到他寨巡回，建立据点。一个学校化为二校，三校，乃至七八校，这都是可能的事。

征生制并不是一件坏事，但如因征生制的流弊而发生强迫拒绝的反教育效果，那才是可羞可怕的事，愿致力边疆国民教育者再三致意！

（摘自《教育通讯》复刊第三卷　第五期 19 页-21 页　中华民国 36 年 5 月 1日出版）

梁前校长致本校同学书

同学们：

许校长写信来说，今年十一校庆，要我写一篇文章。我想，文章呢，学校的老师在壁报里一定给你们写得不少，我离开学校一年多了就写封信罢：

去年 7 月离开学校以后，我回到睽违 12 年的老家和故乡，我的父亲任教 30 年，恰巧准许退休了，他指给我看他有 4 代的门生，并且骄傲地说这就是他的光荣财产，这也是我引为骄傲的事情，我有这么一位发鬓斑白、诲人不倦的父亲。

其次，我到南京不久，便奉令到西北的极边——新疆去，在那零下 40 度的地方，过着寒冷的冬天，我学习着很多的知识和经验，新疆人的语言，文字，信仰，风俗，习惯，都和我们两样，但除某些特殊分子以外，大家都相处得很好，我走过沙漠，戈壁，我骑了骆驼，大马，我住帐篷，穿羊皮，吃馕馍。我在大地回春的时候回来，现在中央在新疆成立了一所为边民而设的国立天山师范学校。

第 3，教育部为了储备边地国立学校的师资发展及推进边疆教育起见，特地在今年 8 月办理第一期边疆教育师资讲习会，招考大学毕业生，调训边地中学的老师入会讲习，我们暑期过得真忙，南京的夏天是出名的炎热，我奉命担任教务主任，足足忙了两个月，讲习会详细的情况，我想胡仁任、张一德两位老师会有详细的报告，大家无论学习、生活，都相当的好。

第 4，我虽然离开 400 多天了，但我有许多机会知道你们许多事情，《新贵师》第二期我接到了，许校长来南京一趟，我们谈了很多，后来张一德、胡仁任两位老师又来相处了一个多月，我在公文表报上常常看见你们的名字，你们的课程、成绩，新进来的，毕业出去的，都在我脑子里旋转，这次全国教育展览会，我把国师的相片放进在展览在各边校中，国师的东西很出色，南京离榕江那么远，我精神上自然和你们在一起的。

第 5，国师的复兴正在开始，现在办学难，念书也难，在京沪一带，进学校非常困难，有的中学 50 个人才取录一个人，而且因为国家财政困难，公费改为奖学金了，失学的青年，到处都是，你们应该珍重你们求学的机会，努力学习，同时国师变为更边远的地方了，这次讲习会介绍老师到榕江来，他们宁愿到云南到甘肃去。所以你们要尊爱你们现有的老师，用你们的敬爱来挽留在校的老师。

我当做是你们极熟识的老师来写这封信，从 9 月 3 日起，我有了一个家，我简单地结了婚，你们愿意祝贺我么。

我愿意接受你们精神的祝贺，并祝贺你们进步，国师万岁！

梁瓯弟　启

1947 年 11 月

（摘自　国立贵州师范学校编印的《新贵师》第 3 卷　中华民国 37 年 3 月 1 日出版）

附录三:《黄质夫教育文选》序

韦 钰

陶行知先生认为教育家有 5 类，只要在下列要素中得了一种，就可算为第一流的教育家。一是"敢探未发明的新理"；二是"敢入未开化的边疆"。"大丈夫不能舍身试验室，亦当埋骨边疆尘"（《中国教育改造》，陶行知著，东方出版社1996 年版，第 19 页）。黄质夫先生是两条皆备。贵州教育出版社即将出版的《黄质夫教育文选》一书，将销声匿迹达 50 年之久的我国优秀教育家黄质夫先生展现在读者面前。

黄质夫先生于南京高等师范农科农艺系（后改为国立东南大学）毕业，他是我的前辈学长。他从 1924 年起，投身乡村师范教育 20 年，先后创办界首、湘湖、栖霞乡师，国立贵州师范学校。他不仅是一位乡村教育的理论家，更重要的是一位实干家。

当前，各大专院校推进产学研结合的工作正处于蓬勃发展的阶段。如果追述其历史，在我国起始于民国初年对乡村教育的研究，是当时"教学做合一"的继续和升华。五四运动前后，一些学者从美国重视乡村教育得到启示，特别是西方一些比较落后的国家如丹麦等，通过教育家深入农村，提倡合作，从事乡村教育，而使国家得到复兴的经验，影响我国的一批留学的学者。他们回国后便积极提倡乡村教育，一时到农村办学蔚然成风，黄质夫先生就是树乡村文化新风的先驱之一。

鲁迅先生认为，"倘有人作一部历史，将中国历来教育儿童的方法，用书，作一个明确的记录，给人明白我们的古人以至我们，是怎样的被熏陶下来的，则其功德，当不在禹下。"（《准风月谈·我们是怎样教育儿童的?》）《黄质夫教育文选》就是这样的书之一，它将黄质夫教育学生的方法，作了一个明确的记录。

《黄质夫教育文选》中所研究和实验的教育问题，直到 60 年后的今天，仍感到很中肯，很新鲜。书中针对当时师范教育脱离实际、脱离劳动的弊端，所阐述的观点和事实，经过 60 多年的考验，不仅有很高的学术价值，在中共十五大确定西部大开发战略的今天，更有其重要的现实意义。我愿郑重地将《黄质夫教育文选》这本真实的历史记录推荐给读者。

　　注：韦钰，中国工程院院士，现任国家教育部副部长。

（摘自《黄质夫教育文选》，杨秀明　安永新等选编，贵州教育出版社，2001 年 12 月）

后　记

　　国立贵州师范学校（简称国师）于 1940 年至 1949 年在榕江办学期间，曾为黔湘桂边区民族教育事业的发展作出过历史的贡献。在榕江县委县政府的高度重视下，由榕江县政协组织编写《国立贵州师范在榕江》一书，认真总结这所学校在榕江办学十年的历史经验，对于当前我们教育事业的改革与发展，仍具有重要的现实意义。

　　加强编写工作的领导，组建编写班子。在榕江县政协领导下，2023 年 5 月 20 日召开《国立贵州师范在榕江》编写工作启动会，成立由县委书记、县长、县人大主任为顾问，县政协主席任组长，其他县政协领导班子成员任副组长、县政协各（委）室主任为成员的编写工作领导小组，由县政协文化文史与学习委牵头主持与联系有关编写工作。在启动会上，成立编写委员会，明确主编、副主编，聘请编写人员，按照编写目录章节确定编写人员任务及完成时限。由于县政协文化文史与学习委主任人事变动，2024 年 3 月 1 日，在县政协二楼会议室，召开由县政协分管领导、编写委员会成员参加的编写工作调度会，完善《国立贵州师范在榕江》编写工作方案，重新调整充实编写人员，做到既分工又合作，由县政协文化文史与学习委实行每月调度编写工作进度。

　　按照编写工作的需要，县政协鼓励编写委员会成员，到县图书馆、县档案馆查阅和通过联系国师有关人员收集资料，并多次派出编写调研收集资料小组赴外地调研收集资料。编写人员于 2023 年 6 月到凯里市走访国师校友 96 岁高龄的姚源金收集国师文史资料；2023 年 8 月 3 日赴黎平县政协收集国立贵州师范学校黎平分校的有关资料，并走访原国师教师段东久儿子、附小校友段大明收集资料；

2023 年 9 月赴都匀市走访原国师任教的张一德、胡仁任、刘延廉等教师子女和附小校友收集国师文史资料；2023 年 10 月电话联系到国师教师敖克成女儿敖尔美，寄来国师相关的有价值的资料及敖克成生前相片和画册；2023 年 11 月再次赴黎平县政协收集国立贵州师范学校黎平分校的有关资料，并走访国师校友 99 岁高龄的程立塱；2024 年 4 月赴三都县调研收集国立贵州师范三都藉学生文史资料；2024 年 4 月到从江县调研收集国立贵州师范学生在从江县办学情况的资料；2024 年 5 月 20 日榕江县政协办公室发出《关于帮助收集湖南省会同县籍原国立贵州师范毕业生文史资料的函》，湖南省会同县政协文史委高度重视收集到部分会同县籍在国立贵州师范毕业生简历材料，并于 2024 年 7 月 18 日一行 5 人带着资料和《会同县志》等文史资料到榕江县政协交流学习；2024 年 6 月 5 日榕江县政协办公室发出《关于帮助收集环江毛南族自治县籍原国立贵州师范毕业生文史资料的函》，环江县政协文史委高度重视，收集到广西思恩县籍学生国立贵州师范毕业生韦庆才生平简介及生前一些图片并发给榕江县政协文化文史与学习委；2024 年 6 月 25 日，由县政协组织在榕江一中会议室，召开"榕江一中继承国立贵州师范学校办学优良传统"课题调研座谈会，县政协领导、编写委员会全体成员、榕江县教育局分管领导、榕江一中领导班子成员等专家领导，围绕《国立贵州师范在榕江》一书编写章节中，"榕江一中继承国立贵州师范学校办学优良传统"专题进行研讨，提出对专题原稿的修改意见。2024 年 6 月 28 日榕江县政协办公室发出《关于帮助收集锦屏县籍原国立贵州师范毕业生文史资料的函》，锦屏县政协文化文史与学习委高度重视，收集整理国师毕生姚源金、杨昌权、刘荣党、罗安荣、龙立修等 5 人生平简介并发给榕江县政协文化文史与学习委；2024 年 7 月到荔波县收集荔波县籍原国立贵州师范毕业生文史资料；2024 年 7 月到剑河县收集剑河县籍原国立贵州师范毕业生文史资料；2024 年 9 月 25 日至 26 日派出编写人员到榕江县档案馆收集查阅国立贵州师范学校在榕江办学（1940 年至 1949 年）相关档案资料，得到县档案馆大力支持，收集到《国立贵州师范学校同学录》（民国 35 年 5 月印发）、《国立贵州师范学校概况》（民国 35 年 5 月）、《国立贵州师范学校学生成绩总表》等珍贵的档案资料。

在收集资料和撰稿的工作中，全体编委成员十分辛苦，特别令我们感动的是本书主编杨朝富同志，他是原黔东南州教委的退休干部，已是92岁高龄人了，毅然接受榕江县政协的邀请参加本书主编工作。他不但拟定了编写提纲，落实编写人员的编写任务和提供他自己多年收集与保存的有关国立贵州师范的办学资料，而且亲自撰写书稿、审稿与修改稿。他不顾年事已高，亲自陪同编写人员往都匀、凯里、黎平、三都、从江等地去走访收集有关资料，节假日都在从事本书编写工作。他这不怕艰苦和疲劳的敬业奉献精神，表达了他"老有所为"的心愿，是令人感动的，在他带领下，全体编写人员不怕艰苦，任劳任怨，齐心协力，努力完成了全书的编写任务。

在各级领导、专家的关心支持下，在全体编委成员辛勤撰稿和共同努力下，历时一年半的时间，本书文稿于10月初完成编写任务。于10月14日，县政协组织召开了由编写工作领导小组成员、编委会成员、榕江县教育局、榕江一中、榕江史志办等领导、专家参加的《国立贵州师范在榕江》文稿编审会议，对本书文稿内容进行审核，并于10月20日修改定稿。

《国立贵州师范在榕江》一书，共分十章及附录：第一章学校成立与迁校榕江，第二章学校办学体制与发展状况，第三章学校办学方向、培养目标与教育途径，第四章学校实行全面发展教育，第五章学校教育参观与教育实习，第六章学校教师队伍建设与从严治校，第七章学校创办边疆小学概况，第八章学校对边疆教育的贡献，第九章榕江一中传承国立贵州师范学校优良办学传统纪事，第十章在榕江召开国立贵州师范教育研讨会，以及黄质夫文选（选载）、梁瓯第论文（选载）和韦钰《黄质夫教育文选》序，书稿共计23万字。序一请贵州省人大常委会原副主任杨光林同志撰写，序二请贵州省人大常委会原副主任、贵州省文史研究馆原馆长顾久同志撰写，前言由杨朝富同志撰写，其中第一章由杨朝富、赖婷撰稿；第二章中第一节至第五节由杨朝富、赖婷撰稿，第六节由张登奎撰稿；第三章由杨朝富、赖婷撰稿；第四章第一节由杨朝富、赵学海撰稿、第二节由刘泰周撰稿、第三节和第四节由王世龙撰稿、第五节由杨朝富、伍远吉撰稿、第六节由杨朝富、赖婷撰稿；第五章由杨朝富、赖婷撰稿；第六章第一节由伍远吉撰稿、第二节由吴昌智、杨文全撰稿、第三节由杨朝富、赖婷撰稿；第七章由杨朝富、赖婷撰稿；第八章第一节由杨朝富、赖婷撰稿、第二节由傅安辉撰稿、第三节至第六节杨朝富、赖婷撰稿、第七节由吴昌智、杨文全撰稿；第九章由杨胜巍、潘晗撰稿；第十章第一节至第二节由吴昌智、张登奎撰稿、第三节由编委选定歌曲；附录由杨朝富、杨胜巍、赖婷整理编入。本书后记由杨胜巍同志撰写。本书图片收集整理由杨朝富、杨胜巍、赖婷整理编入。本书出版联系有关事宜由杨胜巍、石庆伟同志负责。全书所撰写的书稿，由主编进行审定和修改，所有书稿图片收集后，由杨朝富、杨胜巍、赖婷三位同志进行总纂。

本书在编写过程中，曾得到榕江县委办、榕江县政府办、榕江县人大办、榕江县教育局、榕江县史志办、榕江县一中、榕江县档案馆、榕江县图书馆、榕江县车民小学、榕江县古州一小、黎平县政协及县教育局、县档案馆，三都县政协及县委统战部、县教育局、县档案馆，从江县政协及县教育局、县档案馆，荔波县政协及县教育局、县档案馆，剑河县政协及县教育局、县档案馆，锦屏县政协、广西环江毛南族自治县政协、湖南省会同县政协等单位的大力支持。为本书提供资料和编写支持的同志有：国师校友姚源金和程立塱、国师教师张一德儿子张人权、国师教师胡仁任女儿胡智如、国师教师敖克成女儿敖尔美、国师教师段东久儿子段大明、国师附小校友李逢甫和姚民英、山寨小学校友李昌能等。

在此，对所有曾给予关心、支持和帮助过本书编纂与出版的单位、领导和个人，我们表示最真诚的敬意和衷心的感谢！

在编写工作中，由于资料不足、编纂者的水平不高和缺乏编写经验，难免还会存在缺点、错误，诚请读者、专家指正。

《国立贵州师范在榕江》编委会
2024 年 10 月